O MUNICÍPIO E SEUS AGENTES

B277m   Barros, Wellington Pacheco
O município e seus agentes / Wellington Pacheco Barros.
— Porto Alegre: Livraria do Advogado, 2002.
240p.; 16 x 23 cm.

ISBN 85-7348-221-4

1. Direito municipal. 2. Administração municipal. 3. Agentes municipais. 4. Estrutura municipal. I. Título.

CDU   352(81)

Índices para o catálogo sistemático

Administração municipal
Agentes municipais
Direito municipal
Estrutura municipal

C:\LIVROS\MUN-AGEN\

Wellington Pacheco Barros

O MUNICÍPIO E SEUS AGENTES

livraria
DO ADVOGADO
editora

Porto Alegre 2002

© Wellington Pacheco Barros, 2002

Capa, projeto gráfico e composição
Livraria do Advogado Editora

Foto da capa
Prefeitura Municipal de São Gabriel - RS
Palácio Plácido de Castro

Revisão
Rosane Marques Borba

Direitos desta edição reservados por
Livraria do Advogado Ltda.
Rua Riachuelo, 1338
90010-273 Porto Alegre RS
Fone/fax: 0800-51-7522
livraria@doadvogado.com.br
www.doadvogado.com.br

Impresso no Brasil / Printed in Brazil

O município é o ente da Administração Pública brasileira com menor poder estatal para atingir o bem comum, embora seja o que mais próximo se encontre da população. Por este desvio histórico e malvado na organização administrativa do Pais, é que dedico este livro aos homens que o administram, porque eles fazem milagre!

O Autor

Prefácio

> "Nunca diga às pessoas como fazer as coisas. Diga-lhes apenas o que quer que elas façam e ficará surpreso com sua engenhosidade"
>
> *General George S. Patton*

Desvanecido com a honra do convite para prefaciar "O Município e seus agentes", obra do ilustre Des. Wellington Pacheco Barros, entreguei-me à leitura e ao exame atento, com o olhar crítico do administrador público e do político, resultando, ao fim, enorme dúvida sobre a primazia entre o prazer da distinção e o da leitura.

Dispensável registrar não se tratar de um neófito nas lides literárias voltadas à administração pública, à contribuição em prol do bem comum, todas conotadas pelos frutos de sua vivência na judicatura e no magistério superior.

Estudioso das questões inerentes à administração, jurista, professor e literato, traz mais uma contribuição importante, preenchendo lacuna na biblioteca de quantos se dedicam à política e à administração pública, em especial na órbita do Município.

Constitui a obra repositório de enorme valia a aspirantes a cargos eletivos desejosos de adequada capacitação.

Presta-se, também, por excelência, à área universitária, principalmente a alunos de cursos de especialização nos níveis de pós-graduação e de mestrado, quer ela sua abordagem técnica e pelo seu cunho político, quer pela didática empregada e pela largueza e profundidade conceituais.

Sobressai-se no seu todo o direito administrativo *lato sensu*, traduzido nas incursões teóricas e nas recomendações endereçadas à aplicação quotidiana imposta a quantos, pela labuta ou pelo estudo, entregam-se às atividades municipais.

Sucedem-se valiosas lições indicativas do melhor caminho, do mais alto grau procedimental nas lides da administração pública municipal, finalizando, no seu todo, por se constituir em qualitativo norteador da verdadeira e moderna prática administrativa voltada ao Município, crescendo de importância na medida em que é da sebença comum ser lá, na primeira célula da organização política, a sede onde acontece o fato, o evento político-administrativo de interesse dos cidadãos.

As constantes modificações na estrutura da sociedade, no perfil dos seus integrantes, projetam-se nos governos, até porque estes, frutos genuínos do meio e do tempo, traduzem a média visualizada no corte vertical teórico, operando mutabilidades e adaptações a cada ciclo social, econômico e histórico.

Na previdência e na assistência – para exemplificar – onde também incursiona o ilustrador autor, foi Bismarck o pioneiro de um programa social amplo, lá nos idos de 1870, quando os governos não cuidavam das classes menos favorecidas, quando completamente modificado na atualidade, em especial desde a Constituição Federal de 1988, onde está definido e inscrito o direito do cidadão e o dever do estado em relação à saúde, às aposentadorias e aos benefícios previdenciários.

A obra demarca "o antes e o depois", qual registro fotográfico, apontando, como resultado do estudo e da comparação, o déficit, sua extensão e o norte do bem administrar a coisa pública, bastando aos praticantes observá-lo para alcançar o melhor resultado.

É produto da perspicácia e da inteligência do autor, resultando em moderno e atualizado conceito da ciência da administração pública com indicadores de novos rumos, de novo ferramental àqueles na verdade ansiosos de se aventurar na prática de servir, possibilitando o façam com eficiência e conhecimento de causa.

A sociedade moderna não tolera burocratas travestidos de administradores, nem suas prodigalidades com o dinheiro do cidadão, extraído pela mão armada do exercício do poder imperial de tributar, a taxas e impostos beirando a imoralidade, seja do ponto de vista da comparação com outros países, seja do ângulo da capacidade contributiva de cada um, na maioria através de tributos indiretos, modalidade arcaica e anti-social marcada por gravosa regressividade.

Almeja, isto sim, legitimamente, um sistema impositivo dosado em justas proporções sociais, econômicas e sobretudo humanas, para a formação do bolo orçamentário, cuja aplicação há de ser criteriosa e transparente, de molde a indicar boa qualidade do gesto e permanente disponibilidade dos registros.

Nesse rumo transita e aponta a obra do Mestre Wellington Pacheco Barros, emprestando condições de verdadeiro administrador público de materializar na prática a possibilidade da efetiva gestão geradora de resultados, e não apenas consumidora de recursos.

E este é, certamente, o desejo de todos e a recompensa adequada ao autor, em troca de seu desprendimento e de sua dedicação ao subtrair horas de merecido descanso para empregá-la na distribuição de lições tão pertinentes quanto necessárias.

A obra deverá transformar-se em indispensável manual de estudo e consulta diários, não podendo faltar no acervo dos gabinetes municipais do Legislativo e do Executivo, nas escolas de terceiro grau e nos escritórios dos profissionais da área.

A síntese, apropriada à tarefa, ficou prejudicada diante da exuberância e profundidade do livro, uma verdadeira Teoria Geral dirigida à órbita administrativa municipal.

Jair Soares

Sumário

Introdução 21

1. A estrutura municipal 25

  1.1. A estrutura clássica do Município 25

  1.2. O Município brasileiro ontem e hoje 26

    1.2.1. O Município no Brasil-Colônia 26

    1.2.2. O Município na Constituição de 1824 27

    1.2.3. O Município na Constituição de 1891 27

    1.2.4. O Município na Constituição de 1934 28

    1.2.5. O Município na Constituição de 1937 28

    1.2.6. O Município na Constituição de 1946 29

    1.2.7. O Município na Constituição de 1967 29

    1.2.8. O município na Constituição de 1988 e nas Emendas
Constitucionais n°s 1/92,16/97, 19/98 e 25/2000 30

  1.3. Organização do Município: criação, desmembramento, anexação,
incorporação e fusão 33

  1.4. Autonomia Municipal: política, legislativa, administrativa e financeira . . . 36

  1.5. O Município brasileiro como pessoa de Direito. Princípios
vinculadores da Administração Municipal. Seus órgãos. Agentes
públicos municipais. Administração municipal indireta. Poderes
Legislativo e Executivo. Ato administrativo municipal. 38

    1.5.1. Generalidades 38

    1.5.2. Princípios vinculadores da Administração Municipal 39

      1.5.2.1. Princípio da legalidade 40

      1.5.2.2. Princípio da impessoalidade 40

      1.5.2.3. Princípio da moralidade 41

      1.5.2.4. Princípio da publicidade 41

      1.5.2.5. Princípio da eficiência 41

    1.5.3. Poderes municipais 42

    1.5.4. Órgãos municipais 42

    1.5.5. Agentes públicos municipais 42

      1.5.5.1. Agentes políticos 43

      1.5.5.2. Agentes administrativos 43

      1.5.5.3. Agentes delegados 43

1.5.5.4. Agentes honorários 43
1.5.6. Pessoas jurídicas da administração pública indireta 43
1.6. Ato administrativo municipal 44
  1.6.1. Generalidades 44
  1.6.2. Elementos 44
    1.6.2.1. Competência............................ 44
    1.6.2.2. Finalidade............................. 44
    1.6.2.3. Forma 44
    1.6.2.4. Motivação 45
    1.6.2.5. Objeto 45
  1.6.3. Atributos 45
    1.6.3.1. Presunção de legitimidade 45
    1.6.3.2. Imperatividade 45
    1.6.3.3. Exigibilidade 45
    1.6.3.4. Executoriedade 46
  1.6.4. Classificação 46
    1.6.4.1. Atos individuais e gerais 46
    1.6.4.2. Atos vinculados, discricionários e arbitrários 46
    1.6.4.3. Atos declaratórios e constitutivos............... 47
    1.6.4.4. Atos internos ou externos 47
    1.6.4.5. Atos simples, compostos e complexos 47
    1.6.4.6. Atos de império e de gestão 48
  1.6.5. Conteúdo formal 48
    1.6.5.1. Medida provisória e lei 48
    1.6.5.2. Decreto.............................. 49
    1.6.5.3. Portaria 49
    1.6.5.4. Alvará 49
    1.6.5.5. Instrução............................. 49
    1.6.5.6. Aviso 49
    1.6.5.7. Circular 49
    1.6.5.8. Resolução 49
    1.6.5.9. Ordem de serviço 49
    1.6.5.10. Parecer 49
    1.6.5.11. Ofício.............................. 49
    1.6.5.12. Despacho............................ 49
  1.6.6. Extinção do ato administrativo 49
    1.6.6.1. Vencimento do prazo estabelecido 50
    1.6.6.2. Ocorrência de condição resolutiva 50
    1.6.6.3. Realização do fim 50
    1.6.6.4. Rescisão 50
    1.6.6.5. Renúncia 51
    1.6.6.6. Decadência 51
    1.6.6.7. Revogação 51
    1.6.6.8. Nulidade............................. 51

2. Prefeito, Vice-Prefeito, Secretário e Subprefeito 69
  2.1. Generalidades 69
  2.2. Prefeito e Vice-Prefeito 70
  2.3. Secretário Municipal 72
  2.4. Subprefeito 74
  2.5. Subsídio do Prefeito e do Vice-Prefeito 74
  2.6. Atribuições do Prefeito e do Vice-Prefeito 76
    2.6.1. Representação jurídica do Município 77
    2.6.2. Sanção, promulgação, publicação e veto de leis 77
    2.6.3. Cumprimento das leis e outras normas 78
    2.6.4. Expedição de decretos e outros atos administrativos 79
    2.6.5. Apresentação de projetos de lei sobre matéria de sua competência . 79
      2.6.5.1. Projetos de lei para criação de cargos, funções ou
           empregos públicos ou aumento de sua remuneração . . . 80
      2.6.5.2. Projeto de lei de organização administrativa 80
      2.6.5.3. Projeto de lei sobre matéria tributária 80
      2.6.5.4. Projeto de lei sobre orçamento municipal 81
      2.6.5.5. Projeto de lei sobre serviços públicos municipais 81
    2.6.6. Administração dos bens públicos municipais 81
      2.6.6.1. Autorização 82
      2.6.6.2. Permissão de uso 82
      2.6.6.3. Cessão de uso 83
      2.6.6.4. Concessão de uso 83
      2.6.6.5. Concessão do direito real de uso 83
      2.6.6.6. Alienação de bens 83
      2.6.6.7. Aquisição de bens 85
    2.6.7. Elaboração e execução do orçamento 86
    2.6.8. Abertura de créditos adicionais 86
    2.6.9. Arrecadação, guarda e aplicação da receita Municipal 87
    2.6.10. Execução de obras e serviços 87
    2.6.11. Decretação de desapropriações 87
    2.6.13. Prestação de contas e relatório da Administração 88
    2.6.14. Comparecimento e informações à Câmara Municipal, bem
        como o poder de convocá-la extraordinariamente 88
    2.6.15. Imposição de penalidades administrativas 89
    2.6.16. Execução da dívida ativa 89
    2.6.17. Execução de atribuições delegadas 89
  2.7. Responsabilidades do Prefeito e do Vice-Prefeito 89
    2.7.1. Impedimento ao funcionamento da Câmara Municipal pelo
        Prefeito ou pelo Vice-Prefeito 90
    2.7.2. Impedimento do Prefeito ou Vice-Prefeito a que a Câmara
        Municipal ou auditoria examine documentos arquivados na
        Prefeitura. 91
    2.7.3. Desatendimento pelo Prefeito ou Vice-Prefeito às convocações
        ou pedidos de informações da Câmara Municipal. 92

2.7.4. Retardamento de publicação ou de não-publicação de leis e
atos administrativos pelo Prefeito ou pelo Vice-Prefeito 92

2.7.5. Não-apresentação da proposta orçamentária à Câmara Municipal
na forma e no prazo legal pelo Prefeito ou pelo Vice-Prefeito . . . 93

2.7.6. Descumprimento do orçamento pelo Prefeito e pelo Vice-Prefeito 94

2.7.7. Prática ilegal de atos da competência do Prefeito ou do
Vice-Prefeito Municipal ou sua omissão 95

2.7.8. Omissão ou negligência do Prefeito ou do Vice-Prefeito na defesa
de bens, rendas, direitos ou interesses públicos municipais 95

2.7.9. Ausentar-se o Prefeito ou o Vice-Prefeito do Município por prazo
superior ao legalmente previsto, ou afastar-se da Prefeitura, sem
autorização da Câmara 95

2.7.10. Procedimento de Prefeito e do Vice-Prefeito incompatível com a
dignidade e o decoro do cargo 96

2.8. O processo de julgamento das infrações político-administrativas do
Prefeito e do Vice-Prefeito 97

2.9. Outras causas de perda do mandato de Prefeito e de Vice-Prefeito . . . 98

3. Vereador 100

3.1. Generalidades 100

3.2. Subsídio do Vereador 102

3.3. Atribuições do Vereador 104

3.4. Responsabilidades do Vereador 105

3.4.1. Utilização do mandado pelo Vereador para a prática de atos de
corrupção ou de improbidade administrativa 105

3.4.2. Fixação de residência pelo Vereador fora do Município 106

3.4.3. Procedimento na conduta pública do Vereador incompatível com
a dignidade e o decoro da Câmara 107

3.5. O processo de julgamento por infração político-administrativa do Vereador 109

4. Servidor público 110

4.1. Generalidades 110

4.2. Cargo, função e emprego público 111

4.3. Provimento 112

4.3.1. Nomeação 112

4.3.1.1. Nomeação de deficiente 112

4.3.1.2. Concurso Público 113

4.3.1.3. Posse 114

4.3.1.4. Exercício 114

4.3.1.5. Estágio probatório 114

4.3.1.6. Estabilidade 115

4.3.2. Promoção 117

4.3.3. Readaptação 117

4.3.4. Reversão 117

4.3.5. Aproveitamento 118

4.3.6. Reintegração 118

4.3.7. Recondução 118

4.4. Vacância 118
    4.4.1. Exoneração 118
    4.4.2. Demissão 119
    4.4.3. Promoção 119
    4.4.4. Readaptação 119
    4.4.5. Aposentadoria 119
    4.4.6. Posse em outro cargo inacumulável 121
    4.4.7. Falecimento 121
4.5. Remoção 121
4.6. Redistribuição 121
4.7. Substituição 122
4.8. Direitos e vantagens do servidor público 122
    4.8.1. Vencimento e remuneração 124
    4.8.2. Vantagens 126
        4.8.2.1. Indenizações 127
        4.8.2.2. Ajuda de custo 127
        4.8.2.3. Diárias 127
        4.8.2.4. Indenização de transporte 128
    4.8.3. Gratificações 128
        4.8.3.1. Gratificação pelo exercício de função, direção e
               assessoramento 129
        4.8.3.2. Gratificação pelo exercício de atividades insalubres . . . 129
        4.8.3.3. Gratificação por regime especial de trabalho 130
        4.8.3.4. Gratificação por serviço noturno 130
        4.8.3.5. Gratificação por serviço extraordinário 130
        4.8.3.6. Gratificação de permanência em serviço 131
        4.8.3.7. Honorários e jetons 131
        4.8.3.8. Gratificação de produtividade 131
        4.8.3.9. Gratificação de difícil acesso 132
        4.9.3.10. Outras gratificações que a lei estabelecer 132
    4.8.4. Adicionais 132
        4.8.4.1. Adicional de Férias 132
        4.8.4.2. 13º salário ou adicional natalino 132
        4.8.4.3. Adicional de tempo de serviço 133
        4.8.4.4. Abono familiar 133
        4.8.4.5. Auxílio-natalidade 134
        4.8.4.6. Auxílio-reclusão 135
4.9. Licenças 135
    4.9.1. Licença para tratamento de saúde 136
    4.9.2. Licença por motivo de doença em pessoa da família 136
    4.9.3. Licença por acidente de serviço 136
    4.9.4. Licença à gestante, à adotante e à paternidade 136
    4.9.5. Licença para desempenho de mandato classista 137
    4.9.6. Licença para o serviço militar 137

4.9.7. Licença por motivo de afastamento de cônjuge ou companheiro 137
4.9.8. Licença para capacitação 138
4.9.9. Licença-prêmio por assiduidade 138
4.9.10. Licença para tratar de interesses particulares 140
4.9.11. Licença para atividade política 141
4.9.12. Licença para concorrer a mandato público eletivo e exercê-lo . 141
4.9.13. Licença especial para fins de aposentadoria 141
4.10. Férias 142
4.11. Direito de petição 142
4.12. Tempo de serviço e de contribuição 143
4.13. Regime Disciplinar 145
    4.13.1. Deveres 145
    4.13.2. Proibições 145
    4.13.3. Acumulação 146
    4.13.4. Responsabilidades 147
    4.13.5. Penalidades 148
        4.13.5.1. Advertência e repreensão 149
        4.13.5.2. Suspensão e multa 150
        4.13.5.3. Demissão 151
        4.13.5.4. Cassação de aposentadoria ou disponibilidade 152
        4.13.5.5. Destituição do cargo em comissão 152
        4.13.5.6. Destituição de função comissionada 153
    4.13.6. Processo administrativo disciplinar 153
        4.13.6.1. Sindicância 154
        4.13.6.2. Inquérito administrativo 155
        4.13.6.3. Processo administrativo propriamente dito 156
        4.13.6.4. Afastamento preventivo 157
    4.13.7. Revisão do processo administrativo 157
4.14. Direito à associação sindical 158
4.15. Direito de greve 159
4.16. Participação de servidores no Conselho de política de administração e remuneração de pessoal do Município 160
4.17. Criação de programas de qualidade e produtividade, treinamento e desenvolvimento, modernização, reaparelhamento e racionalização no serviço público 161

5. Servidor público de cargo em comissão 163
5.1. Generalidades 163
5.2. Natureza jurídica do cargo em comissão 163
5.3. Direitos e deveres dos detentores de cargo em comissão 164

6. Contratado temporário 166
6.1. Generalidades 166
6.2. Casos de excepcional interesse público para contratação temporária .. 167
    6.2.1. Calamidade pública 167
    6.2.2. Combate a surtos endêmicos 167

6.2.3. Professores substitutos e professor visitante 168
6.2.4. Outras situações de urgência 169
6.3. Natureza jurídica do contrato temporário 170
6.4. Direitos e deveres do contratado temporário 170

7. Empregado público municipal 172
7.1. Generalidades 172

8. Terceiro com vínculos administrativos 174
8.1. Generalidades 174

9. A responsabilidade civil do Município por atos dos agentes públicos. . . 175
9.1. Generalidades 175
9.2. A responsabilidade civil da Administração no direito brasileiro 175

10. Improbidade administrativa dos agentes públicos municipais 177
10. 1. Considerações gerais 177
10.2. Conceito de administração municipal para fins de improbidade administrativa 178
10.3. Conceito de agente público municipal para fins de improbidade administrativa 179
10.4. Modalidades de improbidade administrativa 179
 10.4.1. Atos de improbidade administrativa que importam enriquecimento ilícito 180
 10.4.2. Atos de improbidade administrativa que causam prejuízo ao erário 181
 10.4.3. Atos de improbidade administrativa que atentam contra os princípios da Administração Pública 182
10.5. As penas pela prática de atos de improbidade administrativa 183
10.6. Ações cautelares por ato de improbidade administrativa 185
10.7. Inquérito ou processo administrativo por ato de improbidade administrativa 188
10.8. A ação civil pública por ato de improbidade administrativa 189
10.9. Efeitos sucessórios da improbidade administrativa 191
10.10. Conseqüências secundárias da Lei de Improbidade Administrativa . 191
 10.10.1. Declaração de bens 191
 10.10.2. Atualização anual da declaração de bens 192
 10.10.3. Substituição da declaração de bens pela declaração de ajuste anual de renda 192
 10.10.4. Demissão na recusa de prestar declaração de bens ou declará-la falsa 192
10.11. Conseqüências penais da Lei de Improbidade Administrativa 193
 10.11.1. Denunciação caluniosa 193
 10.11.2. Afastamento preventivo do agente público 193

11. Segurado da administração municipal 195
11.1. Generalidades 195
11.2. Benefício da aposentadoria 196
11.3. Pensão 199

11.3.1. Pensão vitalícia 199
11.3.2. Pensão temporária 200
11.3.3. Prescrição da pensão 201
11.3.4. Pensão provisória 201
11.3.5. Perda da qualidade de beneficiário 202
11.3.6. Atualização das pensões 203
11.4. Abono-família 204
11.5. Auxílio-funeral 204
11.6. Assistência à saúde 204
12. Responsabilidade penal na administração municipal 206
12.1. Generalidades 206
12.2. Conceito de Administração Municipal no âmbito da
responsabilidade penal 207
12.3. Crimes contra a administração municipal no Código Penal 208
12.3.1. Crimes contra a fé pública municipal 208
12.3.2. Crime de emissão de título ao portador sem permissão legal . 209
12.3.3. Crime de falsificação de papéis públicos 209
12.3.4. Crime de petrechos de falsificação 210
12.3.5. Crime de falsificação de selo ou sinal público 210
12.3.6. Crime de falsificação de documento público 211
12.3.7. Crime de falsidade ideológica 211
12.3.8. Crime de certidão ou atestado falso 211
12.3.9. Crime de uso de documento falso 212
12.3.10. Crime de supressão de documento 212
12.4. Crimes contra a administração municipal praticados por funcionários
públicos. 212
12.4.1. Crime de peculato 213
12.4.2. Crime de peculato mediante erro de outrem 213
12.4.3. Crime de dados falsos em sistema de informações 213
12.4.4. Crime de modificação ou alteração não autorizada de sistema
de informação 214
12.4.5. Crime de extravio, sonegação ou inutilização de livro ou
documento 214
12.4.6. Crime de emprego irregular de verbas ou rendas públicas . . . 214
12.4.7. Crime de concussão 215
12.4.8. Crime de excesso de exação 215
12.4.9. Crime de corrupção passiva 215
12.4.10. Crime de facilitação de contrabando ou descaminho 215
12.4.11. Crime de prevaricação 216
12.4.12. Crime de condescendência criminosa 216
12.4.13. Crime de advocacia administrativa 216
12.4.14. Crime de abandono de função 216
12.4.15. Crime de exercício funcional ilegalmente antecipado ou
prolongado 217

12.4.16. Crime de violação de sigilo funcional 217
12.5. Crimes praticados por particular contra a administração pública municipal 217
    12.5.1. Crime de usurpação de função pública 218
    12.5.2. Crime de resistência 218
    12.5.3. Crime de desobediência 218
    12.5.4. Crime de desacato 218
    12.5.5. Crime de tráfico de influência 219
    12.5.6. Crime de corrupção ativa 219
    12.5.7. Crime de contrabando ou descaminho 219
    12.5.8. Crime de inutilização de edital ou sinal 219
    12.5.9. Crime de subtração ou inutilização de livro ou documento . . 220
    12.5.10. Crime de sonegação de contribuição previdenciária 220
12.6. Crimes contra as finanças públicas municipais 221
    12.6.1. Crime de contratação de operação de crédito 221
    12.6.2. Crime de inscrição de despesas não empenhadas em restos a pagar 222
    12.6.3. Crime de assunção de obrigação no último ano do mandato ou legislatura 222
    12.6.4. Crime de ordenação de despesa não autorizada 222
    12.6.5. Crime de prestação de garantia graciosa 223
    12.6.6. Crime de não-cancelamento de restos a pagar 223
    12.6.7. Crime de aumento de despesa total com pessoal no último ano de mandato ou legislatura 223
    12.6.8. Crime de oferta pública ou colocação de títulos no mercado sem criação legal ou registro 224
12.7. Crimes de responsabilidade de Prefeito com os acréscimos da Lei nº 10.028, de 19.10.2000 224
12.8. Crimes contra a ordem tributária municipal 229
    12.8.1. Crimes contra a ordem tributária municipal praticados por particulares 230
    12.8.2. Crimes contra a ordem tributária municipal praticados por funcionários públicos 231
12.9. Crimes contra a lisura da licitação e do contrato administrativo municipal 233
12.10. Crimes eleitorais, de imputação indevida de ato de improbidade administrativa e contra o parcelamento do solo urbano. 236
    12.10.1. Crimes eleitorais na Administração Municipal 237
    12.10.2. Crime de imputação indevida de ato de improbidade administrativa municipal 237
    12.10.3. Crimes contra o parcelamento do solo urbano 238
Bibliografia 240

Introdução

O estudo do Direito Administrativo, tão necessário para o exercício do magistério de pós-graduação, e o conseqüente interesse demonstrado pelos alunos sobre o tema, aliados à constatação de que na prestação jurisdicional como membro titular da 4ª Câmara Civil do Tribunal de Justiça do Estado do Rio Grande do Sul, com competência exclusiva, entre outras, sobre servidores públicos, me levaram a uma descoberta preocupante: inexistia um estudo específico sobre os servidores municipais mais ainda em decorrência das grandes mudanças impostas na Constituição Federal. O tema era estudado de forma genérica e, por isso, sem a especificidade tópica existente na concepção do novo Município brasileiro.

Com essa idéia é que procurei sistematizar O MUNICÍPIO E SEUS AGENTES. sem descurar de que para suprir aquela necessidade havia de buscar, agora num movimento de retorno e de complementação, a conjugação dos mesmos fatores que me levaram à descoberta: o tema deveria ser desenvolvido tomando por base as experiências da sala de aula e de julgador das questões públicas. A ausência de doutrina específica dificultou grandemente o trabalho.

Na primeira parte, o livro procura demonstrar *a estrutura clássica do Município* desde a sua origem, passando pelas facetas dos seus vários momentos na história política brasileira, sua organização atual, inclusive, sua forma de agir no universo jurídico-administrativo, para que o leitor tenha uma visão do todo e com isso possa melhor entender a interpenetração que ele mantém com suas várias modalidades de servidores *lato sensu*.

Na segunda parte, o livro trata dos agentes políticos do Poder Executivo municipal: *Prefeito, Vice-Prefeito, Secretário e Subprefeito*, em que são analisadas as atribuições de cada um, seus subsídios, suas responsabilidades e o processo de julgamento das infrações político-administrativas.

Na terceira parte, o livro trata do *Vereador*, agente político do Poder Legislativo Municipal. Aqui também são analisados sua atribuição, seu subsídio, suas responsabilidades e o processo de julgamento por infração político-administrativa.

A quarta parte do livro trata de um tema vigoroso – *Servidor Público*. Aqui o livro faz uma acurada análise de tudo que envolve este agente administrativo, desde o concurso público como forma para ingresso no serviço público municipal, passando por vacância, remoção, redistribuição, substituição, direitos e vantagens, licenças, férias, direito de petição, tempo de serviço e de contribuição, regime disciplinar, direito à associação sindical, direito de greve e sobre temas novíssimos como a participação no Conselho de Política de Administração e Remuneração de pessoal do Município até a criação de programas de qualidade e produtividade, desenvolvimento, modernização reaparelhamento e racionalização do serviço público.

Na quinta parte, o livro trata do *Servidor Público de Cargo em Comissão*, em que são apresentados os direitos e os deveres desse servidor especial.

Na sexta, na sétima e na oitava partes do livro, é feita uma análise sobre o *Contratado Temporário, o Empregado Público Municipal e o Terceiro com Vínculos Administrativos*, buscando com essa análise individualizada de cada um destes agentes demonstrar que eles têm estruturas próprias e que por isso não podem ser confundidas.

A *Responsabilidade Civil do Município por atos dos agentes públicos e a Improbidade Administrativa* são temas analisados na nona e na décima partes do livro com a clara idéia de demonstrar como as conseqüências das ações indevidas dos agentes públicos municipais responsabilizam o Município perante terceiros ou produzem uma modalidade de responsabilidade autônoma e diferenciada da civil, penal ou administrativa.

O *segurado e seus beneficiários*, nova temática que paulatinamente está sendo introduzida na administração do Município, são também analisados na parte décima primeira do livro porque, embora não seja verdadeiramente um agente público ativo, necessariamente que manterá relações com a administração na percepção dos proventos ou dos benefícios.

E, por fim, o livro apresenta os *crimes* passíveis de ocorrerem contra a administração municipal praticados ou não por agentes públicos. A inclusão dessa temática na parte décima segunda do livro é para completar a idéia de que por ação ou omissão os agentes públicos podem causar ao Município. É o retorno ao início.

Se me fosse possível resumir numa única frase a idéia esposada em O MUNICÍPIO E SEUS AGENTES, diria que ele representa uma tentativa de resgatar e modernizar a estrutura de pessoal do Município tão abandonada pela doutrina e despercebida pela jurisprudência.

O Autor

1. A estrutura municipal

1.1. A estrutura clássica do Município

O Município, como unidade político-administrativa autônoma, surgiu em Roma como decorrência das conquistas romanas e como forma de tutelar os conquistados. Essa é a gênese do Município mais aceita na história do direito.

Aos vencidos, Roma impunha sujeições às determinações do Senado Romano. No entanto, desde que os vencidos se sujeitassem à fiel obediência das leis romanas, os conquistadores lhes concediam determinadas prerrogativas que podiam variar de simples direito de casar e comercializar, até privilégios como eleger governadores e dirigir a própria cidade. Aquelas comunidades que se sujeitassem a essa situação eram consideradas Municípios, do latim *municipium*.

Segundo Hely Lopes Meirelles,[1] essas comunidades se dividiam em duas categorias: *municipia caeritis* e *municipia foederata*, conforme a maior ou menor autonomia que desfrutavam dentro do direito vigente, o *jus italicum*

A administração dessas cidades era efetivada por um colégio de dois a quatro magistrados, eleitos pelos cidadãos do município, que eram constituídos pelos homens livres, os *cives municipes*, e não pelos *incolae*, que eram os estrangeiros, assim considerados os vencidos habitantes da região dominada. Dentro do que Roma lhes permitia, os magistrados tinham poder supremo, inclusive de praticar justiça. Para auxiliá-los, existiam magistrados inferiores que se encarregam da administração propriamente dita e da polícia, além de um encarregado da arrecadação, da fiscalização dos negócios públicos, da defesa da cidade, além de notários e escribas.

As leis que estas comunidades editavam emanavam de um *Conselho Municipal*, composto por um elevado número de cidadãos es-

---

[1] MEIRELLES, Hely Lopes. *Direito Municipal Brasileiro*, Editora Revista dos Tribunais, São Paulo, 6ª edição, 3ª tiragem, 1990, p. 26.

colhidos periodicamente e tinham funções assemelhadas às do Senado Romano. Teria sido Lúcio Cornélio Sila, em 80 a.C., o primeiro legislador a definir as características do Município Romano, segundo Mommsen, citado do Dante Martorano.[2]

A idéia da origem romana do Município, no entanto, não é tranqüila e derivaria do simples fato de famílias vizinharem e necessitarem, por via de conseqüência, de satisfazerem as suas necessidades da vida comum. O Município, portanto, teria surgido naturalmente. Este é o pensamento de Ataliba Nogueira, citado por Diomar Ackel Filho.[3]

No entanto, foi a primeira idéia que chegou a França, Espanha e Portugal em decorrência da denominação bárbara que sucedeu à hegemonia romana.

A idéia romana de Município se expandiu além-fronteira e tempo afora. Assim, na Idade Média, o poder supremo do Município – o Conselho de Magistrados – passou a se denominar Colégio dos Homens Livres, que os germânicos denominaram de Assembléia Pública de Vizinhos, reunindo as funções administrativa, policial e judicial. Apesar da força da cultura árabe, a estrutura clássica idealizada pelos romanos foi mantida, sendo, no entanto, acrescido do pagamento de tributo e a criação dos cargos de alcaide (uma espécie de governador municipal), alvazil (uma espécie de oficial de diligência) e almotacel (uma espécie de inspetor de pesos e medidas, encarregado de fixar o preço dos mantimentos).

1.2. O Município brasileiro ontem e hoje

1.2.1. O Município no Brasil-Colônia – A estrutura clássica do Município surgida na República Romana com as alterações impostas pelo julgo árabe chegou a Portugal e foi implantada de galho na então colônia, depois Brasil, pelas Ordenações Manoelina, Afonsina e Filipina. A esse respeito diz Hely Lopes Meirelles:[4]

> O Município português foi transplantado para o Brasil-Colônia com as mesmas organizações e atribuições políticas, administrativas e judiciais que desempenhavam no Reino.

O município no Brasil-Colônia tinha como administradores um presidente, três vereadores, dois almotacéis e um escrivão e, para

---

[2] MARTORANO, Dante. *Direito Municipal*, Forense, Rio de Janeiro, 1985, p. 55.

[3] ACKEL FILHO, Diomar. *Município e Prática Municipal*, Editora Revista dos Tribunais, São Paulo, 1992, p. 18.

[4] MEIRELLES, Hely Lopes, obra citada, p. 4.

resolver os conflitos, um juiz de fora vitalício e dois juízes comuns, eleitos com os vereadores, independentemente de seu tamanho.

1.2.2. O Município na Constituição de 1824 – Com a Constituição de 1824, aquela que estruturou o Brasil independente, foi mantida a administração municipal nas Câmaras Municipais a quem competia, na expressão textual do art. 169:

> o governo econômico e municipal das mesmas cidades e vilas e especialmente o exercício de suas funções municipais, formação das suas Posturas policias, aplicação das suas rendas e todas as suas particulares e úteis atribuições.

Como não tinha ainda sido criado o Estado-Membro, os municípios ficaram administrativamente vinculadas ao poder central mantido pelo Imperador.

O Município, na vigência da Constituição de 1824, nada mais foi de que um apêndice administrativo do Império mas, no entanto, foi com ela que se iniciou a fase brasileira de sua história, segundo Castro Nunes, citado por Nelson Nery Costa.[5]

1.2.3. O Município na Constituição de 1891 – A Constituição de 1891, que estruturou a República e criou o Estado-membro, submeteu o Município à tutela desta outra figura administrativa, através do art. 68, quando lhe outorgou autonomia para se estruturar em tudo que dissesse respeito a seu peculiar interesse.[6]

Para Dante Martorano:

> Basicamente estava delineado o modelo do Município brasileiro.[7]

Mas Hely Lopes Meirelles diz que, apesar disso:

> Durante os 40 anos que vigorou a Constituição de 1891 não houve autonomia municipal no Brasil. O hábito do centralismo, a opressão do coronelismo e a incultura do povo transformaram os Municípios em feudos de políticos truculentos, que mandavam e desmandavam nos *seus* distritos de influência, como se o Município fosse propriedade particular e o eleitorado um rebanho dócil ao seu poder.
> Os prefeitos eram eleitos ou nomeados ao sabor do governo estadual, representado pelo "chefe" todo-poderoso da "zona". As eleições eram de antemão preparadas, arranjadas, falseadas ao desejo do *coronel*. As oposições que se esboçavam no interior viam-se aniquiladas pela violência e pela perseguição política do situacionismo local e estadual. Não havia qualquer garantia democrática. E, nessa atmosfera

---

[5] COSTA, Nelson Nery. *Curso de Direito Municipal Brasileiro*, Editora Forense, Rio de Janeiro, 1999, p. 42.

[6] O art. 68 da Constituição de 1891 foi assim redigido:
Art. 68. Os Estados organizar-se-ão de forma que fique assegurada a autonomia dos Municípios, em tudo quanto respeite a seu peculiar interesse.

[7] MARTORANO, Dante. Ob. citada, p. 67.

O Município e seus agentes

de opressão, ignorância e mandonismo, sem progresso, sem autonomia. Tal situação foi magistralmente focalizada por Nunes Leal em obra que traduz fielmente a política municipalista brasileira até 1946.[8]

Em outras palavras, o *peculiar interesse* caracterizador da autonomia municipal criado pela Constituição de 1891 se tornou em verdadeira falácia. A subordinação do Município apenas mudou de lado, já que continuou atrelado aos interesses privados. Antes do Imperador, depois dos coronéis.

1.2.4. O Município na Constituição de 1934 – A Constituição Federal de 1934 outorgou autonomia financeira aos Municípios possibilitando que eles pudessem criar rendas próprias, gerindo-se em tudo aquilo que fosse de seu peculiar interesse, especialmente quanto a eleição de prefeito e vereadores. Ela foi uma decorrência dos vícios criados pelo coronelismo na Constituição de 1891 e que redundou na Revolução de 1930 que levou Getúlio Vargas ao poder.

Para Hely Lopes Meirelles:

Depois de dar os lineamentos da autonomia, concretizando-a em providências, passou a Constituição de 1934 a discriminar as rendas pertencentes ao Município (art. 13, § 2º, I a V). Pela primeira vez uma Constituição descia a tais minúcias, para resguardar um princípio tão decantado na teoria quanto esquecido na prática dos governos anteriores. A brevíssima vigência da Constituição de 1934 não permitiu uma apreciação segura dos resultados das inovações (delineamento da autonomia e discriminação das rendas municipais) introduzidas na esfera municipal.[9]

Era um passo adiante na história do municipalismo brasileiro, mas que logo se desviou.

1.2.5. O Município na Constituição de 1937 – Com a imposição da Constituição de 1937 por Getúlio Vargas, através do que se chamou Estado Novo, uma nova ordem política é implantada, caracterizando-se por concentração de poderes no Executivo. O prefeito passou a ser nomeado pelo Governador do Estado, agora com o nome de Interventor, que enfeixou várias atribuições que eram da Câmara de Vereadores.

Segundo Hely Lopes Meirelles:

Instituiu-se, então, um sistema de subalternidade nacional, que descia do ditador ao mais modesto funcionário público, todos preocupados em agradar o "chefe" e esquecidos de seus deveres para com a coletividade. O código das Municipalidades era o Dec.-Lei Federal 1.202, de 8.4.39, modificado substancialmente pelo de nº 5.511, de 21.5.43 – diplomas, esses, passíveis das mais sérias censuras, inclusive a da incons-

---

[8] MEIRELLES, Hely Lopes. Ob. cit. p. 31/32.

[9] MEIRELLES, Hely Lopes. Ob. cit. p. 32.

tucionalidade, como bem observa um de seus autorizados comentadores (Océlio de Medeiros).[10]

1.2.6. O Município na Constituição de 1946 – Em decorrência da estrutura criada pelo próprio sistema constitucional imposto pela Constituição de 1937, o governo ditatorial que a instituiu foi deposto pelas Forças Armadas. Um clima de redemocratização surgiu no cenário nacional e que foi acolhido pela Assembléia Constituinte então instalada.

Com o advento da Constituição de 1946, o município se revigorou, pois ganhou autonomia política, administrativa e econômica, criando-se uma espécie de simetria entre os Poderes Legislativo e Executivo à imagem do Governo Federal. Com isso foi possível a eleição de Prefeito e Vereadores, retomando-se o que fora em 1934.

Para Dante Martorano:

Uma intensa pregação municipalista, deflagrada desde o século passado, desaguou num modelo brasileiro de Município. Diferente nossa Federal da norte-americana, pois ela atribuía a cada Estado-membro a função de organizar, a seu arbítrio os governos locais.

A divisão dos poderes também foi institucionalizada, ainda que não se referisse ao Poder Judiciário, mas claro o propósito da independência do Executivo e do Legislativo. Enfim, começou a história do Município tipicamente brasileiro, na sua peculiar autonomia. Mesmo que, logicamente, esta autonomia esteja sempre contida nos limites fixados pelo Estado brasileiro na sua Constituição Federal.[11]

1.2.7. O Município na Constituição de 1967 – A Constituição de 1967 e sua Emenda de 1969 mantiveram a estrutura municipal de 1946, só que enfatizando uma gama de maiores poderes ao Poder Executivo, como a nomeação de Prefeitos das Capitais, das estâncias hidrominerais e áreas de segurança nacional; limitou o número de vereadores e a sua remuneração e impôs a fiscalização financeira e orçamentária.

Para Hely Lopes Meirelles:

A modificação do sistema tributário, introduzido pela Constituição de 1969, teve o mérito de distribuir melhor a renda pública entre as três entidades estatais, mas o critério de atribuição de percentagem fixa e uniforme (20%) na participação do imposta estadual de circulação de mercadorias (ICM) criou uma gritante disparidade entre Municípios industrializados e Municípios de predominante atividade agrícola, ficando aqueles em situação privilegiada em relação a estes. Merece ainda destacar que esse sistema tributário, com as limitações constitucionais estabelecidas, corrigiu sérias distorções da tributação municipal, impedindo a proliferação de impostos e

---

[10] MEIRELLES, Hely Lopes. Ob. cit. p. 33.

[11] MARTORANO, Dante. Ob. cit. p. 74.

O Município e seus agentes

taxas tendo como base de cálculo o mesmo fato gerador, apenas com denominações diferentes e impróprias, o que sobrecarregava e tumultuava as finanças municipais.[12]

1.2.8. O Município na Constituição de 1988 e nas Emendas Constitucionais nºs 1/92,16/97, 19/98 e 25/2000 – A Constituição de 1988, quando promulgada, retomou os parâmetros da Constituição de 1946, outorgou autonomia política ao Município para possibilitar, indistintamente, a eleição do Prefeito municipal e seu vice, bem como dos vereadores, para mandato de quatro anos, mediante pleito direto e simultâneo realizado em todo País e que deveria ser realizado 90 dias antes do término do mandato dos que deviam suceder (art. 29, inciso I e II), ocorrendo a posse do Prefeito e do Vice-Prefeito no dia 1º de janeiro do ano subseqüente ao da eleição (art. 29, inciso III). O número de Vereadores foi fixado proporcionalmente à população do Município da seguinte forma (art. 29 e incisos IV, letras *a* a *c)*:

a) mínimo de nove e máximo de vinte e um nos Municípios de até um milhão de habitantes;
b) mínimo de trinta e três e máximo de quarenta e um nos Município de mais de um milhão e menos de cinco milhões de habitantes;
c) mínimo de quarenta e dois e máximo de cinqüenta e cinco nos Municípios de mais de cinco milhões de habitante.

Num processo paulatino de intervenção do poder central na esfera municipal, demonstrador de que existe uma cultura política de ingerência no município brasileiro, as conquistas consolidadas legitimamente em Assembléias Constituintes de 1988 e que são reconquistas de 1946, começam a ser eliminadas de forma lenta mas gradual através de emendas constitucionais de duvidosa constitucionalidade.

O processo de intervenção federal começa com *a Emenda Constitucional nº 1, de 31.03.1992*, ao estabelecer que as despesas totais com a remuneração dos Vereadores não poderia ultrapassar o montante de 5% da receita do município. Este dispositivo é o atual inciso VII do art. 29, passando o original, bem como os demais, a ter nova renumeração. Com esta emenda, a autonomia municipal foi atingida, numa velada declaração de que o Município não sabia lidar com o dinheiro público e por isso precisa de parâmetro limitador dos duramente ganhos de seus Vereadores.

Embora a *Emenda Constitucional nº 16, de 04.06.1997,* não tenha produzido efetiva redução na autonomia municipal, no entanto, ao fixar que a eleição municipal deveria ter dia certo, estabelecendo o primeiro domingo de outubro do ano anterior ao término do man-

---

[12] MEIRELLES, Hely Lopes. Ob. cit., p. 36.

dado, para sua realização, em vez dos 90 dias antes do término do mandato a suceder, como era, circunstância que poderia ser determinada através de lei ordinária, deixou claro o poder do constituinte derivado de dizer sobre fatos tipicamente municipais.

Mas foi a *Emenda Constitucional nº 19, de 04.06.1998*, que violentou de forma dura a autonomia municipal, ao estabelecer que o subsídio do Prefeito, do Vice-Prefeito e dos Secretários Municipais seriam fixados por Lei Municipal e que os subsídios dos Vereadores, além de fixados também por lei municipal, ainda teriam como parâmetro máximo 75%, daquele estabelecido em espécie para os Deputados Estaduais. Sob o pretexto de enxugar a Administração Federal e com isso adequá-la a comprometimentos de organismos financeiros internacionais, o Congresso Nacional sacrificou o princípio federativo e desferiu um forte golpe nas autonomias estaduais e municipais. É de se observar que as intervenções impostas tanto pela Emenda Constitucional nº 1/92 como pela de nº 19/98 são de cunho financeiro. Mais uma vez o recado foi dado: a administração municipal não tem competência para gerir a remuneração de seus agentes políticos.

Nem bem a emenda da chamada *reforma administrativa* era implementada, o Congresso Nacional promulga nova modificação constitucional atentatória contra a autonomia municipal através da *Emenda Constitucional nº 25, de 14.02.2000*, que, agora, estabeleceu que os subsídios dos Vereadores seriam fixados tendo por base os seguintes patamares (art. 29, inciso VI):

a) em Município de até dez mil habitantes, o subsídio máximo dos Vereadores corresponderá a vinte por cento do subsídio dos Deputados Estaduais;

b) em Municípios de dez mil e um a cinqüenta mil, o subsídio máximo dos Vereadores corresponderá a trinta por cento do subsídio dos Deputados Estaduais;

c) em Municípios de cinqüenta e um mil a cem mil habitantes a quarenta por cento do subsídio dos Deputados Estaduais;

d) em Municípios de cem mil e um a trezentos mil habitantes, o subsídio máximo dos Vereadores corresponderá a cinqüenta por cento do subsídio dos Deputados Estaduais;

e) em Municípios de trezentos mil e um a quinhentos mil habitantes, o subsídio máximo dos Vereadores corresponderá a sessenta por cento do subsídio dos Deputados Estaduais;

f) em Municípios de mais de quinhentos mil habitantes, o subsídio máximo dos Vereadores corresponderá a setenta e cinco do subsídio dos Deputados Estaduais.

Além disso, a *Emenda 25/2000* acresceu um artigo à Constituição de 1988, nestes termos:

Art. 29-A. O total da despesa do Poder Legislativo Municipal, incluídos os subsídios dos Vereadores e excluídos os gastos com inativos, não poderá ultrapassar os seguintes percentuais, relativos ao somatório da receita tributária e das transferências previstas no § 5º do art. 153 e nos arts. 158 e 159, efetivamente realizado no exercício anterior:

I – oito por cento para Municípios com população de até cem mil habitantes;

II – sete por cento para Municípios com a pulação entre cem mil e um e trezentos mil habitantes;

III – seis por cento para Municípios com população entre trezentos e um e quinhentos mil habitantes;

IV – cinco por cento para Municípios com população acima de quinhentos mil habitantes.

§ 1º a Câmara Municipal não gastará mais de setenta por cento de sua receita com folha de pagamento, incluído o gasto com o subsídio de seus Vereadores.

Afora estas intervenções tipicamente financeiras na autonomia municipal, a Constituição em vigor deu inviolabilidade às opiniões, palavras e votos do Vereador quando no exercício do mandato e na circunscrição municipal (art. 29, inciso VIII); estabeleceu proibições e incompatibilidades para o exercício da vereança, de forma similar, aos fixados para o Congresso Nacional e Assembléia Legislativa, no que fosse compatível (art. 29, IX); privilegiou o julgamento do Prefeito perante o Tribunal de Justiça (art. 29, X); estabeleceu a necessidade de inclusão na Lei Orgânica Municipal de organização das funções legislativas e fiscalizadoras da Câmara Municipal (art. 29, XI); fixou a possibilidade de cooperação das associações representativas no planejamento municipal (art. 29, XII) possibilitou o projeto de lei de iniciativa popular de interesse do Município, da cidade ou de bairros, através de manifestação de, pelo menos cinco por cento do eleitorado (art. 29, XIII) e a perda do mandado do Prefeito, nos termos do art. 28, parágrafo único (O parágrafo único, do art. 28, foi transformado em §1º, pela Emenda Constitucional nº 19/98 e trata da perda do mandato do Governador que assumir outro cargo ou função na administração pública direta ou indireta, ressalvada a posse em virtude de concurso público. No caso do Prefeito, a ressalva ali disposta é que poderá optar entre o subsídio ou a remuneração do cargo).

Não resta a menor dúvida que as emendas constitucionais citadas limitaram a autonomia municipal. O ideário político que aflorou na Assembléia Constituinte e que culminou na Constituição de 1988 estava carregado de um forte pensamento humanístico de proteção à cidadania com visível limitação do estado e, no campo interno deste, de maior autonomia municipal. Paulatinamente, através de discutível constitucionalidade, já que atinge a cláusula pétrea que garante o princípio federativo, emenda após emenda, a Constituição Federal vem sendo modificada e, no campo específico do Município, observa-se uma indisfarçável intervenção federal no campo municipal.

A atual Constituição também estruturou a competência municipal quando criou regras de competência legislativa, tributária e administrativa como se verá em análise a seguir.

1.3. Organização do Município: criação, desmembramento, anexação, incorporação e fusão

O Município é criado por lei estadual, consoante regência do § 4º, do art. 18 da Constituição, com a redação dada pelo Emenda Constitucional nº 15, de 12.09.1996, nestes termos:

> Art. 18. ...
>
> § 4º *A criação*, a incorporação, a fusão, e o desmembramento de Municípios far-se-ão por *lei estadual, dentro do período determinado por lei complementar federal*, e dependerão de consulta prévia, mediante plebiscito, às populações dos Municípios envolvidos, após divulgação dos Estudos de Viabilidade Municipal, apresentados e publicados na forma da lei.

O processo de criação de um Município, portanto, tem tempos e momentos certos. Assim, embora a criação decorra efetivamente de lei estadual, prescinde ela de lei complementar federal autorizadora dessa criação, que, inclusive, fixará o período para que isso ocorra. Logo, lei estadual que crie Município sem a preexistência da lei complementar federal, ou mesmo fora do prazo nela estabelecido para criação, é lei inconstitucional. E como tal, despersonifica o Município criado como pessoa jurídica de direito público interno, tornando os atos administrativos por ele praticados nulos, já que emanados contra a legalidade.

Vigente a lei complementar federal e no período por ela estabelecido, os interessados representarão a criação do Município à Assembléia Legislativa, demonstrando a viabilidade dessa criação nos termos da lei. Preenchidos os requisitos mínimos e divulgados os Estudos de Viabilidade Municipal com ampla divulgação, a Assembléia Legislativa determina a realização de plebiscito com os eleitores da área abrangida. Realizado o plebiscito pela Justiça Eleitoral, a lei criadora é promulgada.

Enquanto não implementada a administração no novo Município, o Município-mãe fica responsável pela transição.

O Município brasileiro é criado de quatro formas:

a) desmembramento;
b) anexação;
c) incorporação;
d) fusão de territórios.

O Município e seus agentes

Ocorre *desmembramento* quando há separação de parte de um Município para constituir um outro. *Anexação*, quando há junção da parte desmembrada de um território a um Município já existente, que continua com a sua personalidade anterior. *Incorporação*, é a reunião de um Município a outro, perdendo um deles a personalidade de pessoa jurídica de direito público interno e por fim, *Fusão* é a união de dois ou mais Municípios que perdem, todos eles, a sua primitiva personalidade, surgindo um novo Município.

Criado o Município, ele será regido por sua lei orgânica, votada em dois turnos, com interstício mínimo de dez dias, e aprovada por dois terços dos membros da Câmara Municipal, que a promulgará, respeitando os preceitos dos arts. 29, 29-A, 30 e 31 da Constituição Federal, com as redações impostas pelas *Emendas Constitucionais 1/1992, 16/1997, 19/1998 e 25/2000.*[13]

---

[13] Os artigos 29, 29A, 30 e 31 da Constituição Federal têm atualmente esta redação:
"Art. 29. O Município reger-se-á por lei orgânica, votada em dois turnos, com o interstício mínio de dez dias, e aprovada por dois terços dos membros da Câmara Municipal, que a promulgará, atendidos os princípios estabelecidos nesta Constituição, na Constituição do respectivo Estado e os seguintes preceitos:
I – eleição do Prefeito, do Vice-Prefeito e dos vereadores, para mandato de quatro anos, mediante pleito direto e simultâneo realizado em todo o País;
II – eleição do Prefeito e do Vice-Prefeito realizada no primeiro domingo de outubro do ano anterior ao término do mandado dos que devam suceder, aplicadas as regras do art. 77 no caso de Municípios com mais de duzentos mil eleitores;
III – posse do Prefeito e do Vice-Prefeito no dia 1º de janeiro do ano subseqüente ao da eleição;
IV – número de Vereadores proporcional à população do Município, observados os seguintes limites;
a) mínimo de nove e máximo de vinte e um nos Municípios de até um milhão de habitantes;
b) mínimo de trinta e três e máximo de quarenta e um nos Municípios de mais de um milhão e menos de cinco milhões de habitantes;
c) mínimo de quarenta e dois e máximo de cinqüenta e cinco nos Municípios de mais de cinco milhões de habitantes;
V – subsídios do Prefeito, do Vice-Prefeito e dos Secretários Municipais fixados por lei de iniciativa da Câmara Municipal, observado o que dispõem os arts. 37, XI, 39, § 4º, 2150, II, 153, III, e 153, § 2º, I;
VI – o subsídio dos Vereadores será fixado pelas respectivas Câmaras Municipais em cada legislatura para a subseqüente, observado o que dispõe esta Constituição, observador os critérios estabelecidos na respectiva Lei Orgânica e os seguintes limites máximos:
a) em Municípios de até dez mil habitantes, o subsídio máximo dos Vereadores corresponderá a vinte por cento do subsídio dos Deputados Estaduais:
b) em Municípios de dez mil e uma cinqüenta mil habitantes, o subsídio máximo dos Vereadores corresponderá a trinta por cento do subsídio dos Deputados Estaduais;
c) em Municípios de cinqüenta mil e um a cem mil habitantes, o subsídio máximo dos Vereadores corresponderá a quarenta por cento do subsídio dos Deputados Estaduais;
d) em Municípios de cem mil e um a trezentos mil habitantes, o subsídio máximo dos Vereadores corresponderá a cinqüenta por cento do subsídio dos Deputados Estaduais;
e) em Municípios de trezentos mil e um a quinhentos mil habitantes, o subsídio máximo dos Vereadores corresponderá a sessenta por cento do subsídio dos Deputados Estaduais;
f) em Municípios de mais de quinhentos mil habitantes, o subsídio máximo dos Vereadores corresponderá a setenta e cinco por cento do subsídio dos Deputados Estaduais.
VII – o total da despesas com a remuneração dos Vereadores não poderá ultrapassar o montante de 5% (cinco por cento) da receita do município;

VIII – inviolabilidade dos Vereadores por suas opiniões, palavras e votos no exercício do mandato e na circunscrição do Município;
X – proibições e incompatibilidades, no exercício da vereança, similares, no que couber, ao disposto nesta Constituição para os membros do Congresso Nacional e, na Constituição do respectivo Estado, para os membros da Assembléia Legislativa;
X – julgamento do Prefeito perante o Tribunal de Justiça;
XI – organização das funções legislativas e fiscalizadora da Câmara Municipal;
XII – iniciativa popular de projetos de lei de interesse específico do Município, da cidade ou de bairros, através de manifestação de, pelo menos, cinco por cento do eleitorado;
XIII – perda do mandado do Prefeito, nos termos do art.. 28, parágrafo único.
Art. 29. A O total da despesa do Poder Legislativo Municipal, incluídos os subsídios dos Vereadores e excluídos os gastos com inativos, não poderá ultrapassar os seguintes percentuais, relativos ao somatório da receita tributária e das transferências previstas no § 5º do art. 153 e nos arts. 158 e 159, efetivamente realizado no exercício anterior:
I – oito por cento para Municípios com população de até cem mil habitantes
II – sete por cento para Municípios com população entre cem mil e um e trezentos mil habitantes;
III – seis por cento para Municípios com população entre trezentos mil e um e quinhentos mil habitantes;
IV – cinco por cento para Municípios com população acima de quinhentos mil habitantes.
§ 1º. A Câmara Municipal não gastará mais de setenta por cento de sua receita com folha de pagamento, incluído o gasto com o subsídio de seus Vereadores.
§ 2º. Constitui crime de responsabilidade do Prefeito Municipal:
I – efetuar repasse que supere os limites definidos neste artigo;
II – não enviar o repasse até o dia vinte de cada mês; ou
III – enviá-lo a menor em relação á proporção fixada na Lei Orçamentária.
§ 3º. Constitui crime de responsabilidade do Presidente da Câmara Municipal o desrespeito ao § 1º deste artigo.
Art. 30. Compete aos Municípios:
I – legislar sobre assuntos de interesse local;
II – suplementar a legislação federal e a estadual no que couber;
III – instituir e arrecadar os tributos de sua competência, bem como aplicar suas rendas, sem prejuízo da obrigatoriedade de prestar contas e publicar balancetes nos prazo fixados em lei;
IV – criar, organizar e suprimir distritos, observada a legislação estadual;
V – organizar e prestar, diretamente ou sob regime de concessão ou permissão, os serviços públicos de interesse local, incluído o de transporte coletivo, que tem caráter essencial;
VI – manter, com a cooperação técnica e financeira da União e do Estado, programas de educação pré-escolar e de ensino fundamental;
VII – prestar, com a cooperação técnica e financeira da União e do Estado, serviços de atendimentos à saúde da população;
VIII – promover a proteção do patrimônio histórico-cultural local, observada a legislação e a ação fiscalizadora federal e estadual.
Art. 31. A fiscalização do Município será exercida pelo Poder Legislativo Municipal, mediante controle externo, e pelos sistemas de controle interno do Poder Executivo Municipal, na forma da lei
§ 1º. O controle externo da Câmara Municipal será exercido com o auxílio dos Tribunais de Contas dos Estados ou do Município ou dos Conselhos ou Tribunais de Contas dos Municípios, onde houver.
§ 2º. O parecer prévio, emitido pelo órgão competente sobre as contas que o Prefeito deve anualmente prestar, só deixará de prevalecer por decisão de dois terços dos membros da Câmara Municipal.
§ 3º. As contas dos Municípios ficarão, durante sessenta dias, anualmente, a disposição de qualquer contribuinte, para exame e apreciação, o qual poderá questionar-lhes a legitimidade, nos termos da lei.
§ 4º. É vedado a criação de Tribunais, Conselhos ou órgãos de Contas Municipais."

O Município e seus agentes

1.4. Autonomia Municipal: política, legislativa, administrativa e financeira

O Município brasileiro não tem soberania. Esta é própria da República Federativa do Brasil, pessoa jurídica de direito público externo, e da União, seu correspondente no campo interno, que pode ser conceituado como o poder exclusivo e absoluto do Estado de organizar-se e dirigir-se de acordo com a vontade incoercitível e incontrastável. Soberania é o poder de autodeterminação e resulta da emanação direta do povo.

O Município brasileiro tem tão-somente autonomia, que é prerrogativa política outorgada pela Constituição a entidades estatais internas para se compor e prover sua administração segundo a ordem jurídica vigente.

O Município tem as seguintes autonomias:

a) política;
b) legislativa;
c) administrativa;
d) financeira.

O Município brasileiro tem *autonomia política* quando elege seu Prefeito, Vice-Prefeito e Vereadores, desde que respeitadas as limitações dos arts. 29 e 30 da Constituição Federal.

A *autonomia legislativa* municipal ocorre quando o Município legisla sobre *assuntos de interesse local*. Evidentemente que por *interesse local* tem que ser entendido interesse que constitucionalmente não tenha sido declarado como da União ou do Estado-Membro.

A *autonomia administrativa* do Município, embora fortemente vinculada aos parâmetros federais e, em menor escala, estaduais, sofreu, mais uma vez, uma forte limitação, como, aliás, toda administração pública, em decorrência da Emenda Constitucional nº 19/98 e da Lei Complementar nº 101, de 19.10.2000. Estas legislações, nitidamente marcadas por necessidade de acomodação e de adequação do País às exigências de devedores externos, como mais precisamente o Fundo Monetário Internacional (FMI), quase que aboliram a federal brasileira, já que toda administração pública, independente a que grau pertença, foi subordinada aos preceitos da Constituição Federal modificada.

Especificamente, a autonomia administrativa do Município está em:

a) criar, organizar e suprimir distritos, observada a legislação federal;

b) organizar e prestar, diretamente ou sob regime de concessão ou permissão, os serviços público de interesse local, incluído o de transporte coletivo, que tem caráter essencial;

c) manter, com a cooperação técnica e financeira da União e do Estado, programas de educação pré-escolar e de ensino fundamental;

d) prestar, no que couber, adequado ordenamento territorial, mediante planejamento e controle do uso, do parcelamento e da ocupação do solo urbano;

e) promover a proteção do patrimônio histórico-cultural local, observada a legislação e a ação fiscalizadora federal e estadual ;

f) nos termos da Emenda Constitucional nº 19/98, que modificou o art. 39 da CF, poder instituir conselho de política de administração e remuneração de pessoal, o que era vedado já que o município estava vinculado ao regime jurídico único.

A *autonomia financeira* do Município se caracteriza na possibilidade de poder ele instituir e arrecadar os tributos de sua competência, bem como aplicar suas rendas, sem prejuízo da obrigatoriedade de prestar contas e publicar balancetes nos prazos fixados em lei, consoante o disposto no inciso III, do art. 30 da CF. Essa era a competência originária. No entanto, através da Emenda Constitucional nº 25, foi acrescido o art. 29-A, nos seguintes termos:

Art. 29-A. O total da despesa do Poder Legislativo Municipal, incluídos os subsídios dos Vereadores e excluídos os gastos com inativos, não poderá ultrapassar os seguintes percentuais, relativos ao somatório da receita tributária e das transferências previstas no §5º do art. 153 e nos arts. 158 e 159, efetivamente realizado no exercício anterior:

I – oito por cento para Municípios com população de até cem mil habitantes;

II – sete por cento para Municípios com população entre cem mil e um e trezentos mil habitantes;

III – seis apor cento para Municípios com população entre trezentos mil e um e quinhentos mil habitantes;

IV – cinco por cento para Municípios com população a cima de quinhentos mil habitantes.

§ 1º A Câmara Municipal não gastará mais de setenta por cento de sua receita com folha de pagamento, incluído o gasto com o subsídio de seus Vereadores.

§ 2º Constitui crime de responsabilidade do Prefeito Municipal:

I – efetuar repasse que supera os limites definidos nesta artigo;

II – não enviar o repasse até o dia vinte de cada mês: ou

III – enviá-lo a menor em relação à proporção fixada na Lei Orçamentária.

§ 3º Constitui crime de responsabilidade do Presidente da Câmara Municipal o desrespeito ao § 1º deste artigo.

A já combalida autonomia financeira, também pela Lei Complementar nº 101, de 4 de maio de 2000, sofreu forte limitação, porquanto através de um controle rígido impôs uma severa ingerência nas contas municipais de duvidosa constitucionalidade frente ao princípio federativo.

O Município e seus agentes

1.5. O Município brasileiro como pessoa de Direito. Princípios vinculadores da Administração Municipal. Seus órgãos. Agentes públicos municipais. Administração municipal indireta. Poderes Legislativo e Executivo. Ato administrativo municipal.

1.5.1. Generalidades – No campo da ciência jurídica, uma pessoa física se torna apta para adquirir direitos e assumir obrigações, de regra, quando atinge 21 anos. Isso é o que se diz ter capacidade jurídica plena.

No campo do direito público, ou seja, no campo das relações jurídicas praticadas pelo poder público, também existem pessoas que são chamadas de públicas, que são aquelas que a lei dá capacidade para assumir direitos e obrigações na órbita do estado. A nominata dessas pessoas inicialmente foi estabelecida pelo art. 14 do Código Civil Brasileiro, que textualmente diz o seguinte:

Art. 14. São pessoas jurídicas de direito público interno:
I – A União;
II – Cada um dos seus Estados e o Distrito Federal;
III – Cada um dos Municípios legalmente constituídos.

Além dessas pessoas, as *autarquias* também são pessoas jurídicas públicas cuja criação decorre da lei específica no âmbito federal, estadual ou municipal (*art. 37, inciso XIX, da CP*).

Os *partidos políticos*, por força do art. 17, §2º, da Constituição Federal, retornaram a sua originária categoria de pessoas jurídicas de direito privado consoante previsão do art. 16, inciso III, do Código Civil.

As *fundações*, as *empresas públicas* e *as sociedades de economia mista*, embora possam desempenhar funções públicas, em verdade, são pessoas jurídicas de direito privado. No entanto, em decorrência do interesse público que possam desempenhar, é que necessitam de *prévia autorização* legislativa para serem criadas, conforme previsão do art. 37, inciso XIX, da Constituição Federal, com a redação que lhe deu a Emenda Constitucional nº 19, de 4.6.1998.

No campo do direito externo, o conjunto destas pessoas forma a *República Federativa do Brasil*.

O Município, como já se viu, criado por lei estadual e regido pela lei orgânica municipal votada em dois turnos, com o interstício mínimo de dez dias, e aprovada por dois terços dos membros da Câmara Municipal, que também a promulgará, é uma pessoa jurídica porque estruturado na lei.

Como a realidade política nacional é de um estado fortemente interventivo, resultante de uma visão política de que é *muito essencial para produzir o bem-comum*, o Município, como parte autônoma dessa realidade, tem, por esta visão tipicamente sociológica, uma vasta capacidade jurídica para assumir direitos e obrigações.

Mas este poder de intervir nas relações sociais está fortemente concentrado na União, restando ao Estado e, em menor escala, ao Município pequena parcela deste poder de ditar regra de comportamento social.

É possível se atribuir essa partilha desigual do estado brasileiro a uma estrutura histórica originalmente centralizadora. O Brasil-Estado, numa análise histórica, é um todo que se dividiu, daí por que soa despropositar chamar o poder federal de União. No federalismo norte-americano, sim, o termo soa com respaldo histórico: as colônias se uniram para criar uma estrutura superior. Aqui, no entanto, o empréstimo da palavra para conceituar o poder federal não bate.

No entanto, apesar desta forte intervenção na vida privada pelo poder público, existem vedações que limitam essa ação. Assim, enquanto qualquer pessoa física pode fazer tudo que a lei não proíbe, o Município, como qualquer outra pessoa que integra o poder público, só pode fazer aquilo que estiver previsto em lei. Em outras palavras, a pessoa jurídica chamada Município tem capacidade diferenciada da pessoa física.

1.5.2. Princípios vinculadores da administração municipal – O art. 37, *caput*, da Constituição Federal estabeleceu regras genéricas e conceituais sobre o comportamento público, sancionando que seu cumprimento é obrigatório e que atinge toda Administração Pública, nomenclatura difusa e conglomerada a que o constituinte arrolou todas as pessoas jurídicas de direito público interno direto (*União, cada um dos estados, o Distrito Federal e cada um dos municípios*) e indireto (*as autarquias, as fundações públicas, as sociedades de economia mistas e as empresas públicas*). São os chamados pela doutrina de *princípios vetores* ou *limitadores* do agir administrativo.[14] Estes princípios são:

a) legalidade;
b) impessoalidade;
c) moralidade;
d) publicidade;
e) eficiência.

---

[14] O art. 37, *caput*, da Constituição Federal, está assim redigido:
A administração pública direta e indireta de qualquer dos Poderes da União, dos Estados, do Distrito Federal e dos Municípios obedecerá aos princípios da legalidade, impessoalidade, moralidade, publicidade e eficiência e, também, os seguintes:...

1.5.2.1. Princípio da legalidade – O Poder Público, como conceito variável de Estado, é uma criação do direito, como já foi dito alhures. As pessoas que o integram são criadas (*as diretas*) ou autorizadas sua criação (*as indiretas, com exceção das autarquias que também depende de lei específica para criação*) por lei. O administrador público é apenas o fator que vivifica estas pessoas e lhe dá movimentos. O Poder Público, na sua ação de administrar, é exercido pelo que se consubstanciou chamar de Administração Pública e não pelo administrador. Não raramente se ouve um Prefeito Municipal bradar: *fiz esta obra, vou dar aumento, ou coisas do gênero,* quando, em verdade, a realização é da Administração Municipal. Exemplo mais abrangente é quando se processa um concurso público, quando se desapropria ou se contrata, quem age é o Poder Público, e não o administrador que subscreve estes atos.

Por isso, quando a Constituição Federal, no seu art. 37, *caput,* impõe que a Administração Pública se vincule ao *princípio da legalidade,* está a dizer que tudo que deva ser feito por qualquer administração tem que se pautar na existência de prévio comando legal. O poder discricionário, de uso tão largo para legitimar as ações administrativas, no campo do direito administrativo brasileiro, está limitado ao princípio da legalidade. Logo, somente na existência de um comando legal, mesmo na sua forma genérica e autorizativa própria para a edição do ato discricionário, é que a manifestação de vontade administrativa adquire perfeição e validade. Sem essa previsão, ela torna-se ilegal e deve ser eliminada do universo jurídico público pelo próprio administrador. Ou pelo Tribunal de Contas, se o ato disser respeito ao orçamento, ou ainda pelo Poder Judiciário, através de controle provocado.

1.5.2.2. Princípio da impessoalidade – Quando o art. 37, *caput,* da Constituição Federal fala em *impessoalidade* como princípio vetor de toda administração pública, afirma que o Município, como ente integrante desta administração, não pode agir para beneficiar ou prejudicar pessoas determinadas. Como a função de todo poder público é a busca do bem comum, a pessoalização administrativa resulta em agressão a esse princípio. A impessoalidade é a indeterminação da ação pública.

O agente municipal que, ao externar a vontade administrativa, produza efeitos jurídicos, positivos ou negativos, a determinadas pessoas fere o princípio constitucional, constituindo esse agir em nulidade, passível de controle pela própria administração ou pelo Tribunal de Contas, se o ato disser respeito a contas, ou ainda pelo Poder Judiciário, através das diversas formas de controle.

1.5.2.3. Princípio da moralidade – O *princípio da moralidade* é outro vetor para a Administração Pública insculpido no art. 37, *caput*, da Constituição Federal. Em decorrência dele, a ação administrativa não basta ser legal ou impessoal, tem que ser moral. Embora este conceito tenha um forte conteúdo subjetivo e de aferição regionalizada, é possível exemplificá-lo buscando-se uma hipótese bem extremada. Caracteriza imoralidade administrativa a fixação pela Câmara Municipal de um Município pequeno e paupérrimo da remuneração dos Vereadores em R$ 10.000,00 (dez mil reais) para um único encontro noturno e semanal. A irrealidade e a desproporção desta fixação, embora seja legal, agride a qualquer bom-senso. Além de imoral, a remuneração fixada também seria inconstitucional, já que fere o art. 29, inciso VI, letra *a*, da CF, com a redação que lhe deu a Emenda Constitucional nº 25, de 14.02.2000.

1.5.2.4. Princípio da publicidade – O *princípio da publicidade* é outro vetor do agir administrativo público previsto no art. 37, *caput*, da Constituição Federal, já que impõe a toda Administração Pública a obrigação de tornar público todos os seus atos.

O poder da Administração Pública, como todo poder público, é do povo, conforme a regra fundamental expressamente prevista no parágrafo único do art. 1º da CF. Por esse princípio é possível afirmar-se que toda ação administrativa pública tem uma finalidade: a busca do bem comum. Portanto, se é esta a verdadeira existência da ação estatal, nada mais lógico de que o povo tome conhecimento do que a administração por ele criada está fazendo em seu benefício.

A publicidade dos atos administrativos é operacionalizada com a publicação em jornais oficiais, ou privados, quando contratados, ou ainda no átrio das repartições públicas, quando possível, de tudo o quanto representar manifestações de vontades administrativas.

No campo da eficácia jurídica, o descumprimento do princípio implica a invalidação do ato administrativo, sem que produza qualquer efeito.

1.5.2.5. Princípio da eficiência – O *princípio da eficiência*, acrescido pela Emenda Constitucional nº 19/98 ao art. 37, *caput*, da Constituição Federal, impõe ao administrador público que sua ação tenha resultado, seja eficiente, caracterizando seu descumprimento motivo de demissão do servidor público, entre outras conseqüências.

Penso que este princípio deve ter previsão legal específica para abranger todas as formas de ação administrativa. Isto porque, sendo a administração pública composta de uma série de atividades, o

O Município e seus agentes

conceito de eficiência não pode ser vago ou ficar no exercício discricionário da administração. A lei municipal precisa delineá-lo de forma abrangente e específica.

1.5.3. Poderes municipais – Como já se viu no tópico *o Município brasileiro ontem e hoje*, a pessoa jurídica Município tem poderes que são derivativos de sua busca para o bem comum. E estes poderes são colocados em estruturas próprias chamadas *Poder Legislativo* e *Poder Executivo*. O Município brasileiro não tem Poder Judiciário e, historicamente, nunca teve. Os conflitos municipais são dirimidos pelo Poder Judiciário Estadual ou Federal.

O primeiro, representado pela *Câmara Municipal*, e o segundo, pelo *Poder Executivo*, também chamado de Prefeitura Municipal. Assim, quando a Câmara Municipal age, nos termos do que a lei lhe atribuiu, sua ação é exercício pleno do Poder Legislativo municipal. Identicamente quanto ao Poder Executivo.

1.5.4. Órgãos municipais – Para cada uma das frações que compõem a pessoa jurídica pública, especialmente a municipal, a doutrina francesa atribuiu a denominação de *órgão público*, numa verdadeira transfiguração para o direito da constituição da pessoa humana, que é formada por órgãos.

A idéia é lógica e tem por fundamento a busca de melhor desempenho na administração da coisa pública. Aliás, é calcada na mesma idéia de se dividir para melhor se administrar, que a lei fraciona cada órgão de poder em subórgãos, atribuindo a cada uma destas frações partes daquilo que estava concentrado. Por exemplo, a Câmara Municipal tem a sua Mesa Diretora e as suas Comissões. O Poder Executivo, que é representado pelo Prefeito, pode ter secretarias. Tudo isso, é bom repetir, precisa ter previsão legal, cujo iniciativa é privativa do Prefeito Municipal.

1.5.5. Agentes públicos municipais – O Município é uma pessoa jurídica pública, portanto, criada pelo direito. No campo da existência física, é uma abstração. Quem lhe dá vida, ação, são os *agentes públicos*. Estes podem-se classificar, segundo a doutrina já clássica de Hely Lopes Meirelles,[15] em:

a) políticos;
b) administrativos;
c) delegados;
d) honorários.

---

[15] MEIRELLES, Hely Lopes. *Curso de Direito Administrativo*, 19ª edição, Malheiros Editores, 1994, p. 71/77.

1.5.5.1. *Agentes políticos* – Como o próprio nome diz, *agentes políticos* são aqueles a quem a lei outorga poder de deliberação representativa da autonomia municipal. São o Prefeito, o Vice-Prefeito, os Vereadores e os Secretários. Esta matéria está aprofundada em Capítulo próprio deste livro.

1.5.5.2. *Agentes administrativos* – Os *agentes administrativos* se dividem em duas categorias: *servidores públicos e empregados públicos.* Aqueles têm seu regime de trabalho especificado em estatuto do servidor público municipal; estes, na Consolidação das Leis do Trabalho, lei federal. São estes agentes que dão sustentação aos comandos dos agentes políticos. Esta matéria será melhor analisada em Capítulo específico deste livro.

1.5.5.3. *Agentes delegados* – Diante da restruturação por que passa o País, especialmente na delegação de funções típicas de estado para o particular, ganha importância a figura do *agente delegado* porque e execução de um serviço típico do estado, no caso do Município, não importa na transformação desse serviço público em particular. Ao contrário, o particular que recebeu por delegação esse serviço é que assume responsabilidade pública respondendo civil, criminalmente e por improbidade administrativa. Esta matéria terá módulo próprio.

1.5.5.4. *Agentes honorários* – Por fim, os agentes públicos do município também podem-se classificar em *agentes honorários*, como é o caso típico das pessoas que integram os Conselhos Tutelares sem remuneração. Como as demais, esta matéria terá módulo próprio.

1.5.6. Pessoas jurídicas da administração pública indireta – O Município, na busca de melhor atender sua finalidade estatal, também pode criar outras pessoas jurídicas públicas ou privadas. Dessa forma, se o Município não quiser executar diretamente um serviço típico seu, pode, por lei específica, criar uma autarquia, outorgando-lhe atribuições e autonomia administrativa e financeira. Essa pessoa também jurídica tem personalidade pública.

Mas o Município, expandindo sua competência, desde que lei municipal previamente autorize e não agrida a competência estadual e federal, pode criar pessoas jurídicas privadas como fundações, sociedades de economia mista e empresa pública, dependendo do tipo de atividade econômica que o Ente Público pretenda fazer.

O Município e seus agentes

1.6. Ato administrativo municipal

1.6.1. Generalidades – Ficou dito que o Município é uma pessoa jurídica de direito público interno. Como abstração jurídica, sua vontade é externada por seus agentes públicos. A forma de externar esta vontade é chamada de *ato*, e como esta vontade externada é sempre no campo do direito, tem-se o *ato jurídico*. Como este ato jurídico visa a administrar a coisa pública, a vontade do município é chamada de *ato administrativo*. Como espécie de ato jurídico, o ato administrativo se reveste de peculiaridades, que merecem esclarecimentos.

1.6.2. Elementos – Uma das peculiaridades do ato administrativo é o que a doutrina clássica chama de *elementos do ato administrativo*. São eles:

a) competência;
b) finalidade;
c) forma;
d) motivação;
e) objeto.

1.6.2.1. Competência – *Competência* é o limite da ação administrativa. Por ela, o Município é levado a agir conforme os ditames estabelecidos na Constituição Federal, na Constituição Estadual e nas leis municipais. O ato da administração municipal competente é aquele pautado na lei. O Prefeito, o Vice-Prefeito, o Secretário, o Subprefeito, o Vereador ou qualquer servidor municipal só age com legitimidade desde que suas ações tenham previsão legal. A isto se chama de competência.

1.6.2.2. Finalidade – Como elemento interno do agir municipal há sempre o pressuposto que o ato administrativo, direta ou indiretamente, deve ser emitido para atingir um fim público. Ora, como a função administrativa do Estado é o bem comum, este deverá ser sempre o fim do ato municipal.

1.6.2.3. Forma – O ato administrativo é a representação jurídica da vontade da administração pública. Por via de conseqüência, originando-se ele de uma abstração jurídica criada por lei, este ato não pode ser implícito ou verbal, como pode ocorrer na manifestação de vontade de uma pessoa física. Ele tem que ser expresso, ter forma escrita. Disso decorre o pressuposto de que o ato administrativo emanado pelo Município deve ter forma escrita, quando não forma escrita certa. Por exemplo, só se desapropria por decreto. Esta matéria será analisada com mais extensão em tópico próprio.

1.6.2.4. Motivação – A *motivação* é elemento que integra a perfeição do ato administrativo, especialmente quando ele decorre de um ato descricionário. Motivação é sinônimo de justificação, de fundamentação. É o *considerando* que antecede a determinados atos.

No ato vinculado, a motivação é a própria determinação que a administração está obrigada a cumprir. No ato discricionário, são as razões de sua emissão. A motivação do ato tem que manter relação com o próprio ato, sob pena de invalidação.

1.6.2.5. Objeto – Por fim, como elemento integrador da estrutura perfeita do ato administrativo tem-se o *objeto*. Nenhum ato administrativo nasce sem uma causa jurídica, sem uma razão. Criar um direito ou mesmo modificá-lo ou extingui-lo constitui sempre o objeto de agir administrativo.

1.6.3. Atributos – Os atos administrativos municipais, que num contexto mais amplo são atos da pessoa jurídica pública chamada de Município, criada para administrar interesses de âmbito local, como quaisquer atos administrativos, têm atributos que os diferencia dos atos de qualquer outra pessoa física ou jurídica privada.

Estes atributos, de forma já clássica, são:

a) presunção de legitimidade;
b) imperatividade;
c) exigibilidade;
d) executoriedade.

1.6.3.1. Presunção de Legitimidade – O atributo *presunção de legitimidade* dá ao ato administrativo municipal a sustentação de que ele se reveste de eficácia e perfeição. Por tal atributo, a Administração Municipal não precisa demonstrar que a manifestação de vontade que está emitindo é válida. Ela é válida, salvo prova em contrário a descaracterizar.

1.6.3.2. Imperatividade – A *imperatividade* significa que o ato administrativo municipal tem força; tem cogência. A supremacia que decorre do próprio agir administrativo é que impõe esse atributo.

1.6.3.3. Exigibilidade – O atributo de *exigibilidade* significa que o ato é, por si só, exigível, não necessitando de qualquer decisão judicial para que a administração pública municipal imponha o seu comando.

1.6.3.4. Executoriedade – Por fim, o atributo da *executoriedade* significa que o ato administrativo municipal pode ser executado diretamente pela administração, se não atendido.

1.6.4. Classificação – Sendo o Município pessoa jurídica pública, a classificação que a doutrina outorga aos atos administrativos de forma genérica também lhe diz respeito. Também é certo que cada doutrinador oferece sua classificação partindo de um prisma essencialmente pessoal. No entanto, em qualquer delas se observa a constância classificatória e que se pode apresentar da seguinte forma:

a) atos individuais e gerais;
b) atos vinculados, discricionários e arbitrários;
c) atos constitutivos e declaratórios;
d) atos internos e externos;
e) atos simples, compostos e complexos;
f) atos de impérios e de gestão.

1.6.4.1. Atos individuais e gerais – Os *atos individuais,* como o próprio nome diz, são aqueles atos cujos efeitos se limitam à órbita do indivíduo. Podem servir de exemplo a sanção administrativa e a desapropriação. Já *atos gerais* se dirigem a todos. O regulamento é um típico ato geral.

1.6.4.2. Atos vinculados, discricionários e arbitrários – A classificação dos atos administrativos em vinculados, discricionários e arbitrários diz respeito com o limite que deve ter a administração para administrar. No *ato administrativo vinculado,* como o próprio nome diz, a administração fica vinculada a um comando prévio anterior que pode decorrer de lei ou de ato superior. Nesta situação, a administração apenas cumpre o que já lhe foi determinado. Sequer pode não cumprir, salvo se o comando superior contiver ilegalidade. Esse não-cumprimento deve conter justificação. Quanto ao *ato discricionário,* que seria a manifestação livre da administração com a intenção de atingir o bem comum, é de se ter cautela diante dos princípios vetores que está submetida toda e qualquer administração pelo art. 37, *caput,* da Constituição Federal. Portanto, quando a Carta Maior estabelece que a administração pública obedecerá aos princípios da legalidade, impessoalidade, moralidade, publicidade e eficiência, evidentemente que está limitando a emanação de ato administrativo. Logo, o exato conceito de ato administrativo discricionário importa na liberdade de agir da administração, desde que respeite as limitações que a lei estabelece. O *ato arbitrário*, por sua vez, é a manifestação administrativa que extrapola a vinculação ou a discrição de agir.

1.6.4.3. Atos declaratórios e constitutivos – A classificação de atos em constitutivos e declaratórios decorre da eficácia que a manifestação pública contém. O *ato administrativo constitutivo* é aquele que estabelece direito em favor de alguém. A atribuição de uma vantagem a um servidor público é um típico ato administrativo constitutivo. Já o *ato administrativo declaratório* apenas reconhece como legal uma relação jurídica. O ato que desapropria um bem do particular pode servir de exemplo, porquanto a manifestação pública apenas declara o interesse da administração sobre o bem do particular.

1.6.4.4. Atos internos ou externos – *O ato administrativo pode ser interno ou externo.* A punição de um servidor público é um ato que só interessa à administração. O próprio ato desapropriatório declaratório pode também servir de exemplo de um ato externo, já que seus efeitos extrapolam os limites da administração por intervir da órbita do direito de propriedade, de cunho externo.

1.6.4.5. Atos simples, compostos e complexos – Os atos administrativos também podem ser classificados *em atos simples, compostos e complexos* quanto à formação de vontades. São *atos simples* aqueles emanados de um único órgão administrativo. É o caso de uma autorização para a realização de uma feira. O *ato composto é* a manifestação de vontade pública que exige a participação de dois ou mais órgãos, sendo o posterior sempre uma derivação do anterior. A adjudicação de uma licitação é um ato composto de vários outros antecedentes. Ele só se legitima com a preexistência dos demais. Ato composto é também a nomeação de servidor aprovado em concurso público. A nomeação é uma conseqüência de outros atos anteriores que integram todo o processo de concurso. O *ato administrativo complexo* é aquele que exige a conjunção de vontades administrativas diferentes para a emissão de um mesmo ato administrativo. A fixação do subsídio do Ministro do Supremo Tribunal Federal, parâmetro para a remuneração de todos os agentes políticos brasileiros, é um ato complexo, já que exige a manifestação de vontade dos presidentes do Supremo Tribunal Federal, do Senado Federal e da Câmara dos Deputados, além da própria Presidência da República.

O Município e seus agentes

1.6.4.6. Atos de império e de gestão – E por fim, os atos administrativos podem-se classificar *em atos de império e de gestão*. *Atos de império* seriam os atos praticados pela administração no exercício de seus atributos. Os *atos de gestão* compreenderiam aquelas manifestações de vontade em igualdade de condições com o particular. Seriam os atos civis praticados pela administração. É o caso da escritura de compra e venda imóveis. Precedida da autorização legislativa e da licitação pela modalidade de concorrência, o ato escritural não se reveste de supremacia administrativa.

1.6.5. Conteúdo formal – O ato administrativo, inclusive o emitido pela administração municipal, tem, genericamente, uma forma expressa, escrita. Sendo manifestação de vontade da administração pública, essa manifestação não pode ser verbal, já que sua validade deve obedecer ao *princípio da publicidade* (*art. 37, caput, da CF*), que impõe a publicação de toda a manifestação pública.

Como manifestação expressa que é, o ato administrativo pode se exteriorizar de várias formas. São elas:

a) medidas provisórias;
b) lei;
c) decreto;
d) portaria;
e) alvará;
f) instrução;
g) aviso;
h) circular;
i) resolução;
j) ordem de serviço;
l) parecer;
m) ofício;
n) despacho.

1.6.5.1. Medida provisória e lei – Embora a *medida provisória* e a *lei* sejam manifestações da função política do Estado, a primeira, como uma delegação excepcional do Congresso Nacional ao Presidente da República, e a segunda, uma típica expressão política estatal, não raramente uma e outra se travestem de verdadeiros atos administrativos. Quando isso ocorre, ou seja, quando estes atos de poder atingem direitos individuais, diante dos efeitos concretos que emanam, perdem aquela categoria de manifestações políticas e passam a constituir ato administrativo, sujeitando-se ao controle jurisdicional.

1.6.5.2. Decreto – O *decreto* é como se reveste o ato administrativo subscrito pelo Prefeito em nome da Administração Municipal. Ele pode traduzir uma manifestação de vontade individual ou geral. São exemplos a desapropriação e o regulamento.

1.6.5.3. Portaria – A *portaria* é a forma do ato administrativo emanado de autoridades que não o Prefeito.

1.6.5.4. Alvará – O *alvará* é o ato administrativo pelo qual o Município confere licença ou autorização de ato ou exercício de atividade sujeitos ao poder de polícia.

1.6.5.5. Instrução – A *instrução* é a maneira pela qual a administração municipal expede orientação interna a seus subordinados para que haja uma uniformização administrativa.

1.6.5.6. Aviso – O *aviso*, de grande utilização no tempo do Império, hoje está restrito ao campo federal, especialmente nas forças armadas. Em verdade foi substituída pela instrução.

1.6.5.7. Circular – A *circular* é uma especificidade da instrução. Como a instrução, também veicula uma orientação. Lá, as ordens são genéricas e abstratas. Aqui, são concretas.

1.6.5.8. Resolução – A *resolução* é um ato administrativo que exprime deliberações colegiadas.

1.6.5.9. Ordem de serviço – A *ordem de serviço*, como o próprio nome já deixa antever, é um ato administrativo que especifica como determinado serviço deve ser praticado pelo subordinado.

1.6.5.10. Parecer – Já o *parecer* é o ato administrativo que transmite a opinião técnica de um órgão consultivo.

1.6.5.11. Ofício – O *ofício* é o ato administrativo que comunica.

1.6.5.12. Despacho – Por fim, há o *despacho*, que é uma forma de exteriorizar uma manifestação da administração, em geral, decorrente de um processo administrativo, quer seja disciplinar ou não.

1.6.6. Extinção do ato administrativo – Ato administrativo é como se chama a manifestação da administração pública. Como a análise que se faz é da administração municipal, o ato administrativo veicula esta manifestação. Sendo espécie de ato jurídico, o ato administrativo, com pequenas variações, se extingue da mesma forma que seu tronco. São, portanto, causas de extinção do ato administrativo:

a) o vencimento do prazo estabelecido;
b) a ocorrência de condição resolutiva;
c) a realização do fim;
d) a rescisão;
e) a renúncia;
f) a decadência;
g) a revogação;
h) a nulidade.

1.6.6.1. Vencimento do prazo estabelecido – Quando o ato administrativo traz dentro de si o prazo de sua vigência, implementado este, o ato está naturalmente extinto. A contratação temporária de servidor e a pena de suspensão por prazo certo são exemplos de extinção de ato administrativo por vencimento do prazo nele estabelecido.

1.6.6.2. Ocorrência de condição resolutiva – A *condição resolutiva* com forma de extinção do ato administrativo se verifica quando circunstância futura, natural ou provocada, atinge o ato administrativo e, por impossibilidade de execução futura, torna a manifestação pública vazia. É a *conditio ad quam* dos romanos. A morte de servidor durante o cumprimento de pena de suspensão serve para exemplificar esta forma de extinção do ato administrativo.

1.6.6.3. Realização do fim – A *realização do fim* para o qual foi editado é outra causa de extinção do ato administrativo. A concessão de licença para tratamento de saúde é circunstância típica desta forma de extinção do ato administrativo já que, expirado o prazo, o ato cumpriu a finalidade para o qual foi editado.

1.6.6.4. Rescisão – A *rescisão* como forma de extinção do ato administrativo ocorre quando a administração pública desfaz o ato administrativo com concordância de seu destinatário. Se a administração pública desapropria um imóvel mas aceita desfazer este ato mediante concordância do proprietário de que não irá demoli-lo, tem-se uma rescisão de ato administrativo. A rescisão difere da anulação e da revogação porque, nestes, existe uma manifestação unilateral de vontade e, naquele, a retirada se opera com a concordância do destinatário.

1.6.6.5. Renúncia – A *renúncia* do ato administrativo por quem foi dele beneficiário caracteriza sua extinção. Quando a administração concede uma função gratificada a um servidor, e este, por razões pessoais, não a aceita, tem-se a renúncia como forma de extinção do ato administrativo.

1.6.6.6. Decadência – A *decadência* é o não-exercício de um direito no prazo certo. A não-posse de candidato aprovado e nomeado em concurso no prazo estabelecido em lei, caracteriza a decadência extinguido a investidura daquele candidato como servidor público.

1.6.6.7. Revogação – A *revogação* é a extinção do ato administrativo por conveniência e oportunidade administrativa. Trata-se do pleno exercício de administrar, daí po rque se diz que revogar é exercer a administração pública o seu poder discricionário.

A revogação importa na retirada do universo jurídico administrativo de um ato plenamente válido. Portanto, seu efeito perante terceiro é *ex nunc*, ou seja, o ato administrativo que a administração pretende extinguir pela revogação produz efeitos até que o ato revogador adquira eficácia. A limitação no efeito retroativo da revogação assim se impõe em respeito à garantia constitucional subjetiva do direito adquirido.

É de se ter também que a conveniência e a oportunidade para a revogação do ato administrativo devem exprimir uma realidade. Estas alegações não podem ser ocas, vazias. Por conseguinte, o ato que revoga deve ser sempre motivado. Como o ato administrativo que revoga deve ser um ato perfeito, naturalmente que ele deve ser expedido por quem tem competência.

A Súmula 473 do STF foi a grande estabilizadora na doutrina e na jurisprudência da real dimensão da revogação.[16]

1.6.6.8. Nulidade – Tema de maior relevância na extinção do ato administrativo pela complexidade e abrangência que envolve é a nulidade.

Anular, no conceito de direito administrativo, é declarar inválida manifestação de vontade administrativa por ilegal ou ilegítima. A dicção da administração contra literal disposição de lei faz emergir a nulidade, por desrespeito ao princípio constitucional da legalida-

---

[16] A Súmula 473 do STF tem esta redação:

A Administração pode anular seus próprios atos, quando eivados de vícios que os tornam ilegais, porque deles não se originam direitos; ou revogá-los, por motivo de conveniência ou oportunidade, respeitados os direitos adquiridos e ressalvada, em todos os casos, a apreciação judicial.

de, inserto no art. 37, *caput*, da CF.[17] O nulo emerge por ferimento à lei.

No mesmo campo da nulidade por contrária à lei, tem-se o ato administrativo que desrespeita ao princípio da publicidade, circunstância vetora do agir administrativo também escrita no art. 37, *caput*, da CF. Já o ato é nulo por ilegitimidade quando emitido com imoralidade ou pessoalidade (art. 37, *caput*, da CF).

Embora de cunho subjetivo e de análise circunstancialmente tópica, a nulidade do ato administrativo por atentar contra a moralidade ou a impessoalidade impõe revisão no conceito clássico de mérito administrativo. O nepotismo caracteriza o exemplo clássico. Nomear parentes em cargo em comissão pode ser legal, mas tratar esses parentes com as benesses do parentesco no exercício da função pública, sem lhes exigir os deveres do cargo, é agir com imoralidade e pessoalidade, portanto, inoculando a administração do vício da nulidade.

Quando a declaração de nulidade é feita pela própria administração que emitiu o ato administrativo, ela tem também a força desconstitutiva. O ato administrativo não só é declarado nulo como também é retirado do âmbito da administração. Essa autotutela pode ser de ofício ou por provocação do interessado. Por ofício e através de um ato de forma simples quando a nulidade não repercutiu externamente; ficou restrito ao âmbito da administração, atingindo direitos de terceiros. Mas, se o ato declarador da nulidade vai produzir efeitos contra terceiros, este não só deve ser provocado, como o seu revestimento formal deve vir através de decisão fundamentada e caracterizar o desfecho final de um processo administrativo onde o contraditório, a ampla defesa e a possibilidade recursal tenham sido concedidos. A declaração de nulidade feita pela própria administração e que produza efeitos contra terceiros sem tais resguardos é tão nula quanto o ato que pretendeu anular.

O efeito da nulidade, diferentemente da revogação, é *ex tunc*. Ou seja, há uma retroação absoluta, até o momento inicial do ato e tudo aquilo que surgiu em decorrência de sua vigência é apagado como se nada tivesse ocorrido. No entanto, há uma tendência criada pela jurisprudência de outorgar efeitos relativos aos atos por ela declarados nulos. São passíveis de citação os efeitos de um concurso público declarado nulo frente ao pretenso servidor que foi nomeado, tomou posse e prestou serviço. Se se atribuir efeitos absolutos na nulidade do concurso, as importâncias recebidas pelo servidor deveriam ser devolvidas. A relativação está em se compensar as im-

---

[17] Ver matéria a este respeito.

portâncias recebidas como paga do trabalho prestado. Caso contrário, haveria um enriquecimento sem causa da administração. Exemplos como este é que têm levado o legislador a limitar os efeitos da nulidade. A Lei nº 9.784, de 29.01.99, que regula o processo administrativo no âmbito da Administração Pública Federal, no seu art. 54, dá efeito relativo em benefício da administração quando estabelece que o direito desta de anular os atos administrativos que produzam benefícios a terceiros decai em 5 anos, contados da data em que foram praticados, salvo se comprovada a má-fé. E mais. No caso de efeitos patrimonias contínuos, o prazo de decadência contar-se-á do primeiro pagamento. E, numa completa revisão do conceito de nulidade, o art. 55 da mencionada lei estabelece que, se verificada que não há lesão ao interesse público ou que o ato ilegal não causa prejuízo a terceiro, poderá, superada a ilegalidade, ser convalidado pela administração.[18]

O Tribunal de Contas, órgão do Poder Legislativo, tem função importante na declaração de nulidade. No entanto, seu controle tem limitações. A primeira delas é que os atos administrativos passíveis de declaração de nulidade só dizem respeito a contas. E o segundo limite é de que a declaração de nulidade pelo Tribunal de Contas não impõe de forma concreta o desfazimento do ato. Como órgão de assessoria do Poder Legislativo, a manifestação deste órgão de contas tem forma de parecer técnico que pode ou não ser aceito pelo Poder Legislativo. No âmbito municipal, o controle da nulidade feita pelo Tribunal de Contas estadual é ainda mais precário. Sendo a Câmara Municipal o poder fiscalizador da administração municipal, o parecer técnico do Tribunal de Contas estadual que indique a nulidade de atos de contas municipais, é tão-somente uma manifestação auxiliar àquele poder. A Câmara Municipal pode sequer tomar conhecimento da declaração de nulidade. A declaração de nulidade do Tribunal de Contas estadual também não obriga a administração municipal. É bem verdade que, trazendo o parecer elementos técnicos importantes, pode a administração acolher essa manifestação e,

---

[18] Os artigos da Lei nº 9.784, de 29.01.99 mencionados estão assim redigidos:
Art. 54. O direito da Administração de anular os atos administrativos de que decorram efeitos favoráveis para os destinatários decai em cinco anos, contados da data em que foram praticados, salvo comprovada a má-fé.
§ 1º. No caso de efeitos patrimoniais contínuos, o prazo de decadência contar-se-á da data da percepção do primeiro pagamento.
§ 2º. Considera-se exercício do direito de anular qualquer medida de autoridade administrativa que importe impugnação à validade do ato.
Art. 55. Em decisão na qual se evidencie não acarretarem lesão ao interesse público nem prejuízo a terceiros, os atos que apresentarem defeitos sanáveis poderão ser convalidados pela própria administração.

agora como manifestação de controle próprio, anular seu ato administrativo de contas.

Questão que não tem sido enfrentada com a devida profundidade é o controle que o Ministério Público tem exercido sobre os atos nulos, em decorrência que estrutura concebida pela Constituição Federal de 1988. Como instituição permanente essencial à função jurisdicional do Estado, o Ministério Público, na busca de defender a ordem jurídica, a manutenção do regime democrático e proteger os interesses sociais e individuais indisponíveis, tem exercido um forte controle do agir administrativo, especialmente através do inquérito civil público. Através dessa forma de controle, o Ministério Público tem conseguido impor às administrações a revisão e a retirada de atos nulos do universo administrativo, através dos chamados compromissos de ajustamento.[19]

Como a declaração de ato administrativo nulo feita pela administração e que atinja terceiros não produz efeitos de coisa julgada administrativa por só existir no sistema jurídico brasileiro o princípio da jurisdição única e, portanto, da coisa julgada jurisdicional; e ainda porque os controles feitos pelo Tribunal de Contas e Ministério Público são apenas declaratórios sem qualquer força imperativa, surge o Poder Judiciário como o desaguadouro maior da extinção do ato administrativo nulo. A declaração judicial evidentemente que pressupõe uma provocação da parte através de processo. O processo mais utilizado para a declaração judicial de nulidade do ato administrativo é o mandado de segurança.

Sobre a decisão judicial que declara liminarmente a nulidade do ato administrativo, já tive a oportunidade de discorrer a respeito em artigo intitulado *Considerações sobre o controle jurisdicional de urgência na ação de mandado de segurança*, publicado na *Revista da AJURIS*, nº 76, dezembro de 1999, p. 47/64, cuja transcrição entendo de importância

1 – Considerações gerais sobre o tema.

A longa vivência na cátedra universitária de graduação e pós-graduação e o pingue-pongue diário de processos por quase 25 anos como magistrado de carreira nas mais variadas comarcas e no Tribunal de Justiça do Estado do Rio Grande do Sul sedimentaram uma certeza na minha convicção jurídica: nós, os operadores do direito,

---

[19] A estrutura básica do Ministério Público está fixada no Capítulo IV – Das Funções Essenciais à Justiça; Seção I, do Capítulos III, do Título IV, da Constituição Federal, mas precisamente nos arts. 117 a 130. Estes dispositivos estão regulados pela Lei Federal nº 8.625, de 12.03.1993. No Estado do Rio Grande do Sul, o Ministério Público estadual está estruturado conforme o Capítulo IV – Das Funções Essenciais à justiça; Seção I, Do Ministério Público, mais precisamente nos arts. 107 a 113 da Constituição Estadual e nas Leis nºs 7.669, de 17.06.1982, e 6.536, de 31.01.1973.

agentes de conformação dessa ciência provedora e resolutora dos conflitos individuais e sociais, ainda não encontramos uma fórmula de tornar mais acessível a linguagem sisuda que a mistifica e que a torna, por isso mesmo, de compreensão difícil para os não-iniciados ou para aqueles que são, em resumo, os verdadeiros receptores de seu produto: o homem comum e seu universo potencializado, a sociedade. É com essa preocupação que tenho procurado enfrentar toda questão jurídica que se me apresenta, quer no caso concreto ou no campo da doutrina.

Por outro lado, conhecendo que é da natureza humana de qualquer intérprete matizar de forte subjetividade o elemento interpretado e que por isso mesmo até numa visão singela de um simples copo d'água é possível dimensioná-lo de forma quantitativamente diferenciada pela tão-só necessidade subjetiva de água, para dizê-lo pouco, se sedento, ou muito, se saciado, com muito maior razão é possível encontrar no direito formas de interpretações diferenciadas, criando uma vasta cadeia dialética, partindo tão-somente da subjetividade de quem as faz, como a visão que alguém tenha sobre um copo d'água.

Com a intenção de ser o mais simples possível e de visionar o tema pelo verso da moeda é que apresento as razões de escrever este artigo.

Por fim, especificamente sobre o tema, embora não seja ele novo, é sempre atual diante de uma certa soberba do administrador público brasileiro que teima em afirmar um discricionarismo desmedido quando em verdade está vinculado a princípios constitucionais limitadores de sua ação, como são os princípios genéricos do art. 37, *caput*, da CF, sem falar nos princípios específicos que o mesmo art. 37 explicita, já que a manifestação de vontade não é sua e sim do ente que representa. O comando está assim escrito:

Art. 37. A administração pública direta e indireta de qualquer dos Poderes da União, dos Estados, do Distrito Federal e dos Municípios obedecerá aos princípios de legalidade, impessoalidade, moralidade, publicidade e eficiência e, também, ao seguinte:

Assim é que entendi de nominá-lo de *Considerações sobre o controle jurisdicional de urgência na ação de mandado de segurança* buscando estruturá-lo na visão do direito administrativo, já que a ação mandamental é a forma típica de controle externo que o Poder Judiciário exerce sobre o agente público com poder de decisão na administração pública. Ademais por esse prisma de interpretação busco enfatizar circunstância que entendo ser anterior e superior ao de uma simples dicção jurisdicional liminar: o verdadeiro limite entre a manifestação da vontade pública e o alcance de sua revisão pelo Poder Judiciário. Por isso é que, apenas de forma subsidiária, busco os elementos do processo civil para completar a análise. O especialista nesta área poderia muito bem titulá-lo de A *Liminar na ação de mandado de segurança*.

A tonicidade do artigo reside, em resumo, em realçar os aspectos e implicações internas e externas de um controle jurisdicional rápido frente ao ato do agente público busca encontrar uma nova via de interpretação jurídica para uma questão de tamanha envergadura.

2 – Controle jurisdicional da administração pública

Não mais se discute na doutrina se o Poder Judiciário pode ou não exercer o controle sobre os atos jurídicos praticados pela administração pública, os típicos atos administrativos. A discussão, em verdade, se centra sobre a extensão desse controle, já que a tutela administrativa, oficial ou provocada, tem se pautado com pouca ou nenhuma eficácia em decorrência, muitas vezes, da vinculação política dos agentes administrativos que integram esses organismos de controle interno com os agentes políticos que dão voz à administração e emitem os atos públicos. A independência administrativa que deveria embasar essa forma de controle, dá lugar a uma subserviência política, gerando uma ação de controle meramente homologatória.

De outro lado, não se pode olvidar que também existe no País uma cultura pela judicialização do conflito, fazendo surgir a premissa de que todas as querelas interindividuais ou entre os indivíduos e a Administração devam obrigatoriamente ser solvidas pelo Poder Judiciário.

No campo específico das relações públicas, tenho que um dos pilares para essa busca incessante, é a própria ineficiência exercida pelo controle interno. O certo é que o controle jurisdicional é o mais buscado como forma de questionamento da ação pública, diante da sua estrutura coativa.

3 – Extensão do controle jurisdicional.

Ainda é encontrável na doutrina administrativa, especialmente dentre aqueles que comentam o direito administrativo de dentro da administração, o pensamento de supremacia absoluta do estado sobre os cidadãos. Essa ótica hermenêutica de preocupante proteção às coisas do Estado e não com a visão ditada pela própria Constituição Federal, que pela primeira vez na história do estruturalismo social positivo do povo brasileiro, antepôs os direitos individuais e sociais aos direitos do estado, leva a um estatismo engessante e a criação de um estado autóctone, já que o resultado pode traduzir um alheamento da criatura a seu universo criador pela ênfase que pode se atribuir o burocratismo estatal. A nova estruturação da Constituição Federal não é uma simples mudança formal de disposição de poderes; ela representa uma humanização ou retorno do *quem é quem* na divisão do poder geral.

Um exemplo dessa exegese reside no entendimento, já superado pela jurisprudência, de que ainda resiste a aplicação do princípio clássico de não se poder analisar o mérito do ato administrativo.

No entanto, quando a Constituição Federal, no seu art. 37, *caput*, estabeleceu comandos impositivos para a toda administração pública brasileira, e o que é bom que se diga, relativando a discrição de agir do administrador público, ao impor regra de comportamento obrigatória vinculada a existência prévia de lei e a publicidade de seus atos para que só assim adquirissem eles plena eficácia, simplesmente expressou uma imperatividade objetiva, resultando na conclusão de que, não havendo lei, não poderia haver manifestação de vontade pública válida, ou na de que, não tendo o ato administrativo sido publicado, não teria iniciado sua eficácia. Por evidente que, caracterizando-se estas regras de cunho claramente objetivo, o controle pelo Poder Judiciário de tais princípios deve se operar nos seus estreitos limites. Por via de conseqüência, haveria impedimento do controle judicial pertinente ao mérito administrativo.

Diferentemente, no entanto, são as exigências também estratificadas no mesmo art. 37, *caput*, da CF, quando impõe ainda como comportamento da administração, o respeito à moralidade, à impessoalidade e, com o acréscimo da Emenda Constitucional nº 19/98, à eficiência, princípio que por mais objetivo que venha a ser sempre carregará uma forte carga de discricionariedade, portanto, de subjetividade. Assim, como dizer-se que essa ou aquela manifestação da administração pública é ou não moralmente válida e foi ditada impessoalmente e de forma eficiente, se não analisando o seu mérito? Nessa situação, por lógico, deve o Poder Judiciário enfrentar a questão em todos os seus contornos subjetivos, exercendo o seu poder de controle com toda a sua elasticidade. A legitimidade da manifestação de vontade pública ante as alegações de imoralidade, pessoalidade e ineficiência perde a sua característica de manifestação sincera e passa a ter sobre si a incidência da dúvida que somente a prova envolvendo a estrutura material de todo ato esclarecerá.

4– Os sujeitos passivos do controle jurisdicional.

O direito administrativo doutrinado, que é a base forte desse ramo de direito público, institucionalizou conceitos coletivos e sociológicos como *estado, administração pública, poder público e fazenda pública* e lhes outorgou dimensão e certa legitimidade como se os temas representassem a sinonímia de verdadeiras pessoas jurídicas de direito público direta ou indireta, portanto, adquirindo capacidade jurídica própria. A força dessas nomenclaturas é tamanha que até mesmo o legislador as usa de forma indistinta, deixando ao intérprete a busca de seu real significado. Tanto isso é verdade que, quando se encontra qualquer um desses conceitos expressos em comandos legais, tem-se que buscar na fala de quem diz se o instituto usado se refere à União, aos estados ou aos municípios ou ainda às autarquias e fundações, ou a qualquer de seus órgãos quando legitimados como pessoas públicas, ou a todos eles, que são, isto sim, a verdadeira natureza jurídica pública.

No entanto, como o controle jurisdicional exercido pelo Poder Judiciário se opera mediante processo, os conceitos difusos são substituídos por estruturas jurídicas concretas de legitimidade reconhecidas pelo direito administrativo. Assim, *o estado, a administração pública, o poder público, a fazenda público*, conceitos coletivos e indefinidos, no campo do processo judicial de controle e na qualidade de autor ou réu, são necessariamente definidos como União, qualquer dos Estados ou Municípios, autarquias, fundações, órgãos, agentes públicos, estes últimos em casos especificamente previstos em lei.

5 – Os meios de controle jurisdicional.

O Poder Judiciário no exercício de sua função constitucional só age na reação. Sua dicção como órgão do estado resolutor de conflitos é resultado de uma provocação externa. No entanto, esse estado-juiz, em pleno mundo da realidade virtual, onde as manifestações de vontade se convolam num simples toque de uma tecla de computador, ainda tem como pauta de conduta nesta ação de dizer o direito no caso concreto a exigência formal de uma realidade exclusivamente tátil-documental.

Assim, o exercício jurisdicional do Poder Judiciário frente aos atos administrativos só pode ocorrer se houver uma provocação formal e documental daquela pessoa que de alguma forma tenha interesse na intervenção. Esta provocação, no campo específico do processo, se chama ação.

A provocação ou a ação mais tradicional de controle do ato administrativo se dá pelo mandado de segurança, individual ou coletivo. Esta tem sido a via mais usada, embora, em muitas situações, não seja a mais eficiente, como é, por exemplo, a pretensão de um servidor de fazer cessar descontos ilegais sobre seus salários e ao mesmo tempo buscar receber o que já foi descontado. O mandado de segurança seria cabível na primeira situação e incabível na segunda, uma vez que esta ação especial não se equipara a ação de cobrança, como fixou o STF na Súmula 269, assim redigida:

O Município e seus agentes

O mandado de segurança não é substitutivo de ação de cobrança.
Todavia este instrumento de controle não pode ser utilizado indiscriminadamente. Seu limite de atuação é o ato ilegal do agente público já que, por contrário à lei, não poderia ser considerado manifestação válida de pessoa jurídica pública, embora esta assuma a responsabilidade por ato daquele. A referência feita na lei do mandado de segurança à expressão *abuso de poder* como forma de manifestação pública passível de controle judicial por esta via expressa é reforço de linguagem. Isso porque todo poder do agente público é estratificado na lei, já que o estado, a administração, é uma ficção legal e o agente público é tão-somente o elemento que o vivifica. Por conseguinte, quando o agente age o faz em respeito aos comandos legais existentes. Se, de alguma forma, faz mau uso do comando que dispõe, portanto abusa, do que lhe era determinado agir, pratica, em verdade ilegalidade.

O controle través do mandado de segurança visa sanear a administração de um defeito praticado por um seu agente. Por via de conseqüência, não pode se constituir em determinação para obrigar que o agente público se manifeste sobre determinada situação administrativa porquanto a manifestação é sempre da pessoa pública. É o que se retira do art. 5º, inciso. LXIX, da Constituição Federal quando diz:

Art. 5º...

Inciso LXIX – Conceder-se-á mandado de segurança para proteger direito líquido e certo, não amparo por *habeas-corpus*, ou *habeas-data*, quando o responsável pela ilegalidade ou abuso de poder for autoridade pública ou agente de pessoa jurídica no exercício de atribuições do Poder Público.

O art. 1º, da Lei nº 1.533, de 31.12.1951 está redigido da seguinte forma:

Art.1º Conceder-se-á mandado se segurança para proteger direito liquido e certo não amparo por *habeas-corpus*, sempre que, ilegalmente ou com abuso de poder, alguém sofrer violação ou houver justo receio de sofrê-la por parte de autoridade, seja de que categoria for e sejam quais forem as funções que exerça.

Outras formas de controle do ato administrativo também podem ser utilizadas, como o habeas corpus, as ações cautelares, a ação popular, a ação civil pública, a ação civil por improbidade administrativa, a ação direta de inconstitucionalidade, o mandado de injunção, a ação declaratória, a ação ordinária, as ações interditais, a ação penal, os embargos à execução, a exceção de pré-executividade. Salvo a ação popular, que pode ser dirigida tanto contra o ato do agente como o da pessoa jurídica pública, as demais formas de controle jurisdicional do ato administrativo buscam controlar a vontade da pessoa jurídica pública ou das pessoas físicas ou jurídicas privadas a elas assemelhadas por repasse ou delegação de um serviço público.

6 – Quem pode ser autor na ação de mandado de segurança.

Sempre que *alguém* sofrer violação ou estiver na iminência de sofrer violação em seu direito líquido e certo por ato de autoridade é parte legitimada para interpor ação de mandado de segurança. A Constituição Federal no seu art. 5º, inciso, LXIX, e o art. 1º, da Lei nº 1.533, de 31.12.51, não fazem qualquer distinção. Por via de conseqüência, tanto a pessoa física, por si ou legitimamente representada, como a pessoa jurídica, pública ou privada, são partes autoras desta ação. A ênfase do legislador está na proteção ao direito e não na pessoa que o detém. Daí a indeterminação legal.

No campo do direito administrativo nada impede que o agente público e os órgão públicos, que são estruturas de apoio das pessoas jurídicas públicas, busquem a utilização desta forma de controle jurisdicional para manter suas prerrogativas legais. Assim, por exemplo, para ficar na competência mais visível, tem legitimidade ativa o Presidente da República para interpor mandado de segurança para manter suas prerrogativas constitucionais atingidas por atos dos Presidentes da Câmara ou do Senado Federal e vice-versa; o Governador do Estado dos atos do Presidente da Assembléia Legislativa., e vice-versa, Prefeito Municipal dos atos da Câmara de Vereadores, e vice-versa.

No mandado de segurança coletivo a legitimidade de impetração é do partido político com representação no Congresso Nacional e da organização sindical, entidade de classe ou associação legalmente constituída e em funcionamento há pelo menos um ano, em defesa dos interesses de seus membros ou associados, consoante o disposto no art. 5º, inciso LXX, da Constituição Federa. No entanto, dúvida jurisprudencial existe e reside na necessidade, ou não, de expressa autorização dos associados via assembléia geral para a assunção da legitimidade ativa. O STF e o STJ já se manifestaram pela não necessidade. A doutrina de Ernani Fidélis dos Santos (Revista da Ajuris, nº 45, p.29), Alfredo Buzaid (Mandado de Segurança Coletivo, Saraiva, 1989, p.67), Ada Pellegrini Grinover (Mandado de Segurança Coletivo: Legitimação, Objeto e Coisa Julgada -Revista de Processo, nº 58, p.77) e Uadi Lamego Bulos (Mandado de Segurança Coletivo, ed,. Revista dos Tribunais, 1996, cap. 3, no.4, p.48) se inclinam pela não necessidade de assembléia autorizativa.

7 – A autoridade coatora na ação de mandado de segurança. Conceito de órgão público, agente público e serviço público delegado.

No campo limitado de análise do controle que o Poder Judiciário pode fazer sobre atos dos agentes públicos, os conceitos de *estado, administração pública, poder público e fazenda pública* perdem significado uma vez que, como o controle se efetiva através de processos, haveria necessidade de legitimidade postulatória que só pessoas possuem, aliás como já foi dito em ponto anterior.

No entanto, o controle judicial não só se direciona contra atos de pessoas públicas. Seus *agentes* também estão sujeitos a esse controle, evidentemente que, não na mesma plenitude, porém através de forma especial de tutela, como é a ação de mandado de segurança.

Num conceito livre e pessoal, retrato da idéia esposa no início deste artigo tendente a traduzir de forma mais didática possível o ecletismo do direito administrativo, tenho que é possível trazer à lume o significado de nomenclaturas fundamentais para compreensão do que seja a administração pública, como o significado *de órgão público, agente público e serviço público delegado.*

Assim é possível dizer-se que *órgão* é a parcela de poder da pessoa jurídica pública, resultante de sua divisão por força de lei, e que tem por objeto fazer com que a administração pública alcance uma maior operacionalidade; é o fracionamento administrativo a que é submetido todo ente jurídico público para atingir com maior eficiência o bem comum. Como já se disse, sendo o órgão público parte da pessoa jurídica pública, sua ação é sempre ação desta pessoa. Como parte que é, não tem autonomia administrativa e, o que é mais importante, não pode operar como substituto da autoridade coatora para fins de mandado de segurança.

O Município e seus agentes

59

Agente, por sua vez, na estrutura tipicamente administrativa, é a pessoa física que age, dá movimento à administração pública. Sua ação, por isso, nunca é pessoal porquanto quem em verdade se manifesta é a pessoa jurídica publica diretamente ou através de seu órgão. O *agente público* é a *autoridade coatora* para efeitos da ação de mandado de segurança. Dirigir, portanto, essa forma de controle da administração contra órgão público ou mesmo contra a pessoa jurídica de direito público ou privado com munus de direito público é erronia capaz de indeferimento da inicial, já que se tratando de ação não é dado ao juiz emendar a peça de abertura. O princípio da fungibilidade é de aplicação restrita aos recursos.

Os atos decorrentes de órgãos colegiados, como são os da Mesa Diretora da Câmara e do Senado, das Assembléias Legislativas, das Câmaras de Vereadores ou Pleno dos Tribunais, ou de outros órgãos coletivos menores que integram a administração pública, não são tipificáveis como ato de autoridades coatoras para fins de mandado de segurança. Como os atos que eles emitem são complexos, ou seja, não se executam por si mesmo já dependem da vontade de outro agente público para que tomem vida jurídica, concluindo-se que só violam o direito líquido e certo de alguém pela conseqüente manifestação expressa e executiva daquele agente que preside o órgão colegiado, portanto quem executa o comando coletivo, este agente executor é a autoridade coatora para efeito do mandado de segurança. Entender diferentemente e, data vênia, confundir agente público com órgão público e dar uma interpretação elástica não visada pelo legislador.

Questão a merecer um certo cuidado doutrinário diz respeito à extensão do que sejam *serviços públicos delegados*, hoje tão em evidência por causa do pensamento político que entende ser de conveniência administrativa o repasse da execução do serviço público às pessoas privadas.

A delegação dos serviços públicos tanto pode recair em pessoa física como jurídica. Em qualquer das circunstâncias, o serviço não se privatiza e, portanto, não passa a existir entre o usuário e o prestador do serviço uma simples relação civil. O serviço continua público e, portanto tutelado pelo direito público, especialmente o administrativo. O executor que o recebeu por concessão, permissão ou simples autorização, formas administrativas do repasse, é que adquire foro, legitimidade, capacidade e responsabilidade de pessoa jurídica pública. Seus atos, por conseguinte, são atos públicos, logo plenamente passíveis de controle pelo Poder Judiciário nessa especificidade. Aliás, antes mesmo do art. 37, § 6º, da Constituição Federal dimensionar essa responsabilidade, já o art.1º, §1º, da Lei nº 1.533, de 31.12.51, que estruturou a ação de mandado de segurança e que foi recepcionada pela nova ordem constitucional, assim dispunha:

Art. 1º ...

§ 1º Consideram-se autoridades, para os efeitos desta lei, os representantes ou administradores das entidades autárquicas e das pessoas naturais ou jurídicas com funções delegadas do Poder Público, somente no que entender com essas funções.

E o STF para não deixar dúvida a esse respeito editou a Súmula 510 que assim está redigida:
Praticado o ato por autoridade, no exercício de competência delegada, contra ela cabe o mandado de segurança ou a medida judicial.

A indicação errônea da autoridade coatora delegada pelo impetrante é também causa de indeferimento da inicial, não podendo o julgador de ofício suprir esta irregularidade.

8 – O ato administrativo passível de controle.

Fixado que a ação de mandado de segurança é impetrada por qualquer pessoa física ou jurídica contra manifestação ilegal ou abusiva de agente público com poder de decisão a quem a lei rotulado de autoridade coatora, há necessidade de se fixar a extensão deste ato jurídico chamado *ato de autoridade.*

Ato de autoridade é o ato jurídico especial conhecido como ato administrativo. É a manifestação de vontade da administração. Por ele o poder público se expressa juridicamente criando, modificando ou extinguindo direitos seus ou de terceiros. Sendo externação do querer público, deverá o ato de autoridade ser pautado segundo ditame dos princípios da legalidade, publicidade, impessoalidade, moralidade e eficiência, que são restrições gerais de obediência obrigatória a todos que impulsionam a administração pública, consoante comando do art. 37, *caput,* da CF, já mencionado, para citar apenas os genéricos. Dessa forma, aquela manifestação de vontade que atentar contra tais princípios gerais, ou mesmo contra princípios específicos da Lei Maior ou de leis extravagantes, por ilegal, não pode integrar o universo da administração pública. O mandado de segurança é o antídoto para sanar esse mal jurídico no seu nascedouro.

Colocada tal premissa, é possível se concluir que *ato de autoridade* para efeito de mandado de segurança, além daquela manifestação específica da autoridade pública, direta ou indireta, ou ainda do particular revestido nessa função, contra alguém, pode também ser caracterizado no ato do superior hierárquico, e não de seu subordinado, quando este apenas cumpre ordens; na lei, no regulamento, nos regimentos, nas portarias, nas circulares, nas instruções, nos editais, desde que produzam efeito material concreto restringindo direito de qualquer pessoal. Até o ato tipicamente jurisdicional quando inexistente previsão recursal, desde que calcado em ilicitude, de forma excepcional, pode caracterizar ato de autoridade passível de controle por mandado de segurança.

9 – Controle jurisdicional de urgência na ação de mandado de segurança. Requisitos para sua concessão. Vinculação com a ação popular.

Os atos administrativos, via de regra, podem sofrer controle jurisdicional de urgência nas modalidades de liminares em mandado de segurança e ação popular ou ainda em tutelas cautelares ou através da nova modalidade de controle criada pela Lei nº 8.952, de 13.12.94, as chamadas tutelas antecipadas em ações ordinárias.

O controle jurisdicional de urgência dos atos administrativos através da ação de mandado de segurança pressupõe, como requisitos objetivos, a demonstração pelo impetrante de seu direito *líquido e certo,* e como requisitos subjetivos, a *existência de fundamento relevante* e de *perigo ao direito do impetrante que a demora pode causar.* É possível se concluir, diante disso, que o controle jurisdicional de urgência exige para sua concessão maiores cuidados do julgador do que o julgamento do próprio mérito.

Direito *líquido* é o que se apresenta demonstrado; não necessita de ser aclarado em dilação probatória; é o direito pronto. E *certo,* é o direito que não desperta dúvida; está isento de obscuridade: é claro. Não demonstrados com a inicial tais elementos,

O Município e seus agentes

é caso de indeferimento liminar do pedido que, todavia, se não decorrido o prazo de 120 dias, pode ser repetido.

No entanto, o preenchimento tão-só das condições objetivas quanto ao direito líquido e certo não predispõe ou vincula a concessão do controle jurisdicional de urgência pela liminar. Há necessidade que o juiz, discricionariamente, utilizando seu livre arbítrio, no verdadeiro exercício de política judiciária, verifique se há relevância no fundamento do pedido que mereça ser imediatamente suspenso. E não basta a simples afirmação sacramental ou vazia de existência dessa relevância. É preciso que o magistrado a justifique diante do caso concreto. E não só: alinhado a isso, que também reconheça que o ato impugnado, se não suspenso, pode resultar na ineficácia da própria ação de mandado de segurança. Em outras palavras, que além da relevância da argumentação constate o juiz a necessidade de controlar o ato administrativo ilegal pela possibilidade de prejuízo irreversível ao direito líquido e certo do impetrante.

Sendo o pedido de controle jurisdicional de urgência manifestação umbilicalmente vinculada ao próprio pedido, dispiciendo sua formulação expressa para ser enfrentado. O comando o *juiz ordenará* expresso na lei não deixa qualquer dúvida. Isso é o que se retira do art. 7º, inciso II, da Lei nº 1.533/51, que assim diz:

Art. 7º Ao despachar a inicial, o juiz ordenará: ...

II – que se suspenda o ato que deu motivo ao pedido, quando for relevante o fundamento e do ato impugnado puder resultar a ineficácia da medida, caso seja deferida.

Questões tem sido suscitadas nos tribunais sobre a possibilidade de poder o juiz exigir garantias pessoais ou reais para a concessão desse controle de urgência. A sustentação no sentido afirmativo é mínima porque o entendimento majoritário é o de que, preenchendo o impetrante as condições da ação e concluindo o juiz pela relevância do pedido e do perigo na sua demora, é seu direito de se ver protegido antecipadamente, independentemente de garantias.

É possível a autoridade apontada como coatora interpor outro mandado de segurança contra a liminar concedida em mandado de segurança? A resposta é negativa por dois motivos: a ação é dirigida contra ato ilegal de agente público e este, como já dito, não tem legitimidade postulatória. De outro lado, a nova estruturação do agravo de instrumento ditada pela Lei 9.139/95 possibilitaria o uso desse recurso. Mas a jurisprudência majoritária é nos sentido do incabimento do agravo de instrumento por imprevisão legal. Também da decisão do relator que concede, nega, ou até revoga o efeito suspensivo em agravo de instrumento interposto da decisão que concedeu liminar em mandado de segurança não cabe agravo regimental, agravo de instrumento ou qualquer outro recurso por imprevisão legal.

No entanto, havendo manifesta ilegalidade nesse decisão tem-se admitido, de forma excepcional e no claro intuito de proteger o direito da parte, mandado de segurança, correição parcial, reclamação ou até mesmo ação cautelar inominada. Amiudimente tenho decidido nesse sentido, no que sou acompanhado pelos demais membros da 4º Câmara Civil e 2º Grupo Civil do Tribunal de Justiça do Estado do Rio Grande do Sul que esposam idêntico fundamento.

O recurso possível da decisão que concede o controle jurisdicional de urgência através de liminar, numa típica jurisdição de exceção, é para o Presidente do Tribunal a quem está vinculado o prolator da decisão. Trata-se de uma excepcionalidade criada por lei em decorrência da imprevisão recursal na ação de mandado de segurança, nos termos do art. 4º, da Lei nº 4.348, de 26.06.1964. Dessa decisão cabe agravo ao Pleno do Tribunal, em 5 (cinco) dias. Essa matéria será enfrentada em tópico próprio.

A pessoa jurídica de direito público a quem pertença a autoridade coatora tem legitimidade para buscar a retratação da liminar já que contra ela também vige a proibição de interpor qualquer recurso. Dúvida surge com relação ao terceiro atingido pela liminar. Mas tem-se entendido que por não integrar a lide é possível utilizar-se ele da ação de mandado de segurança própria.

No mandado de segurança coletivo, no entanto, a concessão de liminar, quando cabível, depende de audiência prévia do representante judicial da pessoa jurídica de direito público, que deverá se manifestar no prazo de 72 (setenta e duas) horas, consoante o disposto no art. 2º, da Lei 8.437, de 30.06.1992.

Embora o tema abordado verse sobre mandado de segurança, por sua aproximação e forma democrática, de forma rápida é possível também se tecer alguns rápidos comentários sobre a ação popular.

A ação popular, como o próprio nome sugere, é a ação típica do exercício da cidadania em que alguém do povo busca anulação de ato administrativos lesivos ao patrimônio público. Embora seja um instrumento forte de controle da administração sua utilização não é de muita freqüência.

A Lei nº 4.717, de 29.06.1965, ao regular essa forma de controle da administração pública, no seu art. 1º, procurou proteger além do simples limite daqueles bens pertencentes às pessoa públicas diretas ou indiretas, para atingir também o patrimônio, *verbis*:

"... de sociedades de economia mista, de sociedades mútuas de seguro nas quais a União represente os segurados, de empresas públicas, de serviços sociais autônomos, de instituições ou fundações para cuja criação ou custeio o tesouro público haja concorrido ou concorra com mais de cinqüenta por cento do patrimônio ou da receita ânua, de empresas incorporadas ao patrimônio da União, do Distrito Federal, dos Estados e dos Municípios, e de quaisquer pessoas jurídicas ou entidades subvencionadas pelos cofres públicos."

A idéia clara do legislador foi a de alcançar com o controle exercido pela ação popular o patrimônio público fosse ele de valor econômico, artístico, estético, histórico ou turístico, conforme definição que atribui – art. 1º, § 1º da referida lei.

Diferentemente do mandado de segurança, a ação popular pode ser proposta diretamente contra os entes públicos ou assemelhados acima enunciado, contra os agentes públicos propriamente ditos ou por extensão legal ou contra uns e outros. Fica o livre arbítrio do autor a escolha de contra quem dirigirá a ação. No entanto, se a opção escolhida for o ajuizamento da ação popular contra os agentes públicos propriamente ditos ou por extensão legal, as pessoas jurídicas públicas ou privadas que eles integram, como litisconsortes necessárias que são, poderão abster-se de contestar o pedido ou atuar ao lado do autor, por puro e exclusivo juízo de conveniência de seu representante legal. Questionável é o alinhamento do ente público em defesa do ato impugnado de lesivo.

Demonstrando o autor da ação popular sua condição de *cidadão* através de seu título eleitoral ou documento que o substitua e a nulidade do ato lesivo ao patrimônio das pessoas públicas por natureza ou por extensão legal, nos termos do art. 1º da Lei

O Município e seus agentes

popular, é possível o controle jurisdicional de urgência através de liminar para suspender o ato lesivo impugnado, conforme art. 5º, § 4º, da referida lei, cujo acréscimo foi efetuado pelo Lei nº 6.513, de 20.12.77.

O recurso cabível dessa liminar é o agravo de instrumento e não o recurso excepcional ao Presidente do Tribunal de Justiça.

10 – Limitações legais ao controle jurisdicional de urgência na ação de mandado de segurança: limitações no próprio mandado de segurança; limitações nas Leis ns. 4.348, de 26.06.1964, 5.021, de 09.06.1969 e 8.437, de 30.06.1992.

Demonstrando a parte seu direito líquido e certo, condições objetivas da ação de mandado de segurança, e entendendo o juiz que o pedido é relevante e precisa de imediata proteção, condições estas subjetivas, o controle jurisdicional de urgência se impõe, como já se viu. Todavia, o legislador impôs limitações no controle jurisdicional de urgência.

Limitações no próprio mandado de segurança – A própria Lei nº 1.533, de 31.12.51, ao relacionar no art. 5º, os casos em que não seria possível a concessão de mandado de segurança, por óbvio que também afastou o controle de urgência, já que só é merecedor dessa forma de proteção contra a administração aquele que primeiramente demonstrar seu direito liquido e certo. Essa proibição está assim vazada:

Art. 5º Não se dará mandado de segurança quando se tratar:

I – de ato que caiba recurso administrativo com efeito suspensivo, independentemente de caução;

I – de despacho ou decisão judicial, quando haja recurso previsto nas leis processuais ou possa ser modificado por via de correição e

II – de ato disciplinar, salvo quando praticado por autoridade incompetente ou com inobservância de formalidade essencial.

É discutível a vedação imposta no inciso I, do art. 5º, da Lei nº 1.533/51, diante do art. 5º, inciso XXXVIII, da Constituição Federal, que diz:

Art. 5º ...

XXXVII – a lei não excluirá da apreciação do Poder Judiciário lesão ou ameaça a direito.

Ora, condicionar a utilização do mandado de segurança à exaustão prévia de recurso administrativo, mesmo com efeito suspensivo, é excluir parcialmente a apreciação do Poder Judiciário de possível lesão ou ameaça a direito; é limitar o controle desse poder onde a Carta Maior não limita. Como o direito de ação é direito subjetivo público, a vedação imposta na lei do mandado de segurança fere esse direito. Editada a lei antes da atual constituição, tenho que tal regra não foi por ela recepcionada. Reconheço, contudo, que tal manifestação não é unânime, embora majoritária.

O não-controle pelo mandado de segurança dos despachos ou decisões judiciais não é absoluto. Como já disse na parte referente ao conceito de ato de autoridade, desde que não haja previsão legal para recurso desses atos jurisdicionais, é plenamente cabível, de forma excepcional, a utilização da ação mandamental para corrigir a ilegalidade. A vedação legal, dessa forma, não é absoluta.

Quanto à vedação do inciso III, do art. 5º, da não incidência do mandado de segurança para controle do ato disciplinar, é de se ter presente que isto só ocorre quando o discricionarismo na escolha da pena for da autoridade por comando legal. Se, ao contrário, para determinada infração administrativa houver previsão legal de determinada pena, aplicando a autoridade pena superior, é plenamente utilizável a ação de mandado de segurança pois não tem ela a discrição na escolha e sim, vinculação. De outro lado, estabelecendo o art. 5º, inciso LV, da Constituição Federal, a necessidade de se conceder aos litigantes em processo administrativo, no qual se inclui o disciplinar, o direito ao contraditório e ampla defesa, com os meios e recursos a ela inerentes, por ausência de formalidade essencial, também é possível o uso dessa forma de controle do ato administrativo.

Limitações da Lei nº 4.348, de 26.06.1964 – Proibição de reclassificação, equiparação, ou concessão de vantagens a servidores públicos

Como já foi dito anteriormente, o controle jurisdicional de urgência através da ação de mandado de segurança fica muito ao livre convencimento do juiz, uma vez que o conceito de fundamento relevante e perigo de irreversibilidade do dano ao direito líquido e certo do impetrante são condições que passam pela criação subjetiva do julgador.

Diante disso, e porque a ação de mandado de segurança tivesse ganho força como forma de controle e revisão dos atos emanados do movimento político que surgiu em 31.03.64, é que foi editada a Lei nº 4.348, de 26.06.1964, limitando em muito a força controladora dessa ação de segurança. Por ela, entre outras inovações, foi criado o recurso excepcional ao Presidente do Tribunal e legitimada a pessoa jurídica de direito público interessada para interpô-lo para evitar lesão à ordem, à segurança e à economia públicas. Essa matéria será analisada em campo próprio.

Mas é no seu art. 5º, que expressamente vedou a possibilidade da decisão judicial de urgência para reclassificar ou equiparar servidores públicos ou ainda para conceder aumento ou extensão de vantagens.

Em direito administrativo, *reclassificar* significa dar uma nova classificação ao servidor público ou retirá-lo de uma classe para o colocar em outra com vencimentos superiores. Classe é o agrupamento de cargos onde existe identidade de atividade e igual padrão de vencimentos. JOSÉ CRETELLA JUNIOR, (*Curso de Direito Administrativo*, 16º edição, Forense, 1999, pág. 425), sobre *classe* diz:

Desse modo, forçoso é concluir que determinado grupo de funcionários, ocupando cargos públicos rigorosamente semelhantes quanto aos direitos, deveres e responsabilidades, merece padronização em seus estipêndios, visto constituírem o que a linguagem técnica denomina *classe*.

Dessa forma, por força do dispositivo legal, é defeso ao juiz dar uma classe superior ao servidor público através de controle de urgência em ação de mandado de segurança.

A vedação é extensiva a equiparação entre servidores públicos. Equiparar, segundo AURÉLIO BUARQUE DE HOLANDA, (*Dicionário Aurélio Básico da Língua Portuguesa*, Editora Nova Fronteira, 1995), é comparar (pessoas ou coisas), considerando-as iguais; igualar; conceder paridade. Portanto, não pode o juiz através do controle de urgência equiparar vencimentos entre servidores públicos.

E por último, demonstrando o mesmo universo de proibição, a lei veda a concessão de aumento ou extensão de vantagens. Aumentar vencimentos seja por aplicação de índices públicos ou privados de correção monetária ou por vinculação ao dólar ou ainda por qualquer outra forma que altere os vencimentos para cima é vedado em controle de urgência. Da mesma forma a concessão de vantagens.

O Município e seus agentes

O que se deve deixar claro é que a vedação contida no art. 5º, da Lei nº 4.348, de 26.06.64, não pode ser vista de forma absoluta. O que o legislador impediu foi a constituição de uma situação jurídico-funcional nova na forma de controle de urgência.

A reposição de situação de servidor público ilegalmente modificada por ato do agente público desde que atinja sua reclassificação, sua equiparação de vencimentos, concessão de aumento ou de vantagens anteriormente concedida deve ser restaurada através do controle de urgência. Se assim não for, ter-se-á a manutenção de uma ilegalidade por conivência do Poder Judiciário causando dano de conseqüência alimentar ao servidor público.

O art. 5º da Lei nº 4.348/64 está assim redigido:

Art. 5º Não será concedida a medida liminar de mandados de segurança impetrados visando à reclassificação ou equiparação de servidores públicos, ou à concessão de aumento ou extensão de vantagens.

Limitações da Lei nº 5.021, de 09.06.1966 – Proibição de pagamento de vencimentos e vantagens pecuniárias.

O mesmo redemoinho político que gerou a Lei nº 4.348/64, produziu a Lei nº 5.021/66 para também limitar, dentre outras situações, a ação do Poder Judiciário no seu controle de urgência via mandado de segurança.

Enquanto a lei anterior proibia o controle de urgência em situações pertinentes à reclassificação, equiparação, aumento ou extensão de vantagens de servidores públicos, a Lei nº 5.021/66 generalizou a proibição para alcançar pagamento de vencimentos e vantagens pecuniárias a esses mesmos servidores. Essa vedação se explica porque o art. 1º da mesma lei estabeleceu que o pagamento de vencimentos e vantagens pecuniárias asseguradas em mandado de segurança a servidor público somente seria efetuado relativamente às prestações que se vencerem a contar da data do ajuizamento da inicial. Assim, se a lei estabelecia momento certo para pagamento de vencimentos ou vantagens por lógico que tinha de vedar possível retroação do momento que fixava.

A proibição tem uma certa lógica no seu enunciado. Isso porque o limite de controle feito pelo Poder Judiciário nos atos da administração, no caso específico do mandado de segurança, reside na declaração de ineficácia por ilegalidade ou abuso de poder. Não que deva o Poder Judiciário substituir-se à administração na edição de manifestação de vontade típica de quem administra a coisa pública por essa via expressa de controle.

Limitação da Lei nº 8.437, de 30.06.1992 – Necessidade de ouvida prévia do ente público no mandado de segurança coletivo. Impossibilidade de conhecimento de cautelar inomida no primeiro grau se a autoridade tem foro no segundo grau.

Embora a Lei nº 8437/92 tenha surgido para limitar o controle jurisdicional de urgência no procedimento cautelar ou em quaisquer outras ações similares a ela, criou, no seu art. 2º, limitação parcial que atingiu a ação de mandado de segurança coletivo ao determinar que para concessão de liminar deveria o juiz previamente ouvir o representante judicial da pessoal jurídica de direito público a que pertença a autoridade apontada como coatora, no prazo de setenta e duas horas. O controle de urgência, portanto, ficou condicionado à instalação do contraditório. Não há necessidade de se ouvir o Ministério Público nesta fase processual ou de se aguardar o decurso de prazo para as informações da autoridade coatora.

Dúvida que tem sido levantada reside na possibilidade de aplicação do art.1º, §3º, desta mesma lei, à ação de mandado de segurança. Esse dispositivo proíbe a concessão de liminar que esgote, no todo ou em parte, o objeto da ação. Como o parágrafo é nomenclatura jurídica que integra porque explicita o *caput* do artigo a que está vinculado, tem que se entender que a proibição do §3º, por estar vinculada ao *caput* do art.1º, diz respeito tão-somente à vedação de se conceder controle jurisdicional de urgência no procedimento cautelar ou às ações a ela assemelhadas e não à qualquer ação ou ao mandado de segurança. Sendo uma regra de exceção é de se aplicar o princípio restritivo de interpretação.

Disposição dirigida especificamente ao juízo do primeiro grau mas que tem passado despercebido, é a limitação do §1º, do art. 1º, desta Lei nº 8.437/92, que veda o conhecimento de controle de urgência através de cautelar inomidada quando a manifestação de vontade pública apontada de ilegal ou abusiva tenha foro privilegiado e via mandado de segurança só possa ser julgado no segundo grau em decorrência da autoridade que o expede. O dispositivo está assim redigido:

Art. 1º...

§ 1º Não será cabível, no juízo de primeiro grau, medida cautelar inominada ou a sua liminar, quando impugnado ato de autoridade sujeita, na via de mandado de segurança, à competência originária de tribunal.

A limitação imposta ao juízo do primeiro grau criada por este dispositivo legal buscou manter o privilégio de foro criado por Lei ou no regimento interno dos tribunais à determinadas autoridade públicas. O privilégio de foro da autoridade coatora, por força deste dispositivo, afasta a competência do juízo do primeiro grau, exclusivamente, é bom que se diga, quando a ação interposto for de cautelar inomidada.

11 – Recurso cabível da decisão que concede o controle jurisdicional de urgência na ação de mandado de segurança

Como já foi visto, não cabe recurso da decisão que nega o controle jurisdicional de urgência na ação de mandado de segurança por imprevisão legal. Excepcionalmente, é admitido mandado de segurança desta decisão, agravo de instrumento, correição parcial, reclamação ou até mesmo ação cautelar inominada se a negativa tem como fundamento uma possível irreversibilidade no direito da parte.

No entanto, quando a decisão judicial concede o controle de urgência, o recurso cabível a ser interposto pela pessoa jurídica de direito público interessada, por lógico, aquela a que integre a autoridade coatora, é ao Presidente do Tribunal a quem está afeto o prolator da decisão que, avaliando a possibilidade de lesão grave à ordem, à saúde, à segurança e à economia públicas, poderá suspendê-la de forma fundamentada. Trata-se de um dispositivo legal que concedeu ao Presidente do Tribunal um verdadeiro poder político para suspender uma decisão jurisdicional porque, conceituar grave lesão, ordem, saúde, segurança e economias públicas, conceitos tipicamente político-institucionais e de cunho abstratos, é uma autorização em branco a ser preenchida conforme o subjetivismo de seu decisor.

Identicamente política será a decisão proferida pelo Plenário do Tribunal no agravo cabível, no prazo de cinco dias, dessa decisão.

O Município e seus agentes

Essa jurisdição excepcional foi criada pela Lei nº 4.348, de 26.06.64, e está assim redigida:

Art. 4º Quando, a requerimento de pessoa jurídica de direito público interessada e para evitar lesão à ordem, à saúde e à economia públicas, o Presidente do Tribunal, ao qual couber o conhecimento do respectivo recurso (VETADO) suspender, em despacho fundamentado, a execução da liminar, e da sentença, dessa decisão caberá agravo, sem efeito suspensivo, no prazo de cinco dias, contados da publicação do ato.

12 – Conclusão

"As considerações aqui alinhadas sobre o controle de urgência realizado pelo Poder Judiciário na administração publica através dessa importante ação de mandado de segurança são mais uma forma de revisão atualizada de uma tese bem conhecida do que a criação de uma antítese. De outro lado, agora numa macrovisão, elas servem para demonstrar a atualidade de um tema jurídico que, mesmo com fortes limitações legais criadas com o claro intuito de proteger a administração pública em detrimento do Poder Judiciário, continua como um dos mais interessantes temas na cena forense.

O manejo correto da ação de mandado de segurança pelos operadores do direito é uma forte contribuição ao princípio democrático do devido processo legal já que representa a plenitude dessa garantia constitucional pública subjetiva."

A Súmula 473 do STF, como fez com a revogação, também operou na doutrina e na jurisprudência sedimentação interpretativa sobre a dimensão da nulidade do ato administrativo.

2. Prefeito, Vice-Prefeito, Secretário e Subprefeito

2.1. Generalidades

No conceito sociológico, o Estado é um produto da sociedade. Sua existência e eficácia residem na produção do bem comum em vários níveis, como são a saúde, a educação e a segurança públicas.

Transposto este conceito para o Brasil, tem-se que o estado brasileiro existe como estrutura meio para a consecução do bem comum da sociedade brasileira. Na visão do direito aqui estratificado, o estado brasileiro adquire personalidade jurídica, ou seja, adquire capacidade para assumir direito e obrigações de duas formas, externa e internamente. Para as relações externas com outros países o estado brasileiro assume a personalidade de *República Federativa do Brasil*, como se observa nos arts.1º e 4º da Constituição Federal.[20]

Já para consumo interno, o estado brasileiro se fraciona em várias pessoas a quem dá capacidade para adquirir direitos e obrigações nos limites constitucionais. Assim é a União, cada um dos Estados e o Distrito Federal, e cada um dos Municípios, conforme o art. 14 do Código Civil, organização recepcionada pela atual Constituição Federal, no seu art. 18.[21] O Município, portanto, surge como uma pessoa criada pelo direito. Primeiro, na lei estadual que lhe dá

---

[20] Os arts. 1º e 4º da Constituição Federal estão assim redigidos:
"Art. 1º. A República Federativa do Brasil, formada apela união indissolúvel dos Estados e Municípios e do Distrito Federal, constitui-se em Estado Democrático de Direito e tem como fundamentos;"
"Art. 4º. A República Federativa do Brasil rege-se nas suas relações internacionais pelos seguintes princípios."

[21] O art. 14 do Código Civil e o art. 18 da Constituição têm esta redação:
"Art. 14. São pessoas jurídicas de direito público interno:
I – A União.
II – Cada um dos seus Estados e o Distrito Federal.
III – Cada um dos Municípios."
"Art. 18. A organização política-administrativa da República Federativa do Brasil compreende a União, os Estados, o Distrito Federal e os Municípios, todos autônomos, nos termos desta Constituição."

existência jurídica e dimensiona seu território e, segundo, na lei orgânica municipal que estrutura os seus direitos e obrigações e nas leis ordinárias que minudenciam esse comportamento.

No campo da existência física, o Município é uma abstração. Sua realidade existencial, em verdade, só é apresentada pela ação de seus agentes políticos (Prefeito, Vice-Prefeito, Vereadores e Secretários Municipais) que bipartem o poder municipal em estruturas estanques chamadas de Poder Executivo (Prefeito, Vice-Prefeito e Secretário Municipais) e Poder Legislativo (Vereadores) e pelo pessoal administrativo direto (servidores públicos, empregados públicos, detentores de cargos em comissão ou de contratação temporária) e indireto (terceiros investidos em funções públicas) que executam na forma da lei os comandos políticos.

2.2. Prefeito e Vice-Prefeito

O Poder Executivo tem estrutura própria e é representado pelo Prefeito, já que a atribuição do Vice-Prefeito é a de tão-somente substituir o Prefeito. É verdade que a Constituição Federal, no seu art. 29, inciso III, fala na *posse* do Vice-Prefeito, o que faz pressupor a existência de *cargo* de Vice-Prefeito, e ela ocorre no mesmo momento que a do Prefeito.

O Vice-Prefeito tem como atribuição constitucional substituir o Prefeito nos casos previstos em lei. Em decorrência disso, penso que essa posse no cargo de que fala a Constituição Federal tem caráter *suspensivo* e só se torna efetiva nos períodos de substituições quando ocorre o verdadeiro exercício da função.

A forma de investidura no cargo de Prefeito e Vice-Prefeito é a eleição pelo *sufrágio universal do voto direto e secreto*, com duração de quatro anos, que deverá ocorrer sempre no primeiro domingo de outubro do ano anterior ao término do mandato de prefeito vigente, considerando-se eleitos aqueles que alcançarem a *maioria absoluta de votos*, não se computando aí os votos brancos e os nulos, consoante o disposto no art. 29, inciso II, da Constituição Federal. Apesar de o voto ser um direito constitucional, ele é obrigatório para os maiores de 18 anos, conforme dispõe o art. 14, § 1º, inciso I, da Constituição Federal.[22] Penso que essa obrigatoriedade retira do voto sua verdadeira essência como direito. Exercer um direito com obrigação de

---

[22] O art. 14, inciso I, da CF tem esta redação:
"Art. 14 ...
§ 1º. O alistamento eleitoral e o voto são:
I – obrigatórios para os maiores de dezoito anos"

fazê-lo é atingir o próprio direito. Daí por que concordo plenamente com a atualidade crítica de Hely Lopes Meirelles[23] quando sustenta a inutilidade da proibição, uma vez que o eleitor pode votar em branco ou ser coagido por razões econômicas a fazê-lo. E como o autor citado, trago o meu testemunho de juiz eleitoral para afirmar que a obrigatoriedade do voto quando vigente o sistema de cédula levava mesmo a uma reação de protesto consistente na inserção de frases grotescas, de protesto, declaração amorosas ou até mesmo de desenhos, que anulavam o voto. É certo que a votação por digitação eletrônica diminuiu a incidência desta prática. Mas a facilidade agora existente ao invés de justificar a permanência da obrigatoriedade, é uma forte justificativa para retirá-la.

Sufrágio universal é o exercício da soberania popular externada pelo direito de voto a todos os cidadãos. *Voto direto* é aquele que o eleitor no exercício de seu direito político dá, pessoalmente, a um candidato. Numa linguagem direta, trata-se de uma manifestação de vontade decorrente do exercício de um direito. *Voto secreto* é aquele que o eleitor não precisa identificar ou justificar o seu voto. *Maioria absoluta* é a que compreende a metade e mais um da totalidade de votos válidos, não computados os em branco e os nulos

A utilização do sistema do voto eletrônico tem suscitado alguma dúvida, depois de episódio ocorrido na votação de processo de perda de mandato parlamentar de um senador da República por falta de decoro parlamentar, em que ficou caracterizada a violação do painel eletrônico do Senado Federal, a pedido de um outro senador e com o assentimento do presidente da Casa, que teria violado o sigilo dos demais senadores naquele ato.[24] Este fato isolado, no

---

[23] HELY LOPES MEIRELLES, em seu livro Direito Municipal Brasileiro, 4ª edição, RT, 1981, p. 71, diz textualmente:
"O voto é obrigatório, no sistema eleitoral vigente. Tal orientação, sobre ser inútil, porque o eleitor pode comparecer à eleição e votar em branco, nos parece contrária à liberdade individual que o cidadão deve usufruir em todo Estado de Direito, como é o nosso. Sobre ser inútil, na prática é até nociva, porque da obrigatoriedade se aproveitam os interessados nas eleições para coagir o eleitor inculto a votar no candidato que lhe facilitar a retirada do título e a condução ao local da votação. Como juiz eleitoral, encontramos eleitores de reduzida instrução e pouco discernimento, que se consideravam presos aos candidatos que lhes providenciaram a qualificação. Ora, se o voto não fosse obrigatório, o eleitor inculto e desinteressado dos problemas nacionais não se submeteria à coação dos 'cabos eleitorais' e dos 'alistadores', que usam da obrigatoriedade do voto para ameaçar com as sanções legais e torná-lo cativo do partido político que lhe facilita a obtenção do título. Outro inconveniente da obrigatoriedade do voto é a desmoralização que traz á Justiça Eleitoral, pela impossibilidade de punir os infratores, que, em cada eleição, orçam aos milhares. Lamentavelmente, o erro é da Constituição (art. 147, § 1º), o que impede seja corrigido por lei ordinária".

[24] Este fato ocorrido no final de 2000 já entrou nos anais da história do Senado Federal como a de maior mácula na credibilidade daquela Casa e que redundou, inclusive, na renúncia dos senadores envolvidos na violação para não serem atingidos, agora, por idêntico processo de perda de mandato por falta de decoro parlamentar, no início de 2001.

entanto, não obnubilou o sistema de votação eletrônica idealizada pelo Tribunal Regional Eleitoral do Rio Grande do Sul que foi aclamado e imposto em território nacional como forma rápida, segura e moderna de votação. Sua aceitação é de tal forma que está sendo analisada por vários países, inclusive os Estados Unidos, depois do impasse na eleição presidencial de 1999.

Em municípios com mais de duzentos mil eleitores, não alcançando qualquer candidato a maioria absoluta, será realizada nova eleição em até 20 dias após a proclamação do resultado da primeira votação, considerando-se agora eleito aquele que obtiver a maioria dos votos válidos, conforme dispõe o art. 29, inciso II, da Constituição Federal.

O comando das eleições municipais é da Justiça Eleitoral, órgão do Poder Judiciário federal e delegada a Juiz de Direito estadual (art. 121 da Constituição Federal),[25] com recurso ao Tribunal Regional Eleitoral, que age no cumprimento de legislação federal própria: o Código Eleitoral.

O Prefeito administra a *Prefeitura*, que é como também se chama o Poder Executivo, e no desempenho dessa função, de regra, é assessorado por secretários nomeados em *cargo em comissão* e ou por *subprefeitos*.

2.3. Secretário Municipal

O Secretário Municipal integra a categoria de servidor público que não passa pelo crivo do concurso público, que é a forma de investidura própria para o ingresso na Administração Pública e que

---

[25] O art. 121, da CF tem esta redação:

"Art. 121. Lei complementar disporá sobre a organização e competência dos tribunais, dos juízes de direito e das juntas eleitorais.

§ 1º Os membros dos tribunais, os juízes de direito e os integrantes das juntas eleitorais, no exercício de suas funções, e no que lhes for aplicável, gozarão de plenas garantias e serão inamovíveis.

§ 2º Os juízes dos tribunais eleitorais, salvo motivo justificado, servirão por dois anos, no mínimo, e nunca por mais de dois biênios consecutivos, sendo os substitutos escolhidos na mesma ocasião e pelo mesmo processo, em número igual para cada categoria.

§ 3º São irrecorríveis as decisões do Tribunal Superior Eleitoral, salvo as que contrariem esta Constituição e as denegatórias de *habeas corpus* ou mandado de segurança.

§ 4º Das decisões dos Tribunais Regionais Eleitorais somente caberá recurso quando:

I – forem proferidas contra disposição expressa desta Constituição ou de lei;

II – ocorrer divergência na interpretação de lei entre dois ou mais tribunais eleitorais;

III – versarem sobre inelegibilidade ou expedição de diplomas nas eleições federais ou estaduais;

IV – anularem diplomas ou decretarem a perda de mandatos eletivos federais ou estaduais;

V – denegarem *habeas corpus*, mandado de segurança, *habeas data* ou mandado de injunção.

pode ser realizado de duas formas: concurso de provas ou concurso de provas e títulos.

Não havendo necessidade de concurso público, a nomeação ou demissão do Secretário Municipal, típico servidor detentor de cargo em comissão, é ato discricionário exclusivo do Prefeito.

Embora a nomeação para o cargo em comissão de Secretário Municipal não necessite de processo de escolha, como é o concurso público, cujo conteúdo é o de aferição de conhecimento essencialmente técnico para o cargo, somente podem ser nomeadas pessoas que preencham os requisitos básicos para a investidura em cargo público (*nacionalidade brasileira, gozo dos direitos políticos, quitação com as obrigações eleitorais e se homem, com as obrigações militares, idade mínima fixada em lei para a investidura em cargo público, escolaridade suficiente para o exercício do cargo e que tenham plena capacidade física ou jurídica*). Ver ainda a respeito *Servidores Públicos detentores de Cargo em Comissão* neste Capítulo.

Nomear pessoas que não preencham algum dos requisitos básicos exigíveis para a investidura de qualquer servidor público, especialmente para o exercício de função pública que a Constituição Federal considera relevante (tanto que o constituinte se preocupou em remunerá-lo com subsídio, contraprestação própria dos agentes políticos), é ato de irresponsabilidade do Prefeito Municipal, podendo sujeitá-lo às sanções de cassação de mandato, responsabilização criminal e por improbidade administrativa.

Foi a Emenda Constitucional nº 19, de 4.6.1998, que catalogou o Secretário Municipal como agente político, estabelecendo que a contraprestação de seu serviço se daria através de subsídios, fixados por lei de iniciativa da Câmara Municipal, como o Prefeito e o Vice-Prefeito (ver *Subsídios de Prefeito e de Vice-Prefeito* logo a seguir).

Discute-se com alguma veemência e com forte carga emocional, especialmente na mídia, sobre a nomeação para secretários municipais de parentes do Prefeito Municipal. O argumento é de que haveria nepotismo, que é um conceito específico de imoralidade administrativa. É de se ter presente duas situações: se há vedação na lei orgânica municipal, evidentemente que a nomeação é proibida não pelo nepotismo em si mas pelo princípio da legalidade. Não havendo vedação, tenho que não se pode impedir a nomeação de parentes tão-só por ser parente. Isto fere o princípio da igualdade. O nepotismo existirá se no exercício do cargo ficar caracterizado que a relação de parentesco é fator de desídia ou deslealdade para o exercício do cargo em comissão.

2.4. Subprefeito

A lei orgânica municipal pode criar a figura do *subprefeito*, como forma de colaboração ao desempenho do cargo de Prefeito, estabelecendo as formas para sua nomeação, direitos, deveres, inclusive sua eleição e remuneração. Se a nomeação do subprefeito decorrer de eleição direta, será ela presidida pelo próprio Poder Executivo, sem qualquer ingerência da Justiça Eleitoral que, todavia, pode auxiliar com material ou pessoal. Este agente público, em verdade, nada mais é do que detentor de uma delegação da função do Prefeito e a ele está vinculado. É uma espécie de secretário regional e a ele se aplicam as regras atinentes ao Secretário Municipal.

2.5. Subsídio do Prefeito e do Vice-Prefeito

Como agente político que é, e pela própria estrutura temporária do seu cargo, o Prefeito, ou o Vice-Prefeito quando em substituição, tem remuneração específica chamada de subsídio, nomenclatura atribuída pela Emenda Constitucional nº 19, de 04.06.1998, nestes termos:

> Art. 29. O município reger-se-á por lei orgânica, votada em dois turnos, com o interstício mínimo de dez dias, e aprovada por dois terços dos membros da Câmara Municipal, que a promulgará, atendidos os princípios estabelecidos nesta Constituição, na Constituição do respectivo Estado e os seguintes preceitos:
> V – Subsídio do Prefeito, do Vice-Prefeito e dos Secretário Municipais fixados por lei de iniciativa da Câmara Municipal, observado o que dispõem os arts. 37,XI, 39, § 4º, 57, § 7º, II, art. 153, III, e § 2º, I.[26]

---

[26] Os artigos a que se refere este dispositivo têm esta redação:
Art. 37 ...
XI – a remuneração e o subsídio dos ocupantes de cargos, funções e empregos públicos da administração direta, autárquica e fundacional, dos membros de qualquer dos Poderes da União, dos Estados, do Distrito Federal e dos Municípios, dos detentores de mandato eletivo e dos demais agentes políticos e os proventos, pensões ou outra espécie remuneratória, percebidos cumulativamente ou não, incluídas as vantagens pessoais ou de qualquer outra natureza, não poderão exceder o subsídio mensal, em espécie, dos Ministros do Supremo Tribunal Federal.
Art. 39...
§ 4º. O membro de Poder, o detentor de mandato eletivo, os Ministros de Estado e os Secretários Estaduais e Municipais serão remunerados exclusivamente por subsídio fixado em parcela única, vedado o acréscimo de qualquer gratificação, adicional, abono, prêmio, verba de representação ou outra espécie remuneratório, obedecido, em qualquer caso, o disposto no art. 37, e XI.
Art. 150. Sem prejuízo de outras garantias asseguradas ao contribuinte, é vedado à União, aos Estados, ao Distrito Federal e aos Municípios:
...
II – instituir tratamento desigual entre contribuintes que se encontrem em situação equivalen-

Dessa forma, a fixação do subsídio do Prefeito e do Vice-Prefeito é limitada, no seu máximo, ao chamado *teto*, que é o que recebe mensalmente, em espécie, o Ministro do Supremo Tribunal Federal. Sua composição é de parcela única, já que é vedado o acréscimo de qualquer gratificação (natalina, por exemplo), adicional (como o por tempo de serviço, por exercício de atividades insalubres, perigosas ou penosas, por prestação de serviço extraordinário, noturno e de férias), abono, prêmio, verba de representação ou outra espécie remuneratória, ficando, no entanto, esse valor submetido à proibição de tratamento tributário desigual, ao desconto de imposto de renda pelo critério de generalidade, universalidade e progressividade.

Não integram o subsídio as *verbas indenizatórias* como são a ajuda de custo, as diárias e despesas de transporte por se caracterizarem, em verdade, indenização por gastos efetuados pelo Prefeito ou pelo Vice-Prefeito em exercício. O recebimento de qualquer uma dessas verbas indenizatórias sem a respectiva comprovação caracteriza improbidade administrativa, sujeitando o Prefeito ou o Vice-Prefeito às penalizações respectivas e ainda às sanções penais e administrativas.

Estabelecendo a Constituição Federal que a remuneração do Prefeito deve ser fixada em subsídio e conceituando ela a sua extensão, superada está a tormentosa questão de saber se o Prefeito seria alcançado pelos benefícios pecuniários que o art. 39, § 3º,[27] também da CF, atribui a todo servidor público.

Quanto ao direito ao gozo de férias (não se confundir com a indenização por férias não gozadas), se previsto pela Lei Orgânica, o Prefeito é merecedor, ficando impedida sua conversão em dinheiro. Sendo o Prefeito servidor público, além de ficar afastado de seu

---

te, proibida qualquer distinção em razão de ocupação profissional ou função por eles exercida, independentemente da denominação jurídica dos rendimentos, títulos ou direitos.
Art. 153. Compete à União instituir impostos sobre
...
III – renda e proventos de qualquer natureza.
§ 2º O imposto previsto no inciso III:
I – será informado pelos critérios da generalidade, da universalidade e da progressividade, na forma da lei.
II – (Revogado pela Emenda Constitucional nº. 20, de 15.12.1998)

[27] O § 3º do art. 39 da Constituição Federal, é o antigo § 2º, com a renumeração que lhe deu a Emenda Constitucional nº 19, de 04.06.1998, e faz referências aos seguintes direitos: salário mínio, garantia de salário, décimo terceiro salário, remuneração superior do trabalho noturno, salário-família, limites da jornada de trabalho, repouso semanal remunerado, remuneração superior do serviço extraordinário, férias anuais, licença à gestante, licença-paternidade, proteção do mercado de trabalho da mulher, redução dos riscos inerentes ao trabalho e proibição de diferença de salários. A renumeração eliminou como direitos dos servidores públicos a irredutibilidade do salário e o adicional de remuneração para as atividades penosas, insalubres ou perigosas.

O Município e seus agentes

cargo, emprego ou função, pode optar por receber o subsídio ou a remuneração (art. 38, II, da CF).[28]

Estando o subsídio do Prefeito ou do Vice-Prefeito vinculado ao subsídio do Ministro do Supremo Tribunal Federal, portanto a parâmetro de fixação federal, não tendo este sido regulado, não pode a Câmara Municipal fixá-lo. Mesmo que o parâmetro federal seja declarado, há necessidade de sua recepção na órbita estadual e municipal, em respeito ao princípio federativo e, por via de conseqüência, da autonomia municipal. A lei municipal de iniciativa da Câmara Municipal que vier a fixá-lo sem existência do parâmetro federal ou mesmo estadual é inconstitucional. E se a inconstitucionalidade for em decorrência da lei estadual, pode assim ser declarada pelo Tribunal de Justiça para afastar sua aplicação através de ação própria proposta pelo Ministério Público estadual, já que a legalidade e a probidade administrativa no trato da coisa pública são princípios inerentes ao Estado de Direito a que compete aquele órgão defender, nos termos do art. 25, inciso I, da Lei nº 8.625, de 12.02.1993.[29]

2.6. Atribuições do Prefeito e do Vice-Prefeito

As atribuições típicas do Prefeito e do Vice-Prefeito quando em substituição ou em delegação prevista em lei devem ser elencadas na Lei Orgânica Municipal. Destacam-se como as mais importantes:[30]

1) representar juridicamente o Município;
2) sancionar, promulgar, publicar e vetar as leis;
3) dar cumprimentos às leis e outras normas;
4) despachar o expediente, expedir decretos e outros atos administrativos, publicando-os;

---

[28] Este artigo tem a seguinte redação:
"Art. 38. Ao servidor público da administração direta, autárquica e fundacional, no exercício de seu cargo, emprego ou função:
...
II – investido no mandato de Prefeito, será afastado do cargo, emprego ou função, sendo-lhe facultado optar pela sua remuneração;
..."

[29] Esta lei instituiu a Lei Orgânica Nacional do Ministério Público, dispõe sobre normas gerais para a organização do Ministério Público do Estado, e dá outras providências. O artigo citado está assim redigido:
"Art. 25. Além das funções previstas nas Constituições Federal e Estadual, na Lei Orgânica e em outras leis, incumbe, ainda ao Ministério Público:
I – propor a ação de inconstitucionalidade de leis ou atos normativos estaduais ou municipais, face à Constituição Estadual."

[30] HELY LOPES MEIRELLES apresenta um rol bem mais elástico na sua obra citada, fls. 605 e seguintes. No entanto, como muitas delas se interpenetram, é que reduzi essas atribuições.

5) apresentar projetos de lei de sua competência;
6) administrar os bens públicos municipais;
7) elaborar e executar o orçamento;
8) abrir créditos adicionais;
9) arrecadar, guardar e aplicar a receita municipal;
10) executar as obras e os serviços;
11) decretar desapropriações;
12) prestar contas e apresentar relatório da administração;
13) comparecer e prestar informações à Câmara Municipal, bem como convocá-la extraordinariamente;
14) impor penalidades administrativas;
15) executar a dívida ativa municipal;
16) executar atribuições delegadas.

2.6.1. Representação jurídica do Município – O Município, se na estrutura político-administrativa é um ente federado, no campo do direito, é pessoa jurídica de direito público interno capaz de assumir direitos e deveres para atender a finalidade de sua própria criação, que é bem comum localizado. Nessa condição, pratica atos de vontade, que são manifestações próprias de uma pessoa de direito público.

Sendo o Município uma típica criação jurídica, sua manifestação é externada pelo Prefeito Municipal, em decorrência da delegação de poderes a ele conferidos pelo povo, através de eleições diretas e secretas a cada quatro anos. Assinar convênios, acordos, contratos ou defender judicialmente os interesses do Município são exemplos típicos de representação jurídica do Prefeito Municipal.

Não raramente, a representação do Prefeito fica condicionada à autorização legislativa, sem a qual o ato jurídico de representar se torna ilegal, possibilitando sua anulação.

2.6.2. Sanção, promulgação, publicação e veto de leis – A lei municipal, embora quase todo seu processo legislativo de criação se desenvolva na Câmara Municipal, necessita de sanção, promulgação e publicação ou veto do Prefeito Municipal.

Sanção é a manifestação do Poder Executivo em assentimento ao projeto do Poder Legislativo; é o contraponto na divisão do poder municipal. A sanção pode ser expressa ou tácita.

Promulgação é, no dizer de Hely Lopes Meirelles,

A declaração solene da existência da lei, pelo Chefe do Executivo ou pelo Presidente da Câmara (no caso de sanção tácita ou de rejeição do veto), que a incorpora ao direito positivo, como norma jurídica eficaz. Desse momento em diante, a lei não pode ser revogada senão por outra lei. Sua vigência, entretanto, dependerá da publicação, visto que a promulgação completa, apenas, o processo de formação da lei. A promul-

O Município e seus agentes

gação exige sempre manifestação expressa, diversamente da sanção que pode ser tácita, isto é, presumida do transcurso do prazo sem oposição formal de veto.

Publicação. Como toda administração municipal está vinculada ao princípio da publicidade de seus atos, pelo qual qualquer manifestação administrativa do Município deve vir a público. A lei, como forma de manifestação solene do poder municipal obrigatória a todos e externação de seu poder político, com maior razão não poderia deixar de ter publicidade. A publicidade se dará por publicação em jornal oficial ou com a afixação no átrio da Prefeitura.

Veto é o ato pelo qual o Prefeito nega a sua sanção a um projeto de lei da Câmara Municipal por entendê-lo inconstitucional, ilegal ou contrário ao interesse público. Ele pode ser *parcial*, quando atinge apenas uma parte do projeto, artigo, parágrafo, inciso, número ou alínea, ou *total*, quando nega sanção a todo o projeto. Em qualquer das situações, o veto necessita de motivação.

2.6.3. Cumprimento das leis e outras normas – É atribuição do Prefeito cumprir as leis ou outras deliberações normativas. Como representante do Poder Executivo e responsável pela administração municipal, tem ele o dever de cumprir a lei, os *decretos legislativos* municipais, que são deliberações do Plenário da Câmara Municipal dentro de sua competência de efeito externo; as *resoluções legislativas*, que são também deliberações do Plenário da Câmara Municipal de efeitos internos e os *regulamentos,* que são atos do próprio executivo de interpretação legislativa, em que a administração estabelece uma uniformidade interpretativa para cumprimento da lei que, externada, obriga a todos que integram a administração municipal, inclusive ao próprio Prefeito.

Questão relevante e corriqueira na administração municipal está em se saber se o Prefeito deve dar cumprimento imediato à Emenda Constitucional Federal ou Estadual, às leis federais, complementares ou ordinária, ou estaduais que, de alguma forma, produzam ingerência no âmbito municipal. Tenho pensado com preocupação a esse respeito porque vejo uma subserviência desmedida e desrespeitosa ao princípio federativo praticado pelos Municípios, quando dão aplicação imediata a ordenamentos legais de outra esfera, federal ou estadual, na esfera municipal, em confronto expresso com os arts. 1º e 29 da Constituição Federal, que garante ao município autonomia de pessoa de direito público e de agir conforme suas próprias leis. Trata-se de uma verdadeira agressão à autonomia do Município e uma subserviência incompreensível de um ente federado a outros ou a outro. É certo que a autonomia municipal mais e mais tem sofrido diminuição pela ingerência do poder federal, especialmente na autonomia política, administrativa e financeira. No entanto, mesmo que assim seja, não afasta a necessidade de recepção dos comandos federais ou estaduais na órbita municipal, em respeito à autonomia legislativa, até porque na aplicação destes dispositivos circunstâncias existirão a impor regramento próprio de cada Município a merecer disciplinação peculiar. Veja-se o exemplo de emendas ou leis federais ou estaduais que reestruturem a administração ou as finanças da administração municipais, como fica a Lei Orçamentária anual do Município? E as relações com terceiros? E o ato jurídico perfeito? E a coisa julgada? E o direito adquirido?

No campo político, o Prefeito tem que se conscientizar que é um agente político municipal. Sua obrigação, em primeiro lugar, é defender as prerrogativas daquele que é o detentor do poder que está exercendo. Não fora assim, por que a necessidade de uma Constituição Estadual ou de uma Lei Orgânica Municipal? Bastaria a lei federal para regrar tudo. Ademais, o art. 1º da Constituição Federal é bem claro quando afirma que a sua lei orgânica deve atender os princípios da Constituição Federal e da Constituição do respectivo Estado. Por via de conseqüência, a Emenda Constitucional, a lei federal ou mesmo a estadual, somente deverão ser cumpridas pelo Prefeito quando recepcionadas, as de âmbito federal, pela Constituição Estadual e pela Lei Orgânica Municipal e as de âmbito estadual, pela Lei Orgânica Municipal. De outro lado, fica a pergunta, se o Prefeito cumpre imediatamente as leis federais ou estaduais que atentem contra o orçamento municipal, não poderia ser responsabilizado pela prática da infração capitulada no art. 4º, inciso VI, do Decreto-Lei nº 201/67?

2.6.4. Expedição de decretos e outros atos administrativos – O Prefeito Municipal, além de representar juridicamente o Município, é seu administrador. Como forma de administrar o pessoal, os bens e os serviços do Município ou mesmo intervir no patrimônio privado, o Prefeito deve expedir decretos, portarias, instruções, circulares, ordens de serviços, despachos, que são típicos atos administrativos.[31]

2.6.5. Apresentação de projetos de lei sobre matéria de sua competência Além de expedir atos administrativos, que são exações da função administrativa municipal, o Prefeito pode apresentar projetos de lei, em concorrência com a Câmara Municipal, ou com exclusividade.

---

[31] Ver Atos Administrativos Municipais, no capítulo 1 deste Livro.

O Município e seus agentes

A apresentação de projetos de lei de exclusividade do Prefeito Municipal reside, por aplicação do princípio da simetria, naquelas de iniciativa privada do Presidente da República aplicáveis ao Município, *ex vi* do art. 61, §1º, da Constituição Federal, e que podem ser assim elencadas:

a) que disponham sobre a criação de cargos, funções ou empregos públicos na administração direta e autárquica municipal ou aumento de sua remuneração;
b) sobre a organização administrativa municipal;
c) matéria tributária municipal;
d) matéria orçamentária municipal;
e) serviços públicos municipais.

2.6.5.1. *Projetos de lei para criação de cargos, funções ou empregos públicos ou aumento de sua remuneração* – É atribuição privativa do Prefeito Municipal o encaminhamento de projeto de lei que disponha sobre a criação de cargos, funções ou empregos públicos na administração direta ou autárquica municipal ou disponha sobre o aumento de sua remuneração.

Embora a iniciativa do projeto seja do chefe do poder, o art. 39, *caput*, da Constituição Federal subordinou essa iniciativa ao Conselho de Política de Administração e Remuneração de Pessoal, órgão a ser instituído por lei e integrado por servidores designados pelo respectivo Poder Executivo. A autonomia do Prefeito Municipal passou a depender da prévia ouvida do órgão colegiado. Projeto de lei apresentado sem preencher esta determinação legal deve ser rejeitado por inconstitucional e, se aprovado, deve ser declarado pelo Poder Judiciário, direta, ou incidentemente no caso concreto.

2.6.5.2. *Projeto de lei de organização administrativa* – A estrutura da administração direta e autárquica somente através de projeto de iniciativa do Prefeito Municipal pode ser criada ou modificada.

Como no caso da criação de cargos, funções ou empregos públicos ou aumento de sua remuneração, por força do disposto no art. 39, *caput*, da Constituição Federal, se o projeto de lei tiver como objetivo organizar a política de administração de pessoal, também passará pelo crivo do Conselho de Política de Administração e Remuneração de Pessoal, como condição de validade.

O Prefeito Municipal poderá solicitar urgência para apreciação de projetos de sua iniciativa, nos termos e prazos que a Lei Orgânica Municipal estabelecer.

2.6.5.3. *Projeto de lei sobre matéria tributária* – Pelo princípio da simetria com a competência do Presidente da República, o Prefeito Municipal tem a inciativa de propor projetos de lei sobre matéria tributária de sua competência.

2.6.5.4. Projeto de lei sobre orçamento municipal – A iniciativa sobre o projeto de lei orçamentária é do Prefeito Municipal, consoante princípio de simetria como Presidente da República.

2.6.5.5. Projeto de lei sobre serviços públicos municipais – A iniciativa de projeto de lei sobre serviços públicos municipais é privativa do Prefeito Municipal, aqui, também, por simetria a competência do Presidente da República.

2.6.6. Administração dos bens públicos municipais – O Município, como unidade federativa do Estado brasileiro, isto é, como membro da estrutura política nacional, que elegeu como um dos objetivos fundamentais *promover o bem de todos* (art. 3°, inciso IV, da Constituição Federal), tem personalidade jurídica pública que lhe garante o instrumental necessário para legitimar seus objetivos. Dentro desse espectro ideal, o Município tem bens e estes são classificados pelo art. 66 do Código Civil, que, textualmente diz o seguinte:

Art. 66. Os bens públicos são:

I – Os de uso comum do povo, tais como os mares, rios, estradas, ruas e praças;

II – Os de uso especiais, tais como os edifícios ou terrenos aplicados a serviços ou estabelecimento federal, estadual ou municipal;

III – os dominicais, isto é, os que constituem o patrimônio da União, dos Estados, ou dos Municípios, como objeto de direito pessoal ou real de cada uma dessas entidades.

Na administração desses bens, que é uma das formas de poder atribuído pelo povo ao representante do Município, tem o Prefeito Municipal a discricionariedade para determinar como tais bens serão utilizados ou alienados ou se há necessidade de aquisição de novos bens.

Na utilização dos bens municipais, cabe ao Prefeito disciplinar a forma como estes bens serão administrados, já que é de sua competência privativa encaminhar projeto de lei nesse sentido à Câmara Municipal. Entendendo o Administrador Público que certos bens municipais fiquem na gestão direta do Município pode propor que se crie na organização administrativa secretaria ou órgão menor para assessorá-lo.

Ainda como atribuição de administrar os bens públicos municipais pode o Prefeito Municipal tomar a iniciativa para que a lei estabeleça que o uso comum de bens do Município se dê gratuita ou remuneradamente, consoante o permissivo do art. 68 do Código Civil.

Entendendo o Prefeito Municipal, por conveniência administrativa, que a administração dos bens municipais seja repassada a terceiros, poderá fazê-lo através dos mecanismos jurídicos como:

a) autorização;
b) permissão de uso;
c) cessão de uso;
d) concessão de uso;
e) concessão de direito real de uso.

2.6.6.1. Autorização – é a maneira pela qual o Município consente que, de forma precária, unilateral e negocial, alguém pratique determinada atividade sobre um bem público. A autorização de uso de bem público se concretiza através de ato administrativo simples de pura conveniência administrativa. e que, como tal, pode ser revogado a qualquer tempo pela administração municipal. A revogação, como é a retirada do universo jurídico-administrativo de uma manifestação válida da administração municipal, necessita de fundamentação para que fique plasmada, objetivamente, a motivação do desfazimento do ato. Revogar autorização por revogar pode traduzir abuso de autoridade ou não representar conveniência pública e, dessa forma, pode ser controlado pelo Poder Judiciário. A revogação da autorização de uso de bem público, por uma questão de lógica, deve conceder prazo razoável para a desocupação do particular que, se não atendida, ensejará ação de reintegração de posse. O uso da força pessoal da administração na desocupação do bem público autorizado caracteriza abuso de autoridade passível também de controle jurisdicional.

2.6.6.2. Permissão de uso – como a autorização, é um ato negocial, unilateral e precário. Ela difere da autorização porque há um repasse ao particular de alguns dos direitos que a administração tem sobre o uso do bem municipal. A permissão de uso pode ser gratuita ou remunerada e gera direitos subjetivos para o permissionário enquanto viger. Sendo um ato administrativo, a permissão de uso pode ser revogada, desde que, como na autorização, a administração municipal fundamente as razões de assim agir. Deve a administração conceder prazo razoável para a desocupação. O desrespeito a estes postulados caracteriza abuso de autoridade passível de controle jurisdicional.

2.6.6.3. *Cessão de uso* é a transferência gratuita da posse de um bem público municipal a uma entidade ou órgão de outra administração pública. Trata-se de típico contrato da administração, e não contrato administrativo e, dessa forma, não há necessidade de licitação.

2.6.6.4. *Concessão de uso* – é o contrato realizado entre a administração municipal e o particular em que a licitação prévia é necessária. Através desse contrato, a administração municipal repassa todos os direitos que detém sobre o uso de determinado bem público para o particular, submetendo-se aos termos do que for contratado.

2.6.6.5. *Concessão do direito real de uso* – também é contrato administrativo e tem como objeto a transferência do direito de uso, de forma remunerada ou gratuita, de um imóvel público municipal ao particular, com direito real resolúvel. Essa possibilidade de poder o particular transferir o uso do bem público municipal exige prévia autorização legislativa e licitação na modalidade de concorrência (art. 23, § 3º, da Lei nº 8.666/93).[32]

2.6.6.6. *Alienação de bens* – Ainda dentro do poder de administrar, pode o Prefeito Municipal alienar bens públicos municipais nas modalidades de:

a) venda;
b) permuta;
c) doação;
d) dação em pagamento;
e) investidura.

Vender um bem público é uma das formas que o Prefeito tem de administrar o patrimônio municipal. Naturalmente que este ato de alienação da coisa pública tem que ser respaldado na conveniência e oportunidade. Consistindo seu ato na venda de um bem imóvel municipal, deve ele ser precedido de prévia autorização legislativa, cujo projeto de lei é de iniciativa do próprio Prefeito, e licitação, na modalidade de concorrência, consoante o disposto no art. 23, § 3º, da Lei nº 8.666/93. Tratando-se de venda de bens móveis inservíveis

---

[32] O § 3º do art. 23 da Lei nº 8666/93 tem esta redação:
"Art. 23. ...
§ 3º. A concorrência é a modalidade de licitação cabível, qualquer que seja o valor de seu objeto, tanto na compra ou alienação de bens imóveis, ressalvado o disposto no art. 19, como nas *concessões de direito real de uso* e nas licitações internacionais admitindo-se neste último caso, observados os limites deste artigo, a tomada de preços, quando o órgão ou entidade dispuser de cadastro internacional de fornecedores ou o convite, quando não houver fornecedor do bem ou serviço no país."

O Município e seus agentes

para a administração, não há necessidade de prévia autorização administrativa, mas é exigível licitação, na modalidade de leilão (art. 22, § 5º, da Lei nº 8.666/93). As ações, depois de avaliadas, serão negociadas em bolsa (art. 17. II, *c*, da Lei nº 8.666/93). Os bens que sejam produzidos ou comercializados por órgãos ou entidades do Município serão previamente avaliados, dispensada a licitação (art. 17, inciso II, letra *e*, da Lei nº 8.666/93) Quando se tratar de venda de bens imóveis, cuja aquisição haja derivado de procedimentos judiciais ou de dação em pagamento, depois de avaliados, poderão ser alienados através da licitação na modalidade de concorrência ou leilão, à critério do Prefeito. Neste caso, não há necessidade de autorização municipal. É a exegese que se retira do art. 19 da Lei nº 8.666/93.[33]

A *permuta* de bens imóveis municipais com outros de órgãos da administração direta e entidades autárquicas e fundacionais, de qualquer outro ente público, dependerá de autorização da Câmara Municipal. Se a permuta ocorrer com particular, além da autorização legislativa, há necessidade de avaliação, dispensada a licitação, neste caso com fundamentada manifestação do interesse municipal. A alienação por permuta de bens móveis apenas é permitida entre administrações e dependerá de prévia avaliação, com dispensa fundamentada de licitação (art. 17, incisos I, letra *c*, e II, letra *b*, da Lei nº 8.666/93).[34]

A *doação* de bens imóveis do Município será permitida exclusivamente para outro órgão ou entidade da administração pública de qualquer grau federativo, após prévia autorização da Câmara Municipal, e avaliação do bem, dispensada, fundamentadamente, a licitação. Consistindo a doação em bens móveis, que ocorrerá exclusivamente

---

[33] O art. 19 da Lei nº 8.666/93 tem esta radação:
"Art. 19. Os bens imóveis da administração pública, cuja aquisição haja derivado de procedimentos judiciais ou de dação em pagamento, poderão ser alienados por ato de autoridade competente, observadas as seguintes regras:
I – avaliação dos bens alienáveis;
II – comprovação da necessidade ou utilidade da alienação;
III – adoção do procedimento licitatório, sob a modalidade de concorrência ou leilão."

[34] Estes dispositivos estão assim redigidos:
"Art. 17. A alienação de bens da administração pública, subordinada à existência de interesse público devidamente justificado, será precedida de avaliação e obedecerá:
I – quando imóveis, dependerá de autorização legislativa para órgãos da administração direta e entidades autárquicas e fundacionais, e, para todos, inclusive as entidades paraestatais, dependerá de avaliação prévia e de licitação na modalidade de concorrência, dispensada esta nos seguintes casos:
...
c) permuta, por outro imóvel que atenda aos requisitos constantes no inciso X, *d*, art. 24 desta lei;
II – quando móveis, dependerá de avaliação prévia e de licitação, dispensada esta nos seguintes casos:
...
b) permuta, permitida exclusivamente entre órgãos ou entidades da administração pública."

para fins e uso de interesse social, dependerá de avaliação prévia, sendo dispensada a licitação por conveniência e oportunidade socioeconômica. A doação do bem imóvel, no entanto, é reversível, cessadas as razões que justificaram, ficando vedada a alienação pelo beneficiário (§ 1º do art. 17 da Lei nº 8.666/93)

A *dação em pagamento* de bens imóveis é forma de alienação de bens públicos passível de ser feita pelo Prefeito Municipal, mas que depende de autorização legislativa e a avaliação prévia, consoante o disposto no art. 17, I, letra *a*, da Lei nº 8.666/93.

Investidura, segundo o conceito do § 3º do art. 17 da Lei nº 8.666/93, é a forma de alienação feita pelo poder público de imóveis lindeiros de área remanescente ou resultante de obra pública, área esta que se tornou inaproveitável isoladamente, por preço nunca inferior ao da avaliação e desde que esse não ultrapasse a 50% (cinqüenta por cento) do valor fixado legalmente para a licitação por convite.

2.6.6.7. Aquisição de bens – Na função ainda de administrar o patrimônio público, pode o Prefeito Municipal adquirir bens sobre a forma de:

a) compra;
b) permuta;
c) doação;
d) dação em pagamento;
e) desapropriação;
f) adjudicação em execução;
g) destinação de áreas públicas nos loteamentos;
h) usucapião;
i) direito de preempção.

A *compra* de bens imóveis como ato de administrar do Prefeito Municipal depende de prévia autorização legislativa da Câmara Municipal e prévia avaliação do bem a adquirir. Já na compra de bens móveis, dependendo do objeto e de seu preço, será precedida ou não de licitação ou dispensa, sempre respeitados o disposto nos arts. 14 a 16 da Lei nº 8.666/93.

A *permuta*, *a doação*, *a dação em pagamento*, *a adjudicação em execução e a destinação de áreas públicas nos loteamentos*, como formas de aquisição de bens públicos, necessitam de autorização legislativa, genérica ou específica, existindo ou não previsão da lei orgânica municipal, e prévia avaliação.

A *desapropriação* é modalidade própria de aquisição de bens públicos e pode ocorrer por utilidade, necessidade pública ou ainda por interesse social. A desapropriação por utilidade ou necessidade pública estão regidas polo Decreto-Lei nº 3.365/41, e pressupõe indenização prévia, justa e em dinheiro. No caso da desapropriação por interesse social, modalidade regulamentada pelo art. 8º da Lei nº 10.257, de 20 de julho de 2001 – Estatuto *da Cidade* –, pode o Prefeito Municipal, decorridos 5 (cinco) anos de cobrança de IPTU sem que o proprietário tenha cumprido a obrigação de parcelamento, edificação ou utilização, desapropriar o imóvel com pagamento de títulos da dívida pública, aprovados previamente pelo Senado Federal.

A forma de aquisição de bem público por *usucapião* decorre do uso ininterrupto pelo Município de área privada nos prazos estabelecidos na lei civil (arts. 550 a 553) e deve ser proposta nos termos dos arts. 941 a 945 do Código de Processo Civil. O uso comum do povo sobre bem particular também gera esta forma de aquisição de patrimônio municipal.

Direito de preempção – A Lei nº 10.257, de 20 de julho de 2001, criou uma nova modalidade de aquisição de bem imóvel pelo Município, o chamando direito de preempção. Por este instituto, o Município tem a preferência para aquisição de imóvel urbano objeto de alienação onerosa entre particulares, consoante dispõe o *art. 25 da citada Lei*. No entanto, esse direito de preferência tem limitações, pois só é possível sua alegação pelo Ente Público Municipal para (*art. 26 da Lei em comento*):

a) regularização fundiária;
b) execução de programas e projetos habitacionais de interesse social;
c) constituição de reserva fundiária;
d) ordenamento e direcionamento da expansão urbana;
e) implantação de equipamentos e comunitário;
f) criação de espaços públicos de lazer e áreas verdes;
g) criação de unidades de conservação ou proteção de outras áreas de interesse ambiental;
h) proteção de áreas de interesse histórico, cultural ou paisagístico.

2.6.7. Elaboração e execução do orçamento – É atribuição do Prefeito Municipal elaborar o orçamento municipal, quer estabelecendo regras plurianuais, de diretrizes orçamentárias ou de orçamentos anuais.

A *Lei Complementar nº 101, de 4 de maio de 2000, a chamada Lei da Responsabilidade Fiscal*, reestruturou a elaboração do orçamento público, cercando de forma muito dura a captação de receitas e limitando as despesas.

A função de administrar o Município ficou muito mais difícil.

2.6.8. Abertura de créditos adicionais – O Prefeito Municipal tem como atribuição cumprir a lei orçamentária. No entanto, situações imprevistas podem acontecer na administração do Município que imponham a necessidade de novos gastos . Nessa situação estão os créditos suplementares, especiais e extraordinários.

Créditos suplementares, como o próprio nome diz, são dotações que visam a reforçar dotações orçamentárias já existentes. Créditos especiais cobrem despesas não previstas no orçamento e créditos extraordinários são resultantes de despesas urgentes e imprevisíveis. Estes créditos dependem de autorização legislação específica e existência de receita.

A contratação de operação de crédito e a antecipação de receita também se enquadram nas atribuições administrativas do Prefeito Municipal, dependendo, nos dois casos, de autorização legislativa, que pode ocorrer no próprio orçamento ou através de lei especial.

2.6.9. Arrecadação, guarda e aplicação da receita Municipal – O Prefeito Municipal tem a chave do cofre da receita municipal. Como responsável direto pela administração da coisa pública, tem ele a atribuição de arrecadar, guardar e aplicar a receita municipal. Esta função está hoje muito limitada por incidência da Lei de Responsabilidade Fiscal, Lei Complementar nº 101, de 4 de maio de 2000 que, inclusive, dispôs no capítulo III, sobre a previsão, a arrecadação e a possibilidade de renúncia de receita.

2.6.10. Execução de obras e serviços – Administrar o Município é também executar obras e serviços. Como agente político, o Prefeito Municipal estabelece suas prioridades em plano plurianual, cuja execução deverá implementar no orçamento anual. A execução das obras previstas ou a administração dos serviços municipais são decorrência de ato próprio ou mediante contrato administrativo.

2.6.11. Decretação de desapropriações – O Município pode intervir na propriedade privada por utilidade pública, por necessidade pública ou por interesse social.

Desapropriar é restringir o direito de propriedade e tem previsão no art. 5º, inciso XXIV, da Constituição Federal. A desapropriação por utilidade e por necessidade pública é regida pelo Decreto-Lei nº 3.365/41, e a desapropriação por interesse social, pela Lei nº 4.132/62. Ao tratar da política urbana, a Constituição Federal, no seu art. 182, § 4º, III, regulamentado pela Lei nº 10.257, de 20.06.2001 (Estatuto da Cidade), também concedeu ao Município o poder de desapropriar por interesse social imóveis urbanos que não estejam cumprindo o plano diretor municipal, com pagamento em títulos da dívida pública.[35]

Em qualquer das modalidades, o ato de desapropriação deve estar pautado em procedimento preliminar que apure a conveniência e oportunidade públicas de intervir na propriedade privada, sob pena de caracterizar o ato interventivo verdadeiro abuso de autoridade, criando, em decorrência disso, um leque de responsabilidades tanto para o município como para o Prefeito Municipal.

2.6.13. Prestação de contas e relatório da Administração – O Prefeito Municipal tem o dever de, anualmente, prestar contas à Câmara Municipal, como exercício de controle externo a que está submetido o Município. A Lei Complementar nº 101, de 4 de maio de 2000, a chamada Lei de Responsabilidade Fiscal, deu nova dimensão à prestação das contas municipais estabelecendo, entre outros, sua ampla divulgação, nos arts. 48 a 59. Esta matéria está analisada no Capítulo IV deste Livro.

2.6.14. Comparecimento e informações à Câmara Municipal, bem como o poder de convocá-la extraordinariamente – O Prefeito Municipal, por previsão da Lei Orgânica Municipal, pode ser instado a comparecer à Câmara Municipal, em dia e hora certa, para prestar esclarecimento sobre matéria específica, devendo ser prévia e antecipadamente convocado. Não está o Prefeito obrigado a esclarecer matéria que não tenha sido objeto da convocação.

A Câmara Municipal também pode exigir do Prefeito Municipal informações sobre determinadas práticas administrativas como exercício legítimo de seu poder fiscalizador. Tanto a requisição como a prestação de informação devem-se referir a fato determinado e ser prestadas pessoalmente. O vereador pode requerer informações através da Câmara Municipal.

As Leis Orgânicas Municipais geralmente estabelecem a possibilidade de convocação extraordinária da Câmara Municipal pelo Prefeito Municipal, especialmente no período de recesso legislativo, para julgamento de matérias que serão enumeradas na convocação. Padece de vício de origem a matéria votada pela Câmara Municipal que não foi objeto de convocação ou aquela que, embora encaminhada, foi diferente da convocação.

---

[35] Esta restrição está assim redigida na Constituição Federal:
"Art. 5º...
XXIV – a lei estabelecerá o procedimento para desapropriação por necessidade ou utilidade pública, ou por interesse social, mediante justa e prévia indenização em dinheiro, ressalvados os casos previstos nesta Constituição."

2.6.15. Imposição de penalidades administrativas – É atribuição do Prefeito Municipal organizar e dirigir os servidores municipais e, como conseqüência, impor-lhes penalidades administrativas ou aplicar multas aos administrados que infrinjam disposições legais ou contratuais.

De qualquer forma, esta prerrogativa pressupõe o devido processo legal, nele assegurado o contraditório, a ampla defesa e a possibilidade de recurso administrativo, garantias subjetivas esculpidas na Constituição Federal, através do art. 5º, incisos LIV e LV.

2.6.16. Execução da dívida ativa – É atribuição do Prefeito Municipal propor a execução da dívida ativa do Município através de processo administrativo ou de execução fiscal, sendo-lhe proibida a renuncia desta receita, sem prévia estimativa de impacto orçamentário-financeiro no exercício de sua vigência e nos dois seguintes, consoante o disposto no art. 14 da Lei de Responsabilidade Fiscal.

2.6.17. Execução de atribuições delegadas – O art. 30, incisos VI e VII, da Constituição Federal, estabelece que na competência do Município estão, respectivamente: a) manter, com a cooperação técnica e financeira da União e do Estado, programas de educação pré-escolar e de ensino fundamental; b) prestar, com a cooperação técnica e financeira da União e do Estado, serviços de atendimento à saúde da população. Ora, a cooperação técnica e financeira da União e do Estado na educação escolar, de ensino fundamental e da saúde da população, se estratificam através de convênios onde são repassadas ao Município funções daqueles entes federados. Dessa forma, quando o Prefeito Municipal determina a execução daqueles serviços públicos, em verdade, age, em parte, por delegação. Portanto, na sua execução não lhe é dado não cumprir, já que isso implicaria inexecução da delegação.

2.7. Responsabilidades do Prefeito e do Vice-Prefeito

Como agentes políticos, o Prefeito ou o Vice-Prefeito, quando em substituição ou no exercício delegado de algumas das atribuições do Prefeito, previstas em lei, podem vir a ser responsabilizados penal, civil, político-administrativamente e por improbidade administrativa.

A responsabilidade civil, decorrência da responsabilidade primeira e objetiva do Município, em ação de regresso, a responsabilidade por improbidade administrativa oriunda de atos que provoquem enriquecimento sem causa, danos ao erário e descumprimento dos princípios constitucionais, e a responsabilidade penal são objetos de análise própria, porquanto o Prefeito o Vice-Prefeito, na condição de agente político, espécie do gênero agente público, é abrangido por estes conceitos.

A responsabilidade político-administrativa do Prefeito está discriminada no art. 4º do Decreto-Lei nº 201/67, nestes termos:

Art. 4º São infrações político-administrativa dos Prefeitos Municipais, sujeitas ao julgamento pela Câmara de Vereadores e sancionadas com a cassação do mandado:
I – impedir o funcionamento regular da Câmara:
II – impedir o exame de livros, folhas de pagamento e demais documentos que devam constar dos arquivos da Prefeitura, bem como a verificação de obras e serviços municipais, por comissão de investigação da Câmara ou auditoria, regularmente instituída;
III – desatender, sem motivo justo, as convocações e ou os pedidos de informações da Câmara, quando feitos a tempo e em forma regular;
IV – retardar a publicação ou deixar de publicar as leis e atos sujeitos a essa formalidade;
V – deixar de apresentar à Câmara, no devido tempo, e em forma regular, a proposto orçamentária;
VI – descumprir o orçamento aprovado para o exercício financeiro;
VII – praticar, contra expressa disposição de lei, ato de sua competência ou omitir-se na sua prática;
VIII – omitir-se ou negligenciar na defesa de bens, rendas, direitos ou interesses do Município, sujeitas á administração da Prefeitura;
IX – ausentar-se do Município, por tempo superior ao permitido em lei, ou afastar-se da Prefeitura, sem autorização da Câmara de Vereadores;
X – proceder de modo incompatível com a dignidade e o decoro do cargo.

2.7.1. Impedimento ao funcionamento da Câmara Municipal pelo Prefeito ou pelo Vice-Prefeito – O Município, quanto à estrutura de poder, está dividido em Poder Executivo (a Prefeitura) e Poder Legislativo (a Câmara Municipal), que são *independente e harmônicos*, conforme estabelece o art. 2º da Constituição Federal.

Para José Afonso da Silva,[36] a *independência dos poderes* significa:

a) que a investidura e a permanência das pessoas num dos órgãos do governo não dependem da confiança nem da vontade dos outros;
b) que, no exercício das atribuições que lhe sejam próprias, não precisão os titulares consultar os outros nem necessitam de sua autorização;
c) que, na organização dos respectivos serviços, cada um é livre, observadas apenas as disposições constitucionais e legais...

---

[36] SILVA, José Afonso da. *Curso de Direito Constitucional Positivo*. Malheiros, 9ª edição, 4ª tiragem, 1994, p. 100/101.

O mesmo autor diz que:

A harmonia entre os poderes verifica-se primeiramente pelas normas de cortesia no trato recíproco e no respeito às prerrogativas e faculdades a que mutuamente todos têm direito. De outro lado, cabe assinalar que a divisão de funções entre órgãos do poder nem sua independência são absolutas. Há interferências, que visam ao estabelecimento de um sistema de freio e contrapesos, à busca do equilíbrio necessário à realização do bem da coletividade e indispensável para evitar o arbítrio e o desmando de um em detrimento do outro e especialmente dos governados.

Dessa forma, qualquer ato praticado por Prefeito Municipal ou Vice-Prefeito que impeça o exercício independente da Câmara Municipal caracteriza infração político-administrativa. Tome-se, por exemplo, o não-repasse do duodécimo até o dia 21 de cada mês ou o seu envio a menor em relação à proporção fixada na Lei Orçamentária. É de se ter presente que a ação somente se tipifica se, efetivamente, houver o impedimento. Ameaça, se demonstrada, pode ser tipificável como falta de decoro no exercício do cargo.

2.7.2. Impedimento do Prefeito ou do Vice-Prefeito a que a Câmara Municipal ou auditoria examine documentos arquivados na Prefeitura – A infração político-administrativa estabelecida no inciso II do art. 4º do Decreto-Lei 201/67, consiste na ação do Prefeito ou Vice-Prefeito Municipal em impedir que a Câmara Municipal ou auditoria regularmente instituída examine quaisquer documentos que devam constar no arquivo da Prefeitura Municipal.

Consoante determina a Constituição Federal, no seu art. 37, *caput*, toda administração pública deve se pautar, dentre outros, pelo princípio da legalidade. Isto significa dizer que o Prefeito Municipal ou Vice-Prefeito só podem fazer aquilo que a lei determinar.

Como os atos administrativos são exarados de forma escrita, especialmente os atos de conta, e tendo a Câmara Municipal o poder de fiscalização dos atos praticados pelo chefe do Poder Executivo (art. 31 da CF), a ação do Prefeito Municipal ou do Vice-Prefeito que impeça o exame fiscalizatório, atenta contra a independência do Poder Legislativo Municipal.

Em respeito aos princípios da independência e da harmonia dos poderes municipais, o exame fiscalizatório de livros ou documentos deve ser precedido de comunicação prévia em que fiquem estabelecidos o dia e a hora para a realização do ato.

Naturalmente que a ação fiscalizatória da Câmara Municipal deve-se revestir de legitimidade e moralidade. A fiscalização de inopino e que transparece um notório caráter de vingança ou emulação política deve ser negada pelo Prefeito ou pelo Vice-Prefeito,

O Município e seus agentes

através de justificação expressa em que sejam apontadas as causas da negação.

A Câmara Municipal tem legitimidade postulatória especial para ir a juízo e buscar autorização para o exame dos livros já que o impedimento fere o exercício de seu poder. O caminho mais usual é a impetração de mandado de segurança contra o Prefeito Municipal ou Vice-Prefeito.

2.7.3. Desatendimento pelo Prefeito ou Vice-Prefeito às convocações ou pedidos de informações da Câmara Municipal – A infração político-administrativa capitulada no inciso III do art. 4º do Decreto-Lei nº 201/67, mais uma vez diz respeito com o exercício fiscalizatório da Câmara Municipal, inserto no art. 31 da Constituição Federal.

O Prefeito Municipal ou o Vice-Prefeito que desatenda, sem motivo justo, as convocações ou os pedidos de informações da Câmara, quando feitos a tempo e em forma regular, incide no dispositivo citado.

É de se ter bem presente que o desatendimento decorre de convocação legítima e regular. Convocação ou pedido de informações genéricas, sem que haja especificações objetivas sobre os motivos da convocação ou das informações, são atos abusivos que levam o Chefe do Executivo a desatendê-las.

Ademais, mesmo que objetivada, a convocação tem que ter dia e hora certos. Tratando-se de obrigação de fazer, não tem a Câmara Municipal o poder de coagir fisicamente o Prefeito ou o Vice-Prefeito Municipal a comparecer ao Plenário da Câmara ou a prestar informações. A Câmara, todavia, pode impetrar mandado de segurança com esse objetivo. O não-comparecimento ou a não-prestação das informações, nesta situação, pode caracterizar crime de desobediência, além de possibilitar pedido de intervenção no Município.

A infração político-administrativa decorre do desatendimento do Prefeito Municipal ou Vice-Prefeito à convocação ou pedido de informações da Câmara Municipal, e não do Vereador, por ato próprio e direto. Dessa forma, quando Vereador formula requerimento à Mesa da Câmara convocando o Prefeito ou o Vice-Prefeito solicitando informações e esta defere, o pedido deixou de ser do agente político e passou a ser do Poder Legislativo Municipal.

2.7.4. Retardamento de publicação ou de não-publicação de leis e atos administrativos pelo Prefeito ou pelo Vice-Prefeito – A quarta modalidade de infração político-administrativa é a do inciso IV, art. 4º do Decreto-Lei nº 201/67 e diz respeito à ação do Prefeito ou do Vice-Prefeito Municipal no sentido de retardar a publicação ou deixar de publicar as leis e os atos sujeitos a essa formalidade.

No processo de criação de leis federais, a que a Lei Orgânica Municipal está vinculada, é estabelecido que (art. 66, § 1º, da CF), concluída a votação do projeto de lei, o Presidente da República o sancionará, em 15 (quinze) dias; não ocorrendo veto, o promulgará e o publicará. Pois bem, embora a Constituição Federal não estabeleça prazo para a publicação da lei, é de se ter como razoável um prazo de até 15 (quinze) dias para que tal ocorra, considerando aqui os percalços de uma publicação em jornal oficial. Essa simetria é transposta para o Município.

Portanto, retardar o Prefeito ou o Vice-Prefeito Municipal a publicação de projeto de lei que sancionou ou promulgou, ou mesmo não publicá-lo, pratica a infração do inciso IV, art. 4º, do Decreto-Lei nº 201/67.

De outro lado, é princípio obrigatório a toda administração pública, que os atos administrativos sejam publicados (art. 37, *caput*, da CF) para que adquiram eficácia. Logo, deixar de cumprir o Agente Político este princípio é praticar a infração político-administrativa em questão.

2.7.5. Não-apresentação da proposta orçamentária à Câmara Municipal na forma e no prazo legal pelo Prefeito ou pelo Vice-Prefeito – O inciso V do art. 4º do Decreto-Lei nº 201/67 define como infração político-administrativa o fato de o Prefeito ou o Vice-Prefeito deixar de apresentar à Câmara Municipal, no devido tempo, e em forma regular, a proposta orçamentária.

É atribuição do Prefeito ou do Vice-Prefeito Municipal enviar à Câmara de Vereadores a proposta orçamentária em que fique prevista a receita e fixada a despesa anual municipal. O encaminhamento desta proposta deverá ocorrer no ano anterior ao que a proposta orçamentária visa a regrar e até a data final marcada para a última reunião de Câmara Municipal. Ocorrendo isto, a Câmara só entrará em recesso após a votação do projeto de lei orçamentária. O Prefeito ou o Vice-Prefeito Municipal pode convocar extraordinariamente a Câmara Municipal, justificando os motivos do não-encaminhamento no prazo.

A Lei Complementar nº 101, de 4.5.2000, que reestruturou as finanças públicas, quanto ao orçamento público anual, estabeleceu as formas como o projeto de lei orçamentária anual deveria ser elaborado, nestes termos:

O Município e seus agentes

Art. 5º O projeto de lei orçamentária anual, elaborado de forma compatível com o plano plurianual, com a lei de diretrizes orçamentárias e com as normas desta Lei Complementar:

I – conterá, em anexo, demonstrativo da compatibilidade da programação dos orçamentos com os objetivos e metas constantes do documento de que trata o § 1º, do art. 4º;

II – será acompanhado do documento a que se refere o § 6º, do art. 165 da Constituição, bem como das medidas de compensação e renúncia de receita e ao aumento de despesas obrigatórias de caráter continuado;

III – conterá reserva de contingência, cuja forma de utilização e montante, definido com base na receita corrente líquida, serão estabelecidos na lei de diretrizes orçamentárias, destinado ao:

a) vetado;

b) atendimento de passivos contingentes e outros riscos e eventos fiscais imprevistos.

§ 1º Todas as despesas relativas à dívida pública, mobiliária ou contratual, e as receitas que as atenderão, constarão da lei orçamentária anual.

§ 2º O refinanciamento da dívida pública constará separadamente na lei orçamentária e nas de crédito adicional.

§ 3º A atualização monetária do principal da dívida mobiliária refinanciada não poderá superar a variação do índice de preços previstos na lei de diretrizes orçamentárias, ou em legislação específica.

§ 4º É vedado consignar na lei orçamentária crédito com finalidade imprecisa ou com dotação ilimitada.

§ 5º A lei orçamentária não consignará dotação para investimento com duração superior a um exercício financeiro que não esteja previsto no plano plurianual ou em lei que autorize a sua inclusão, conforma o disposto no § 1º, do art. 167 da Constituição.

Portanto, desrespeitando o Prefeito Municipal ou o Vice-Prefeito as exigências do art. 5º da Lei Complementar nº 101/2000, estará incidindo na prática de infração político-administrativa.

2.7.6. Descumprimento do orçamento pelo Prefeito ou Vice-Prefeito – Descumprir o Prefeito ou o Vice-Prefeito Municipal o orçamento aprovado é infração político-administrativa prevista no inciso VI do art. 4º do Decreto-Lei nº 201/67.

No tópico anterior, já se pôde ver que o orçamento é lei municipal. Dessa forma, não cumprir o Prefeito Municipal, ou o Vice, aquilo que foi fixado como regra legal de administrar as contas municipais é praticar infração político-administrativa.

Como o orçamento é lei que incorpora técnicas de finanças e contabilidade públicas, o descumprimento do orçamento se dará com a constatação técnica de que os dispositivos, prevendo a receitas e fixando a despesas, não foram cumpridos.

2.7.7. Prática ilegal de atos da competência do Prefeito ou do Vice-Prefeito Municipal ou sua omissão – A infração político-administrativa prevista no inciso VII do art. 4º do Decreto-Lei nº 201/67 consiste na prática pelo Prefeito, ou pelo Vice, de ato de sua competência contra expressa disposição de lei ou em sua omissão.

A Lei Orgânica Municipal deve estabelecer quais as atribuições do Prefeito Municipal (Ver estas atribuições no tópico *Atribuições do Prefeito e do Vice-Prefeito* deste livro). Portanto, agir o Prefeito contra estas atribuições ou omitir-se na sua prática pratica a infração político-administrativa enunciada.

2.7.8. Omissão ou negligência do Prefeito ou do Vice-Prefeito na defesa de bens, rendas, direitos ou interesses públicos municipais. O inciso VIII do art. 4º do Decreto-Lei nº 201/67 estabelece que omitir-se ou negligenciar o Prefeito ou o Vice-Prefeito na defesa de bens, rendas, direitos ou interesses públicos municipais é infração político-administrativa.

Enfeixando o Prefeito Municipal ou o Vice no exercício do mandato a administração do Município é de sua obrigação zelar por tudo aquilo que disser respeito aos seus bens, rendas, direitos ou interesses. Omitir-se ou negligenciar no exercício desse dever é incidir na infração supra-mencionada.

2.7.9. Ausentar-se o Prefeito ou o Vice-Prefeito do Município por prazo superior ao legalmente previsto, ou afastar-se da Prefeitura, sem autorização da Câmara – Diz o inciso IX do art. 4º do Decreto-Lei nº 201/67 que ausentar-se o Prefeito do Município, ou o Vice no exercício do cargo, por tempo superior ao permitido em lei, ou afastar-se da Prefeitura, sem autorização da Câmara Municipal, é infração político-administrativa.

A Lei Orgânica Municipal estabelece as condições e os prazos em que o Prefeito ou seu Vice podem ausentar-se do Município. Constitui demonstração de entendimento harmônico que esta ausência seja comunicada ao Poder Legislativo. Trata-se de um permissivo legal tendo sempre presente o interesse público. Portanto, a ausência é permitida. O que caracteriza a infração é ter sido ela por prazo superior ao estabelecido em lei.

Situação diversa é o afastamento da Prefeitura sem autorização da Câmara Municipal. Situações tópicas e pessoais podem acontecer que ensejem ao Prefeito ou ao Vice-Prefeito Municipal afastar-se do Poder Executivo. Neste caso, têm eles o dever de solicitar autorização à Câmara Municipal que, entendo ser conveniente, autorizará o

O Município e seus agentes

afastamento. Possível negativa não pode estar calcada em questões político-partidárias exclusivamente, já que estas estão sempre presente, mas tem que caracterizar esse afastamento real motivo de inconveniência ou inoportunidade para a administração municipal. Não fundamentada ou viciadamente fundamentada a não-autorização, como ato administrativo de autoridade que é, pode ela ser discutida no âmbito do Poder Judiciário, através de mandado de segurança, não para concedê-la, que é ato administrativo puro, mas para afastar a negativa por viciada possibilitando sua reanálise na Câmara Municipal. Neste caso, não se trata de enfrentamento de matéria *interna corporis* a que não é dado controle jurisdicional, mas da retirada de ato administrativo viciado do universo administrativo. Negado o afastamento, a matéria não pode sofrer o controle judicial. A questão é essencialmente política.

2.7.10. Procedimento do Prefeito e do Vice-Prefeito incompatível com a dignidade e o decoro do cargo – A última infração político-administrativa prevista no Decreto-Lei nº 201/67, é a do inciso X, e reside no *"proceder de modo incompatível com a dignidade e o decoro do cargo"*.

O cargo de Prefeito Municipal reúne uma série de atribuições (ver matéria a esse respeito). Além de ações de cunho administrativo, congrega atributos tipicamente políticos, como são a representação do Município e a chefia do Poder Executivo Municipal. Estas representações de aparência ou de exercício público exigem do agente político ações respeitáveis e moralmente corretas e honestas, que são elementos próprios da dignidade e do decoro do cargo. O poder que tem o Prefeito Municipal, ou o Vice em exercício, não é seu, é do povo, conforme princípio fundamental inscrito no art. 2º da Constituição Federal. Portanto, no exercício do poder, deve este agente político relevante ter comportamento que não afronte a sociedade que administra. A embriaguez e a mentira pública, a prática de atos atentatórios ao pudor, a emissão de cheques sem fundos são alguns dos procedimentos incompatíveis com a dignidade e o decoro do cargo de Prefeito.

Mesmo no trato puramente administrativo, função que o Prefeito ou o Vice-Prefeito Municipal devem exercer conforme prévio postulado legal (princípio da legalidade administrativa), suas ações abusivas, imorais ou flagrantemente ilegais podem atentar contra a dignidade e o decoro que o exercício do cargo exige. Punir servidor público de forma humilhante, receber indenizações por diárias sem que tenha havido os respectivos gastos, pagar publicidade para promoção pessoal podem ser exemplos de infrações político-administrativas que atentam contra a dignidade e o decoro do cargo de Prefeito.

2.8. O processo de julgamento das infrações político-administrativa do Prefeito e do Vice-Prefeito

A competência para conhecer e julgar o Prefeito e o Vice-Prefeito por responsabilidade político-administrativas é da Câmara Municipal, como é atualmente chamada a Câmara de Vereadores, nos termos do art. 5º do Decreto-Lei nº 201/67.

Embora esse processo possua uma forte conotação política quanto ao mérito, onde será tônica uma inarredável discricionariedade político-partidária dos Vereadores processantes, porquanto implica o julgamento de um poder por outro, ele não pode se afastar de *formalidade genéricas ou específicas* para sua implementação.

Como *formalidade genérica* tem-se o disposto no art. 5º, inciso LV, da Constituição Federal, que garante a todo aquele que for litigante ou acusado em processo judicial ou administrativo as garantias do contraditório, da ampla defesa e os meios e recursos a ela inerentes. Por via de conseqüência, a instauração de um processo que vise a responsabilizar o Prefeito ou Vice-Prefeito por infração político-administrativa deve narrar um fato concreto com todas as circunstâncias que o envolvam e seja tipificável dentro daqueles previstos nos art. 4º do Decreto-Lei nº 201/67. Somente assim o contraditório, que foi guindado à categoria de direito subjetivo processual de qualquer acusado, será plenamente respeitado no processo de apuração de infração político-administrativa do Prefeito ou do Vice-Prefeito.

As *formalidades específicas* são aquelas previstas na própria Lei Orgânica com relação, por exemplo, a prazos e forma de votação. O recebimento de uma peça acusatória pelo Plenário da Câmara Municipal em desacordo com as formalidades exigidas pela Constituição Federal ou lei municipal caracteriza abuso de autoridade e pode sofrer o controle do Poder Judiciário através da ação de mandado de segurança dirigido ao Juiz de Direito que tenha jurisdição no Município, já que privilégio do Prefeito ou do Vice-Prefeito em exercício de ser julgado perante o Tribunal de Justiça diz respeito exclusivamente com as infrações criminais

Superada a fase inicial de recebimento da peça acusatória, o Prefeito ou o Vice-Prefeito podem produzir qualquer tipo de defesa, desde que pertinente ao caso e não se demonstre de cunho procras-

O Município e seus agentes

tinatório. Numa situação ou noutra, o Órgão Julgador pode indeferir sua produção.

O julgamento pelo Plenário da Câmara Municipal declarará cassado o mandato do Prefeito ou do Vice-Prefeito. Não havendo irregularidades formais neste ato de julgamento que possam ser alcançadas pelo controle do Poder Judiciário, ele se torna irrecorrível.

2.9. Outras causas de perda do mandato de Prefeito e Vice-Prefeito

O Prefeito Municipal ou o Vice-Prefeito, quando em exercício, perdem o mandato quando praticam alguma infração político-administratica, prevista no Decreto-lei nº 201/67, desde que respeitado o devido processo legal, como já se viu.

No entanto, a Constituição Federal criou uma modalidade específica de perda do mandato de Prefeito, através do art. 29, inciso XIV que, por sua vez, se reporta ao art. 28, parágrafo único (em verdade, § 1º, já que o parágrafo único foi renumerado pela Emenda Constitucional nº 19, de 4.6.1997), da mesma Carta. Portanto, o Prefeito ou o Vice-Prefeito perdem o mandado, igualmente como o Governador, se assumir outro cargo ou função na administração pública direta ou indireta, ressalvada a posse em virtude de concurso público e observado o disposto no art. 38, I, IV e V, da mesma Constituição Federal. A perda do mandato é por acumulação indevida de cargos públicos.

Cargo é o lugar na administração pública, criado por lei, em número certo e com denominação própria, que congrega o conjunto de atribuições e responsabilidades previstas na estrutura organizacional cometidas a um servidor, mediante retribuição pecuniária paga pelos cofres públicos. *Função* é a atribuição que a administração pública confere a um servidor ou a uma classe de servidores para execução de serviços eventuais. *Administração pública direta* é conceito que abrange a União, cada um dos Estados, o Distrito Federal e cada um dos Municípios. *Administração pública indireta* compreende as autarquias, as fundações, as empresas públicas e as sociedades de economia mista.

A ressalva estabelecida na Constituição Federal diz com a possibilidade de assunção do Prefeito em outro cargo público de provimento por concurso público. Neste caso, embora nomeado e empossado no segundo cargo, o Prefeito dele ficará afastado, sendo-lhe, no entanto, facultado optar pela remuneração ou pelo subsídio.

O Prefeito ou o Vice-Prefeito pode perder o mandato também como pena acessória decorrente de responsabilidade criminal, matéria que é enfrentada no Capítulo III deste livro.

Por fim, pode haver perda do mandato de Prefeito ou de Vice-Prefeito por prática de improbidade administrativa. Esta matéria é analisada em tópico próprio neste Capítulo.

3. Vereador

3.1. Generalidades

Os Vereadores integram o Poder Legislativo Municipal na condição de agentes políticos e são investidos em mandato eletivo de quatro anos, em pleito direto e simultâneo com a eleição de Prefeito e Vice-Prefeito para todo o País, através de sufrágio universal, direto e proporcional, consoante o disposto no art. 29, inciso I, da Constituição Federal. (Ver sobre sufrágio universal direto nos comentários sobre o Prefeito e o Vice-Prefeito Municipal)

Embora a Constituição Federal não estabeleça expressamente requisitos para a investidura na função de Vereador, como ocorre para os demais cargos eletivos, é de se ter como aplicável a regra geral do art. 14, § 3º, da mesma Carta, nestes termos:

> Art. 14. ...
> § 3º São condições de elegibilidade, na forma da lei:
> I – a nacionalidade brasileira;
> II – o pleno exercício dos direitos políticos;
> III – o alistamento eleitoral;
> IV – o domicílio eleitoral na circunscrição;
> VI – a filiação partidária;
> VII – a idade mínima de
> a) dezoito anos para Vereador.

Além destes requisitos, é de se ter presente que os inalistáveis e os analfabetos também não podem ser eleitos Vereador, por força do art. 14, § 4º, da Constituição Federal.[37] São inalistáveis os estrangeiros e os conscritos (aqueles que estão alistados), durante o período do serviço militar (art. 14, § 2º, da CF).[38]

---

[37] O art. 14, § 4º, da Constituição Federal tem esta redação:
"Art. 14. ...
§ 4º. São inelegíveis os inalistáveis e os analfabetos."

[38] O art. 14, § 3º, da Constituição Federal tem esta redação:
"Art. 14. ...

O cônjuge e os parentes consangüíneos ou afins, até o segundo grau ou por adoção, do Presidente da República, de Governador de Estado ou Território, do Distrito Federal, de Prefeito ou de quem os haja substituído dentro dos seis meses anteriores ao pleito, salvo se já titular de mandato eletivo e candidato à reeleição, embora possam ser eleitores, não podem ser eleitos Vereadores na jurisdição do titular (art. 14, § 7º, da CF).[39]

Embora o militar possa ser eleito Vereador, se contar com menos de 10 (dez) anos de serviço, deverá afastar-se da atividade; se contar mais de 10 (dez) anos, será agregado pela autoridade superior e, se eleito, passará automaticamente, no ato da diplomação, para a inatividade, por aplicação do art. 14, § 8º, da Constituição Federal.[40]

O processo eletivo para investidura do Vereador é de competência da Justiça Eleitoral, através de delegação a Juiz de Direito.(Ver matéria a esse respeito nos comentários sobre Prefeito e Vice-Prefeito)

O número de vereadores para cada Município sofre limitação constitucional (art. 29, inciso IV) nos seguintes termos:

a) mínimo de nove e máximo de vinte e um nos Municípios de até um milhão de habitantes;

b) mínimo de trinta e três e máximo de quarenta e um nos Municípios de mais de um milhão e menos de cinco milhões de habitantes;

c) mínimo de quarenta e dois e máximo de cinqüenta e cinco nos Municípios de mais de cinco milhões de habitantes.

Cabe à Lei Orgânica Municipal disciplinar o exato número de Vereadores para cada município dentro dos limites mínimo e máximo fixados pela Constituição Federal, parâmetro que deve necessariamente ser seguido pela Constituição Estadual.

Lei orgânica que estabeleça diferentemente, é inconstitucional, e como tal deve ser argüida perante o Tribunal de Justiça do Estado.

---

§ 2º Não podem alistar-se como eleitores os estrangeiros, e durante o período do serviço militar obrigatório, os conscritos."

[39] O art. 14, § 7º, da Constituição Federal tem esta redação:
"Art. 14. ...
§ 7º São inelegíveis, no território de jurisdição do titular, o cônjuge e os parentes consangüíneos ou afins, até o segundo grau ou por adoção, do Presidente da República, de Governador de Estado ou Território, do Distrito Federal, de Prefeito ou de quem os haja substituídos dentro dos seis meses anteriores ao pleito, salvo se já titular de mandato eletivo e candidato à reeleição."

[40] O art. 14, § 8º, da Constituição Federal tem esta redação:
"Art. 14. ...
§ 8º. O militar alistável é elegível, atendidas as seguintes condições:
I – se contar menos de dez anos de serviço, deverá afastar-se da atividade;
II – se contar mais de dez anos de serviço, será agregado pela autoridade superior, e, se eleito, passará automaticamente, no ato da diplomação, para a inatividade."

O Município e seus agentes

3.2. Subsídio do Vereador

Na condição de agentes políticos do Município, o trabalho executado pelos Vereadores é remunerado. A Constituição Federal de 1988, em seu art. 29, inciso VI, estabeleceu que esta remuneração deveria ser fixada pela Câmara Municipal em cada legislatura, para a subseqüente, tomando como parâmetro a remuneração, em espécie, percebida pelo Prefeito.

A Emenda Constitucional nº 19/98 modificou essa estrutura chamando a remuneração agora de *subsídio*, vinculando-a ao máximo de 75% dos subsídios dos Deputados Estaduais *e exigindo lei municipal* para sua fixação, o que afastou a fixação por simples ato administrativo da Mesa Diretiva da Câmara.

No entanto, ainda não bem implementadas as disposições da Emenda Constitucional nº 19/98, veio a Emenda Constitucional nº 25, de 14 de fevereiro de 2000, e deu nova redação ao art. 29, inciso VI, da Constituição Federal. O novo comando constitucional trouxe duas modificações importantes.

A primeira delas é que escalonou o percentual máximo entre 20% e 75% do subsídio dos Deputados Estaduais levando em consideração o número de habitantes do Município da seguinte forma:

a) até 10.000 habitantes, 20%;
b) de 10.001 até 50.000 habitantes, 30%;
c) de 50.001 até 100.000 habitantes, 40%;
d) de 10.001 até 300.000 habitantes, 50%;
e) de 300.001 até 500.000 habitantes, 60% ;
f) Municípios com mais de 500.000 habitantes o teto máximo de 75% do subsídio dos Deputados Estaduais.

A segunda modificação importante é a *que possibilitou a fixação dos subsídios pela própria Mesa da Câmara através de ato administrativo*, já que a exigência anterior que impunha a necessidade de lei foi suprimida.

Evidentemente que estabelecendo o limite máximo para a fixação do subsídio do Vereador na proporção dos habitantes residentes no Município, a exigência de que eles só pudessem ser fixados por lei tornava-se excessivamente exagerada e despropositada, pois pressupunha o controle do Poder Executivo exercido através de sanção e promulgação.

Com o limite legal imposto, o temor de que os subsídios dos Vereadores pudessem ultrapassar valores razoáveis deixou de existir. É bem verdade que o comando agora imposto, possibilitando a fixação dos subsídios por ato da Mesa da Câmara de Municipal, tem que ter previsão na Lei Orgânica Municipal e respaldo na Constituição Estadual, que deve recepcionar o comando federal. Nada impede, no entanto, que a Câmara Municipal decida fixar seus subsídios através de lei, se houver previsão para isso. Apesar da dissonância com o texto constitucional, a fixação dos subsídios dos Vereadores através de lei é mera irregularidade formal.

Questão tormentosa é se a Câmara Municipal pode fixar os subsídios dos Vereadores, ou mesmo majorá-los, sem que tenham sido fixados ou majorados os subsídios dos Deputados Estaduais. Tenho que não. Os subsídios dos Deputados Estaduais, a que estão vinculados os subsídios dos Vereadores, têm vinculação expressa com os subsídios dos Deputados Federais (art. 27, § 2º, da CF). Estes, por sua vez, se vinculam ao subsídio do Ministro do Supremo Tribunal Federal (art. 37, inciso XI, da CF). Em decorrência da cadeia de vinculação imposta pela Constituição Federal para a percepção de subsídios pelos legisladores do todo o País, numa clara ingerência da União na autonomia administrativa estadual e municipal, a fixação dos subsídios dos Vereadores pela Câmara Municipal é o último elo dessa cadeia e, dessa forma, somente deverá ser forjado na existência dos anteriores. Ato da Mesa da Câmara Municipal que fixe os subsídios sem que o parâmetro anterior tenha sido definido, é ato normativo ilegal e, portanto, de legítimo controle pelo Poder Judiciário. Mesmo que haja a fixação dos subsídios dos Deputados Federais, se não houver a fixação dos Estaduais, não pode ocorrer a fixação municipal.

O texto constitucional está assim redigido:

Art. 29 ...

VI – o subsídio dos Vereadores será fixado pelas respectivas Câmaras Municipais em cada legislatura para a subseqüente, observado o que dispõe esta Constituição, observados os critérios estabelecidos na respectiva Lei Orgânica e os seguintes limites máximos:

a) em Município de até dez mil habitantes, o subsídio máximo dos Vereadores corresponderá a vinte por cento do subsídio dos Deputados Estaduais;

b) em Município de dez mil e um a cinqüenta mil habitantes, o subsídio máximo dos Vereadores corresponderá a trinta por cento do subsídio dos Deputados Estaduais;

c) em Município de cinqüenta e um a cem mil habitantes, o subsídio máximo dos Vereadores corresponderá a quarenta por cento dos subsídio dos Deputados Estaduais;

d) em Município de cem mil e um a trezentos mil habitantes, o subsídio máximo dos Vereadores corresponderá a cinqüenta por cento do subsídio dos Deputados Estaduais;

e) em Municípios de trezentos e um a quinhentos mil habitantes, o subsídio máximo dos Vereadores corresponderá a sessenta por cento do subsídio dos Deputados Estaduais;

O Município e seus agentes

f) em Municípios de mais de quinhentos mil habitantes, o subsídio máximo dos Vereadores corresponderá a setenta e cinco por cento do subsídio dos Deputados Estaduais.

Além deste limite específico, a Emenda Constitucional nº 25/2000 ainda estabeleceu duas limitações genéricas. A primeira delas é que os gastos com as despesas do Poder Legislativo, incluídos aqui os subsídios dos Vereadores, não poderão ultrapassar os percentuais relativos ao somatório da receita tributária e das transferências previstas do Município (ver matéria a esse respeito no Capítulo I deste livro), nesta proporção:

a) 8% para Municípios com população de até 100.000 habitantes;
b) 7% para Municípios com população entre 100.001 a 300.000 habitantes;
c) 6% para Municípios com população entre 300.001 e 500.000 habitantes;
d) 5% para Municípios com população acima de 500.000 habitantes.

E a segunda limitação é que o gasto com pessoal do Poder Legislativo, incluídos os subsídios dos Vereadores, não será superior a 75% da receita que lhe for orçamentariamente fixada. O não-respeito a tais limites constituirá crime tanto para o Prefeito como para o Presidente da Câmara. É o que dispõe o art. 29-A, acrescido pela Emenda Constitucional nº 25/2000, criando, neste tópico, a responsabilidade fiscal da administração municipal, implementada pela Lei Complementar nº 101, de 4.5.2000.

3.3. Atribuições do Vereador

As atribuições do Vereador são essencialmente legislativas, de julgamento de infrações político-administrativas do Prefeito, do Vice-Prefeito e de seus pares e atos administrativos quando investidos em funções transitórias de administração da Casa.

Sua ação nunca é individual, salvo para propor medidas de interesse da Câmara Municipal. A atribuição básica é a de apresentar projetos de leis, decretos legislativos e resoluções à Câmara, com a conseqüente discussão e votação; fazer-se presente em todas as sessões; votar e ser votado para os cargos da Mesa e o de integrar Comissões, segundo o que for expresso no regimento interno.

No exercício do mandato e na circunscrição do Município, o Vereador goza de inviolabilidade por suas opiniões, palavras e votos, conforme preceitua o art. 29, inciso VIII, da Constituição Federal.[41]

---

[41] O art. 29, inciso VIII, da Constituição Federal, tem esta redação:
"Art. 29. ...
VIII – Inviolabilidade dos Vereadores por suas opiniões, palavras e votos no exercício do mandato e na circunscrição do Município."

Sendo uma atividade essencialmente política, o cargo de Vereador pressupõe manifestação de vontades veiculadas através de diálogos, discursos verbais e escritos e até mesmo discussões com sustentações duras, circunstâncias que não podem ser limitada, sob pena de desvirtuamento o próprio exercício do cargo.

É de se ter presente, no entanto, que a prerrogativa do Vereador de não ser alcançado judicialmente por suas manifestações, elemento tipificador da inviolalbilidade, não é absoluta. Em primeiro lugar, porque ela fica limitada ao âmbito municipal no qual o Vereador exerce o mandato e, em segundo, porque as manifestações devem decorrer do exercício do cargo público. Dessa forma, externar o Vereador opiniões fora do Município ou em circunstâncias alheias ao *munus* da vereança, é se submeter o agente político ao crivo da responsabilidade civil, criminal ou até por mesmo por infração político-administrativa, especialmente por falta de dignidade ou de decoro parlamentar.

3.4. Responsabilidades do Vereador

Como agente político, o Vereador assume responsabilidades político-administrativas, da mesma forma que o Prefeito e o Vice-Prefeito.

A responsabilidade político-administrativa do Vereador, prevista no art. 7º do Decreto-Lei nº 201/67, verificar-se-á quando:

I) utilizar-se do mandato para a prática de atos de corrupção ou de improbidade administrativa;
II) fixar residência fora do Município;
III) proceder de modo incompatível com a dignidade da Câmara ou faltar ao decoro na sua conduta pública.

3.4.1. Utilização do mandadto pelo Vereador para a prática de atos de corrupção ou de improbidade administrativa – A primeira hipótese legal de infração político-administrativa do Vereador é a utilização do mandato para a prática de atos de corrupção ou de improbidade administrativa, consoante dispõe.

Corromper, no sentido buscado pelo Decreto-Lei nº 201/67, tem conotação jurídico-penal. Assim são *atos de corrupção*:

a) solicitar ou receber, para si ou pare outrem, direta ou indiretamente, ainda que fora da função ou antes de assumi-la, mas em razão dela, vantagem indevida, ou aceitar promessa de tal vantagem (corrupção passiva – art. 317 do Código Penal);
b) oferecer ou prometer vantagem indevida a funcionário público, para determiná-lo a praticar, omitir ou retardar ato de ofício (art. 333 do Código Penal);

O Município e seus agentes

c) dar, oferecer, ou prometer dinheiro ou qualquer vantagem a testemunha, perito, tradutor ou intérprete, para fazer afirmação falsa, negar ou calar a verdade em depoimento, perícia, tradução ou interpretação, ainda que a oferta ou promessa não seja aceita (art. 343, do Código Penal);

d) exigir, pagar ou receber, para si ou para o contribuinte beneficiário, qualquer percentagem sobre a parcela dedutível ou deduzida de imposto ou de contribuição como incentivo fiscal (crime contra a ordem tributária – art. 2º, inciso III, da Lei nº 8.137, de 27.12.1990);

e) exigir, solicitar ou receber, para si ou para outrem, direta ou indiretamente, ainda que fora da função ou antes de iniciar seu exercício, mas em razão ela, vantagem indevida; ou aceitar promessa de tal vantagem, para deixar de lançar ou cobrar tributo ou contribuição social, ou cobrá-la parcialmente (art. 3º, inciso III, da Lei nº 8.137, de 27.12.1990).

Dessa forma, utilizar-se o Vereador de seu mandato para praticar qualquer dos atos de corrupção acima descritos, além de caracterizar crime, também tipifica a infração político-administrativa do inciso I do art. 7º do Decreto-Lei nº 201/67.

O dispositivo mencionado também tipifica a prática de improbidade administrativa como infração político-administrativa. É, assim, de se buscar o conceito jurídico para defini-la. Portanto, as modalidades de improbidades definidas na Lei nº 8.429, de 2.6.1992, além de caracterizarem responsabilidades próprios, servem de conceito emprestado para tipificar a infração político-administrativa em análise.

Como a improbidade administrativa é conteúdo longamente enfrentado na parte final deste Capítulo, deixo aqui de repeti-la, remetendo o leitor para aquele conteúdo.

3.4.2. Fixação de residência pelo Vereador fora do Município – Para que determinada pessoa tenha condições de elegibilidade ao cargo de Vereador, além de outros requisitos, é preciso que tenha domicílio eleitoral na circunscrição em que pretende se candidatar. (art. 14, §, 3º, inciso IV, da Constituição Federal). *Domicílio* é o lugar onde a pessoa tem a sede jurídica dos seus negócios e interesses ou onde estabelece a sua residência com ânimo definitivo (art. 31 do Código Civil). Portanto, é possível concluir-se que residência é o lugar onde a pessoa natural tem, de fato, habitualmente, a sua morada, com a intenção de aí permanecer sempre.

Por conseguinte, o Vereador que não resida na circunscrição em que foi eleito, pratica a infração político-administrativa capitulada no inciso II do art. 78 do Decreto-Lei nº 201/67, já que com sua ausência, segundo se depreende do enunciado, não tem condições de bem conhecer a realidade da sociedade que representa.

3.4.3. Procedimento na conduta pública do Vereador incompatível com a dignidade e o decoro da Câmara

– Como o Prefeito e o Vice-Prefeito, o Vereador é agente político municipal, já que é através dele que o Município ganha vida e se determina para pautar o que é melhor para os munícipes.

Embora o poder que reveste o mandato do Vereador não seja exercido de forma pessoal, como ocorre com o Chefe do Poder Executivo, a atividade propulsora de fiscalização e de proposição de projetos de leis de interesse da coletividade dá a este agente político uma dimensão muito importante para a vida municipal.

Constituindo a vereança uma fração do exercício do Poder Legislativo Municipal, a pauta de comportamento público do Vereador tem que ser a mais proba e retilínea possível.

É verdade que não existe no Brasil a possibilidade de cassação de mandato eletivo por iniciativa popular, ou seja, pelo verdadeiro dono do mandato (art. 1º, parágrafo único, da CF),[42] como ocorre em alguns países, em que o povo, em ação direta, cassa o mandato outorgado. A ausência de um tal controle direto permite que mandatários políticos eleitos com uma proposta mudem radicalmente, muitas vezes, até em confronto com as propostas que o elegeram. Diante dessa realidade tão palpável na vida política brasileira, é possível se sustentar que o controle feito pelo próprio poder a que integra o infrator detentor de mandato eletivo deveria ser mais efetivo do que realmente é. Um instrumento de controle, como é o Decreto-Lei 201/67, se adequadamente usado pela pelo Poder Legislativo, elevaria o conceito dos agentes políticos perante a população e não passaria aquela imagem de existência de compadrio e de espírito de corpo entre seus integrantes.

Os atos caracterizadores de atitudes indignas ou indecorosas praticados pelo Vereador não diferem daqueles praticados pelo Prefeito ou pelo Vice-Prefeito quando em exercício. Embriaguez, prática de crimes contra o patrimônio ou contra a administração pública, emissão de cheque sem fundos, atentados ao pudor, entre tantos outros, podem tipificar a infração político-administrativa do inciso III do art. 7º do Decreto-Lei nº 201/67.

Além dos conceitos genéricos do que seja indignidade ou falta de decoro parlamentar, que somente a situação tópica e cultural de cada municipalidade preencherá a moldura legal, a Constituição

---

[42] Diz o art. 1º, parágrafo único, da Constituição Federal:
"Art. 1º. ...
Parágrafo único. Todo o poder emana do povo, que o exerce por meio de representantes eleitos ou diretamente, nos termos desta Constituição."

Federal determinou, no art. 29, inciso IX, que a Lei Orgânica Municipal deve prescrever as proibições e incompatibilidades do Vereador, quando no exercício da vereança, tomando como simetria aquelas aplicadas aos membros do Congresso Nacional e da Assembléia Legislativa do respectivo Estado, previstas nas Constituições Federal e Estadual, naquilo que for aplicável.[43]

Assim, quando o art. 54 da Constituição Federal trata das proibições e incompatibilidades dos Deputados e Senadores, por aplicação simétrica destes princípios e que, de regra, é seguida pelas Constituições Estaduais, também está se referindo aos Vereadores. Por via de conseqüência, incidindo os legisladores municipais nas incompatibilidades do artigo referido, estarão eles praticando atos indignos ou indecorosos passíveis de cassação de mandato. Os dispositivos em questão têm esta redação:

Art. 54. Os Deputados e Senadores não poderão:

I – desde a expedição do diploma:

a) firmar ou manter contrato com pessoa jurídica de direito público, autarquia, empresa pública, sociedade de economia mista ou empresa concessionária de serviço público, salvo quando o contrato obedecer a cláusulas uniformes;

b) aceitar ou exercer cargo, função ou emprego remunerado, inclusive os de que sejam demissíveis *ad nutum*, nas entidades constantes da alínea anterior;

II – desde a posse:

a) ser proprietários, controladores ou diretores de empresa que goze de favor decorrente de contrato com pessoa jurídica de direito público, ou nela exercer função remunerada;

b) ocupar cargo ou função de que sejam demissíveis ad nutum, nas entidades referidas no inciso I, *a*;

c) patrocinar causa em que seja interessada qualquer das entidades a que se refere o inciso I, *a*;

d) ser titulares de mais de um cargo ou mandato público eletivo.

Art. 55. Perderá o mandato o Deputado ou Senador:

I – que infringir qualquer das proibições estabelecidas no artigo anterior;

II – cujo procedimento for declarado incompatível com o decoro parlamentar;

III – que deixar de comparecer, em cada sessão legislativa, à terça parte das sessões ordinárias da Casa a que pertencer, salvo licença ou missão por esta autorizada;

IV – que perder ou tiver suspensos os direitos políticos;

V – que sofrer condenação criminal em sentença transitada em julgado.

§ 1º É incompatível com o decoro parlamentar, além dos casos definidos no regimento interno, o abuso de prerrogativas asseguradas a membros do Congresso Nacional ou a percepção de vantagem indevidas.

---

[43] A redação do art. 29, inciso IX, da CF é a seguinte:

"Art. 29. ...

IX – proibições e incompatibilidades, no exercício da vereança, similares, no que couber, ao disposto nesta Constituição para os membros do Congresso Nacional e, na Constituição do respectivo Estado, para os membros da Assembléia Legislativa."

3.5. O processo de julgamento por infração político-administrativa do Vereador

Aplica-se ao processo de julgamento por infração político-administrativa do Vereador o Decreto-Lei nº 201/67, devendo ser fixado, como já foi dito a respeito do processo político-administrativo do Prefeito e do Vice-Prefeito, que a Comissão Processante deve respeitar os princípios constitucionais do contraditório, da ampla defesa e a possibilidade de recurso administrativo.

Assim, qualquer infração às regras fixadas do regimento interno da Câmara Municipal para o processamento desta infração, do Decreto-Lei nº 201/67 ou do art. 5º, inciso LV, da CF, por ilegais, pode sofrer controle do Poder Judiciário, através do Juiz de Direito da Comarca que atende o Município.

4. Servidor público

4.1. Generalidades

A Administração Municipal é integrada tanto por pessoas que têm funções tipicamente políticas, como são o Prefeito, o Vice-Prefeito e os Vereadores, como por pessoas que executam funções essencialmente administrativas, ou ainda por terceiros que recebem certas atribuições por delegação.

Como a *autarquia municipal* integra o conceito de administração pública, o pessoal administrativo que a entrega é também chamado de servidor público de forma indireta, podendo a eles ser aplicado o mesmo estatuto ou criado um próprio através de lei específica. Dessa forma, tudo que for dito sobre o servidor público direito é também aplicável ao servidor público indireto ou autárquico

As pessoas que executam funções administrativas do Município são chamados de *servidores públicos* ou *empregados públicos*. Os servidores públicos têm essa denominação porque são regidos por um sistema próprio chamado de *estatuto do servidor público*, criado por lei municipal, mas respeitando determinados princípios constitucionais que lhe são afetos, constituindo sua principal diferença o fato de assumirem *cargos públicos*.

É verdade que todo cidadão, no gozo de suas prerrogativas constitucionais, poderá prestar concurso para preenchimento de cargos ou empregos públicos no âmbito municipal. Resguardadas estas prerrogativas, pode a lei municipal estabelecer requisitos genéricos para ingresso no seu serviço público, como:

a) ser brasileiro;
b) ter dezoito anos de idade;
c) estar quite com as obrigações militares e eleitorais;
d) ter boa conduta;
e) gozar de boa saúde física e mental;
f) ter atendido as condições prescritas para o cargo.

Tema de forte discussão jurisprudencial diz respeito com a prova da saúde mental. O exame psiquiátrico e o exame psicológico, porque realizados diretamente pela administração, têm fomentado uma séria discussão porque produziriam prova contra o candidato sem que se lhe assegurasse o contraditório, a ampla defesa e a possibilidade recursal. No entanto, a exigência tem sido bem aceita pelos tribunais que outorgam a estes laudos cunho de verdade técnica.

4.2. Cargo, função e emprego público

Cargo público é a parcela menor de poder dentro de um órgão público e pode ser definido como o lugar na administração pública, criado por lei, em número e denominação próprios, que congrega o conjunto de atribuições e responsabilidades previstas na estrutura organizacional cometidas a um servidor, mediante retribuição pecuniária paga pelos cofres públicos.

Função pública é a atribuição que a administração pública confere a um servidor, ou a um grupo de servidores, conforme previsão legal, para a execução de serviços eventuais A eventualidade do serviço público, como característica da função pública, é circunstância decorrente de situações imprevistas na organização do serviço público, mas que o administrador deve-se utilizar para bem cumpri-lo.

O *emprego público* tem quase a mesma estrutura conceitual do cargo público, já que também é criado por lei, pode ter denominação própria e congregar um conjunto de atribuições e responsabilidades previstas na estrutura organizacional a ser cometidas a uma pessoa, chamada *empregado público,* mediante retribuição paga pelos cofres públicos.

A diferença entre o cargo e o emprego público é que, o primeiro é essencialmente estruturado em lei específica federal, estadual ou municipal, dependendo da órbita que a administração integre, chamado *estatuto do servidor público*, e o segundo, embora seja criado por lei própria que estrutura as atribuições e responsabilidades, as regras de retribuição pecuniária são disciplinadas pela CLT, lei federal. Antes da Emenda Constitucional nº 19/98, os cargos e os empregos públicos só eram acessíveis aos brasileiros, natos ou naturalizados. Agora é possível também aos estrangeiros dentro dos limites que a lei dispuser.

Classe é o agrupamento de cargos da mesma profissão ou atividade e do mesmo nível de dificuldade, e *quadro* é o conjunto de cargos e funções gratificadas

O Município e seus agentes

111

A lei municipal deverá reger os casos de *provimento do cargo público*, especialmente as regras do *concurso público*, especificando quem dele pode participar, inclusive quanto aos *deficientes físicos*, que a Constituição Federal garante participar

A lei também deverá prever os casos de *vacância, remoção, redistribuição e substituição do cargos públicos; dos direitos e vantagens do servidor público*, especialmente dos fixados como obrigatórios pela Carta Maior e limitados pela Emenda Constitucional nº 19/98 e Lei Complementar nº 101/200 – Lei de Responsabilidade Fiscal; sobre o *regime disciplinar*, em que especificará os *deveres, proibições e responsabilidades dos servidores: o processo administrativo disciplinar; a seguridade social e os casos de contratação temporária.*

Especificamente o estatuto municipal pode conceituar e classificar o regime jurídico aplicável aos servidores públicos através dos seguintes institutos:

4.3. Provimento

Provimento do cargo público é a forma pela qual o servidor público se investe no serviço público e pode ocorrer de várias formas, como:

a) nomeação;
b) promoção;
c) readaptação;
d) reversão;
e) aproveitamento;
f) reintegração;
g) recondução.

4.3.1. Nomeação – é a forma de provimento originário em cargo público, podendo se efetivar em caráter efetivo ou em comissão. A nomeação para cargo efetivo depende de prévia aprovação em concurso público de provas ou de provas e títulos.

4.3.1.1. Nomeação de deficiente – A Constituição Federal, no art. 37, inciso VIII, determinou que a lei, em qualquer âmbito que se insira a administração pública, deve reservar percentual dos cargos e empregos públicos para pessoas portadoras de deficiência, cujos critérios de admissão fixará. Dessa forma, é de se deixar bem claro, que é a lei, e não a administração, que estabelecerá o percentual de cargos ou de empregos que será reservado aos deficientes e se a nomeação ocorrerá ou não mediante prévio concurso público. E mais. Como o conceito de deficiência não é uníssono, a lei evidentemente especificará que modalidades de deficiências são compatíveis com o cargo ou emprego público.

Não existindo lei municipal autorizadora, não pode o Prefeito, o Vice-Prefeito ou o Presidente da Câmara nomear o deficiente físico, sob pena da ilegalidade de seu ato e conseqüente responsabilização.

A Constituição Federal não faz distinção entre deficientes físicos e mentais, o que leva o legislador municipal a não poder estabelecer esta diferença.

4.3.1.2. Concurso Público – O servidor público só adquire efetividade depois de prévia aprovação em concurso público de provas ou de provas e títulos, que considere a natureza e a complexidade do cargo, nomeação e posse. As regras do concurso público municipal são estabelecidas em lei própria, consoante dispõe o art. 37, inciso II, da Constituição Federal, cujos princípios a lei municipal deve respeitar. A ingerência federal no Município ditada por este princípio é histórica e decorre da estrutura fragilizada em que se constitui a federação brasileira. Por ela se conclui que a União tudo pode, e o Município quase pode. O centralismo administrativo do Brasil-Império não fica longe na administração pública de hoje. O distanciamento administrativo do Município frente à União, advindo com a Constituição Federal de 1988, está sendo paulatinamente encurtado através de emendas constitucionais tuteladoras.

Pelo princípio constitucional maior, tem-se que a porta normal para alguém se adentrar na administração municipal é o concurso, que, como a lei diz, deve ser *público*, aberto a todos. Além disso, o candidato a servidor público deve ser aferido sobre conhecimentos técnicos que tenham pertinência com a natureza e a complexidade do cargo. Dessa forma, se o cargo a ser preenchido e criado na lei é de assistente de administração, não pode o concurso exigir que ele tenha conhecimento, por exemplo, de culinária. Se o faz, a Administração Municipal age ilegalmente, e o concurso deve ser anulado pela própria administração ou pelo Poder Judiciário.

O concurso público, que pode ter validade por até dois anos, com prorrogação por igual período, segundo o art. 37, inciso III, da Constituição Federal, tem vários tempos e momentos, todos eles com previsão na lei municipal. Assim, publicado o edital do concurso, que é a lei do concurso, em que a Administração Municipal especifica os cargos que pretende preencher, quem deve preenchê-los e de que forma e conteúdo serão preenchidos, é realizada a prova em dia, hora e lugar previamente noticiados. Aos candidatos será dado tratamento isonômico durante a realização da prova. Publicado o resultado, é assegurada a possibilidade de recurso, com decisão fundamentada.

Se o concurso é também de títulos, que implica tão-somente melhor classificar os aprovados, o candidato deve apresentar, em data fixada pela administração, a comprovação de cursos que fez e que por isso o melhor qualifica para o cargo.

Os aprovados em ordem de classificação decrescente serão *nomeados* por ato administrativo.

Nenhuma vedação existe no sentido de poder o Município fracionar a fase de prova do concurso em duas ou mais etapas e, assim, poder exigir do candidato, além do conhecimento teórico, a demonstração de conhecimento prático para o cargo. Pode servir de exemplo o concurso público para motorista.

4.3.1.3. Posse – O candidato nomeado será submetido a exames físico e psicológico através de inspeção médica oficial. Considerado apto, tomará *posse no cargo*.

O ato de posse poderá ocorrer mediante procuração específica e em prazo nunca superior a 30 dias. No ato de posse, o servidor deverá prestar declaração de bens, conforme exigência do art. 13 da Lei nº 8.429/92

Inapto, não será empossado. O laudo médico que concluir pela inaptidão do candidato deve ser fundamentado com a especificação dos motivos que o levaram a esta conclusão. O candidato deve ser informado em prazo razoável. A jurisprudência tem entendido que é constitucional esta exigência.

4.3.1.4. Exercício – O exercício é o efetivo desempenho das atribuições do cargo público ou em comissão e pode ocorrer no momento imediato à posse ou em prazo nunca superior a 30 dias. A lei municipal deve estabelecer este prazo.

Somente com o início do exercício é que surge a figura do servidor público, já que ele pode ser aprovado, nomeado, tomar posse e não entrar em exercício, sendo estão exonerado.

O candidato nomeado que tomar posse e não entrar em exercício será exonerado; se concursado, ou sua posse tornada sem efeito, será reconduzido ao cargo. Estando este provido, será aproveitado em outro, de natureza e vencimentos compatíveis com o que ocupara, ou em disponibilidade.

4.3.1.5. Estágio probatório – Entrando no exercício do cargo para o qual foi nomeado, o servidor passa a uma nova fase do concurso, que é o *estágio probatório*, que, por força da Emenda Constitucional nº 19/98, foi elevado para 3 anos. É o que prevê o art. 41 da Constituição Federal.[44]

Pelo princípio da recepção, o estatuto do servidor público municipal deve adequar-se a este novo preceito. Enquanto a Constituição Estadual não introduzir o novo princípio vinculante, e a lei municipal não a reproduzir, vale a regra antiga, que é de dois anos.

No estágio probatório, o servidor público é analisado no sentido de demonstrar que, efetivamente, tem condições plenas de aptidão e capacidade para integrar a Administração Municipal, através de avaliação de desempenho em que os fatores assiduidade, disciplina, capacidade de iniciativa, produtividade e responsabilidade serão considerados. Esta avaliação será levada a efeito por comissão instituída para essa finalidade. Isso é o que prevê expressamente o art. 41, § 4º, da Constituição Federal.[45]

Evidenciadas falhas de comportamento ou de inadequação, a Administração Municipal deverá exonerar o servidor público, oportunizando-lhe, no entanto, o direito ao contraditório, ampla defesa e recurso, previstos no art. 5º, LV, da Constituição Federal.

O servidor municipal não aprovado no estágio probatório que tenha adquirido anteriormente a estabilidade em outro cargo público municipal será reconduzido à origem, como já foi dito.

4.3.1.6. Estabilidade – Ultrapassada a fase de estágio probatório, passa o servidor a ser *efetivo ou adquire estabilidade*, o que significa dizer que somente poderá ser demitido, consoante o art. 41, § 1º, da Constituição Federal:[46]

a) em virtude de sentença judicial transitada em julgado;
b) mediante processo administrativo em que lhe seja assegurada o contraditório, e ampla defesa e a possibilidade de recurso;

---

[44] O art. 41, da Constituição Federal tem esta redação:
"Art. 41. São estáveis após 3 (três) anos de efetivo exercício dos servidores nomeados para cargo de provimento efetivo em virtude de concurso público."

[45] O § 4º, do art. 41 tem esta redação:
"Art. 41. ...
§ 4 º. Como condição para a aquisição da estabilidade, é obrigatória a avaliação especial de desempenho por comissão instituída para essa finalidade."

[46] Este artigo está assim redigido:
"Art. 41. ...
§ 1º. O servidor público estável só perderá o cargo:
I – em virtude de sentença judicial transitada em julgado;
II – mediante processo administrativo em que lhe seja assegurada ampla defesa:
III – mediante procedimento de avaliação periódica de desempenho, na forma de lei complementar, assegurada ampla defesa."

O Município e seus agentes

c) mediante procedimento de avaliação periódica de desempenho, na forma de lei complementar, assegurada ampla defesa.

Sentença judicial transitada em julgado é aquela manifestação do Poder Judiciário que não cabe mais recurso, ordinário ou extraordinário, fazendo surgir, em decorrência disso, a eficácia da coisa julgada material, que torna imutável e indiscutível o que foi decidido, consoante exegese do art. 467 do CPC.[47] Assim, se o servidor público foi demitido por sentença judicial que transitou em julgado, quer através de processo cível ou criminal (este, como pena acessória), o vínculo com o serviço público está quebrado, operando-se a demissão. Diante da força da sentença, não é dado à administração o descumprimento. Trata-se de uma obrigação judicial de fazer.

A quebra da estabilidade pode-se operar mediante declaração de demissão imposta pela administração pública ao servidor estável, desde que respeite os princípios constitucionais do contraditório, da ampla defesa e garanta a possibilidade de revisão administrativa recursal. Não mais vige no sistema administrativo pátrio o *princípio da verdade sabida*, em que, por ser sabedor da verdade, tinha o superior hierárquico a possibilidade de demitir o servidor sem o prévio processo administrativo. A administração pública tem, hoje, por força do art. 5º, inciso LV, da Constituição Federal, a obrigação de instaurar processo administrativo para aplicação de qualquer infração administrativa, ainda mais quando desta infração possa decorrer a demissão do servidor público estável. *Contraditório* é a possibilidade de contradizer, responder a acusação formulada; *ampla defesa* é o direito amplo de apresentar provas, e a *revisão superior através de recurso* é a submissão da decisão proferida a um controle superior. Portanto, somente superadas estas etapas, que são verdadeiros direitos subjetivos do servidor público, a demissão imposta adquire foro de coisa julgada administrativa, impedindo a revisão pelo Poder Judiciário. Sendo uma garantia fundamental do servidor, não pode a lei municipal silenciar a respeito ou regrar de forma diferente porquanto, nos termos do § 1º do art. 5º da Constituição Federal, "as normas definidoras de direitos e garantias fundamentais têm aplicação imediata."

Fruto da Emenda Constitucional nº 19, de 4.6.1998, a quebra da estabilidade também é possível *mediante procedimento de avaliação periódica de desempenho*, na forma de lei complementar, assegurada ampla defesa. Caracterizando essa regra uma restrição ao direito de

---

[47] O art. 467 do Código de Processo Civil tem esta redação:
"Art. 467. Denomina-se coisa julgada material a eficácia, que torna imutável e indiscutível a sentença, não mais sujeita a recurso ordinário ou extraordinário."

estabilidade do servidor, somente na existência de regulamentação específica através de lei complementar, cujos comandos deverão ser recepcionados no âmbito estadual e municipal, poderá a quebra da estabilidade por insuficiência de desempenho ser aplicada. A eficácia necessita de implementação na área federal, estadual e municipal. Enquanto isso não se efetivar, o princípio está contido.

4.3.2. Promoção – *Promoção* é a forma de provimento de cargo público caracterizando-se pela passagem do servidor de um grau para o imediatamente superior, dentro da respectiva categoria funcional. As promoções de grau a grau, nos cargos organizados em carreira, obedecerão aos critérios de merecimento e antiguidade, alternadamente, na forma que a lei municipal estabelecer.

A lei municipal poderá estabelecer critérios objetivos para a promoção por merecimento.

A promoção não interrompe o tempo de exercício, que é contado do novo posicionamento na carreira a partir da data de publicação do ato que promover o servidor.

4.3.3. Readaptação – *Readaptação* é a forma de investidura do servidor estável em cargo de atribuições e responsabilidades compatíveis com a limitação que tenha sofrido em sua capacidade física ou mental verificada em inspeção médica.

A readaptação será efetivada em cargo de atribuições afins, respeitados a habilitação exigida, o nível de escolaridade e s equivalência de vencimento e, na hipótese de existência de cargo vago, o servidor exercerá suas atribuições como excedente, até a ocorrência de vaga.

A readaptação não pode acarretar aumento ou diminuição da remuneração do servidor, exceto quando se tratar de percepção de vantagens cuja natureza é inerente ao exercício do novo cargo.

4.3.4. Reversão – *Reversão* é o retorno à atividade do servidor aposentado por invalidez, quando verificada, por junta médica oficial, a insubsistência dos motivos que determinaram sua aposentadoria.

A lei municipal também pode prever que a reversão ocorra no exclusivo interesse da administração. Neste caso, algumas condições podem ser impostas: deve o servidor aposentado solicitar a reversão, a aposentadoria tenha sido voluntária e tenha ocorrido há mais de cinco anos da solicitação. A lei municipal também pode estabelecer idade máxima para a reversão.

O Município e seus agentes

A reversão far-se-á no mesmo cargo ou no cargo resultante de sua transformação.

4.3.5. Aproveitamento – *Aproveitamento* é a forma de provimento de cargo consistente no retorno à atividade do servidor em disponibilidade e far-se-á, obrigatoriamente, em cargo de atribuição e vencimentos compatíveis com o anteriormente ocupado.

4.3.6. Reintegração – *Reintegração* é forma de provimento de cargo público pela reinvestidura do servidor estável no cargo anteriormente ocupado, ou no cargo resultante de sua transformação, quando invalidada a sua demissão por decisão administrativa ou judicial, com ressarcimento de todas as vantagens.

Encontrando-se provido o cargo, o seu eventual ocupante será reconduzido ao cargo de origem, sem direito à indenização ou aproveitado em outro cargo, ou, ainda, posto em disponibilidade.

4.3.7. Recondução – *Recondução* é a forma de provimento de cargo público pelo retorno do servidor estável ao cargo anteriormente ocupado e ocorrerá em duas situações: por inabilitação em estágio probatório relativo a outro cargo e pela reintegração do anterior ocupante.

Encontrando-se provido o cargo de origem, o servidor será aproveitado em outro.

4.4. Vacância

Vacância é a situação em que se encontra o cargo público sem provimento. A vacância pode ocorrer por:

a) exoneração;
b) demissão;
c) promoção;
d) readaptação;
e) aposentadoria;
f) posse em outro cargo inacumulável;
g) falecimento.

4.4.1. Exoneração – *Exoneração* é a situação de vacância do cargo público decorrente do afastamento a pedido do servidor efetivo ou, de manifestação, de ofício, da administração, quando não satisfeitas as condições do estágio probatório ou, tendo o servidor tomado posse, não entrar em exercício, no prazo estabelecido.

É também chamada de exoneração o afastamento do cargo de servidor público detentor de cargo em comissão por conveniência da administração pública ou a seu pedido.

4.4.2. Demissão – *Demissão* é a vacância do serviço público decorrente de aplicação de pena disciplinar ao servidor público titular do cargo.

A demissão como conseqüência de aplicação de pena deve ser precedida do devido processo administrativo em que se garanta ao servidor o contraditório, a ampla defesa e a possibilidade recursal.

A reforma administrativa (Emenda Constitucional nº 19, de 4.6.1998) criou uma modalidade de demissão aplicável tanto aos servidores públicos estáveis (art. 41, § 1º, inciso III, da CF) como aos em estágio probatório (art. 41, § 4º, da CF), a chamada *demissão por ineficiência de desempenho*. (Ver *Estabilidade* neste Capítulo)

4.4.3. Promoção – *Promoção* é a vacância do serviço público decorrente da subida de grau na carreira daquele servidor que o titulava. A promoção, portanto, tanto pode ser causa de provimento como de vacância do serviço público. Assim, observe-se o que foi dito na promoção-provimento.

4.4.4. Readaptação – *Readaptação* é tanto forma de provimento de cargo público, como de vacância. Observe-se o que foi dito na readaptação como forma de provimento.

4.4.5. Aposentadoria – A *aposentadoria*, como forma de vacância de cargo público, foi o instituto que mais modificações sofreu ultimamente em decorrência da Emenda Constitucional nº 20, de 15.12.1998. As clássicas aposentadorias por tempo de serviço, compulsória com proventos integrais ou voluntária, com proventos proporcionais ao tempo de serviços cederam lugar a novas modalidades em que a tônica passou a ser o tempo de contribuição, eliminando-se qualquer possibilidade de contagem de tempo fictício, inclusive de contribuição.

Os proventos de aposentadoria e as pensões, por ocasião de sua concessão, não poderão exceder a remuneração do respectivo servidor, no cargo efetivo em que se deu aposentadoria ou que serviu de referência para a concessão da pensão, afastando-se, dessa forma, qualquer acréscimo decorrente de adicional ou de promoção outorgado por muitos estatutos de servidores públicos. O cálculo da aposentadoria terá como base a remuneração do servidor no cargo efetivo em que se der a aposentadoria e corresponderá à totalidade da remuneração, sendo vedada a adoção de requisitos e critérios diferenciados, salvo os casos de atividades exercidas exclusivamente sob condições especiais que prejudiquem a saúde ou a integridade física.

Com as mudanças impostas pela Emenda Constitucional nº 20, de 15.12.98, a aposentadoria passou a ser de três modalidades bem distintas, consoante a nova redação do art. 41, §1º, incisos I, II e III, da Constituição Federal:

> I – invalidez permanente, com proventos proporcionais ao tempo de contribuição, exceto de decorrente de acidente em serviço, moléstia profissional ou doença grave, contagiosa ou incurável, especificadas em lei;
> II – compulsória, aos 70 (setenta) anos de idade, com proventos proporcionais ao tempo de contribuição;
> III – voluntária, desde que cumprido tempo mínimo de 10 (dez) anos de efetivo exercício no serviço público e 5 (cinco) anos no cargo efetivo em que se dará a aposentadoria, observadas as seguintes condições;
> a) 60 (sessenta) anos de idade e 35 (trinta e cinco) de contribuição, se homem, e 55 (cinqüenta e cinco) anos de idade e 30 (trinta) de contribuição, se mulher;
> b) 65 (sessenta e cinco) anos de idade, se homem, e 60 (sessenta) anos de idade, se mulher, com proventos proporcionais ao tempo de contribuição.

O tempo para a aposentadoria voluntária sofre redução de 5 (cinco) anos, no caso da aposentadoria voluntária integral, quando o servidor público for professor e comprove exclusivamente tempo de efetivo exercício das funções de magistério na educação infantil e no ensino fundamental e médio, como prevê o § 5º do art. 40 da Constituição Federal. O benefício à aposentadoria pó de giz não deixa qualquer dúvida: a) o magistério tem que ter sido exercido com *exclusividade* e b) na *educação infantil, ensino fundamental ou médio*. O servidor público não pode ser merecedor da redução agregando tempo de serviço exercido em outra atividade ou mesmo em outro tipo de magistério.

A cumulação de aposentadoria também foi proibida, salvo naquelas condições previstas na própria Constituição para acumulação de cargos, como de dois de professor, um cargo de professor com outro, técnico ou científico, e dois cargos privativos de médicos (art. 37, inciso XVI), conforme regra expressa no art. 40, § 6º, da mesma Carta. Ademais, mesmo que possível esse cumulação, seu limite máximo é o subsídio do Ministro do Supremo Tribunal Federal, embora os proventos possam ser revistos na mesma data e na mesma proporção da remuneração dos servidores da ativa.

Regra importante na aposentadoria é a do servidor ocupante, exclusivamente, de cargo em comissão. Para este, os proventos de aposentadoria não são mais os do estatuto, mas aqueles integrantes do regime geral de previdência social, consoante o disposto no art. 40, § 13, k da Constituição Federal. Com essa regra, o servidor público de cargo em comissão passou a ter um regime híbrido. Enquanto em exercício, seu comportamento é regrado por lei própria, que é o Estatuto do Servidor Público. Na aposentadoria, por regras federais.

4.4.6. Posse em outro cargo inacumulável – A *posse de servidor público em outro cargo que não permita a cumulação* é causa de vacância de cargo público. A vacância surge como conseqüência derivada da posse.

4.4.7. Falecimento – O *falecimento* de servidor público é circunstância natural de vacância de cargo público. Demonstrado o falecimento por documento registral próprio, vago estará o cargo público, podendo ser provido imediatamente pela administração pública.

4.5. Remoção

Remoção é o deslocamento do servidor, a seu pedido ou de ofício, no âmbito do mesmo quadro, com ou sem mudança de sede. A remoção pode ser:

I – de ofício, no interesse da administração;
II – a pedido, a critério da administração;
III – a pedido, para outra localidade, independentemente do interesse da administração;
a) para acompanhar cônjuge ou companheiro, também servidor público que foi deslocado no interesse da administração;
b) por motivo de saúde do servidor, cônjuge, companheiro ou dependente que viva às suas expensas e conste do seu assentamento funcional, condicionada à comprovação por junta médica oficial;
c) em virtude de processo seletivo promovido, na hipótese em que o número de interessados for superior ao número de vagas, de acordo com normas preestabelecidas pelo órgão ou entidade em que aqueles estejam lotados.

4.6. Redistribuição

Redistribuição é o deslocamento de cargo de provimento efetivo, ocupado ou vago no âmbito do quadro geral de pessoal, para outro órgão ou entidade do mesmo Poder, com prévia apreciação administrativa, podendo ela estabelecer que haja:

I – interesse da administração;

II – equivalência de vencimentos;

III – manutenção da essência das atribuições do cargo;

IV – vinculação entre os graus de responsabilidade e complexidade das atividades;

V – mesmo nível de escolaridade, especialidade ou habilitação profissional;

VI – compatibilidade entre as atribuições do cargo com as finalidades institucionais do órgão.

4.7. Substituição

Os servidores investidos em cargo em comissão ou funções gratificadas terão substitutos indicados no regimento interno ou, no caso de omissão, por outros servidores previamente designados pelo dirigente máximo do órgão, durante seus afastamentos ou impedimentos eventuais.

O substituto assumirá automática e cumulaltivamente, sem prejuízo do cargo que ocupa, fazendo jus à retribuição pelo exercício do cargo ou função de confiança na proporção dos dias de efetiva substituição, de regra, iguais ou superiores a 10 (dez) dias consecutivos.

4.8. Direitos e vantagens do servidor público

O servidor público municipal é regido por estatuto próprio, criado por lei municipal. Esta lei municipal deve ser moldada às regras constitucionais em respeito ao princípio da hierarquia das leis e que visam a assegurar a todos os servidores públicos determinados preceitos uniformes.

Nada impede, todavia, que o estatuto municipal outorgue preceitos próprios mais abrangentes concessivos de direitos e vantagens. O que não pode é a lei municipal fazer concessão a menor ou a não conceder preceitos fixados na Constituição Federal A inconstitucionalidade por omissão, parcial ou total, é possível de controle pelo Poder Judiciário.

O Prefeito Municipal, por ato administrativo próprio, não pode conceder qualquer direito aos servidores municipais, mesmo que tenha previsão constitucional. Seu ato fere o princípio da legalidade (art. 37, *caput*, da CF) e pode ser declarado nulo pelo Tribunal de Contas do Estado na ação oficial de controle de contas ou pelo Poder Judiciário, por provocação, através de qualquer das ações típicas de controle (Ver Extinção do ato administrativo – Nulidade, no Capítulo I deste Livro).

Os direitos constitucionais que o estatuto do servidor público municipal deve obrigatoriamente observar estão expressos no art. 39, § 3º, da Constituição Federal (este, por sua vez, faz referência ao art. 7º da mesma Carta, que trata dos direitos dos trabalhadores urbanos e rurais) e são os seguintes:

I – salário mínimo;
II – garantia de salário;
III – 13º salário;
IV – remuneração superior quando do trabalho noturno;
V – salário família;
VI – limites da jornada de trabalho;
VII – repouso semanal remunerado;
VIII – remuneração superior do serviço extraordinário;
IX – férias anuais;
X – licença à gestante;
XI – licença-paternidade;
XII – proteção do mercado de trabalho da mulher;
XIII – redução dos riscos inerentes ao trabalho;
XIV – proibição de diferenças salariais.

A lei municipal, diante dos direitos constitucionais expressos, pode organizá-los em rubricas próprias, titulando-as como *vencimentos e vantagens (como ajuda de custo, diárias e verba para transporte), gratificações (como retribuição pelo exercício de função de direção, chefia e assessoramento e gratificação natalina); modalidades de licenças, afastamentos e concessões; contagem do tempo de serviço e direito de petição,* entre outros.

É de se frisar que, a exemplo da Emenda Constitucional nº 19/98 (a chamada Reforma Administrativa), a Lei Complementar nº 101/2000, que instituiu a Lei de Responsabilidade Fiscal, limitou os direitos e vantagens de todos servidores públicos.

Na reforma administrativa, por exemplo, a aposentadoria por tempo de serviço foi abolida para em seu lugar ser estabelecida a aposentadoria por *tempo de contribuição,* como também foi abolida a contagem de tempo fícto para a concessão de vantagens ou aposentadoria, como já se viu no tópico anterior. Neste caso, a lei municipal não pode contar em dobro a licença-prêmio não gozada ou acrescer para a concessão de aposentadoria o tempo que o servidor estudou em escola agrícola, seminário ou de serviço militar.

De outro lado, a reforma administrativa criou uma nova modalidade de perda do cargo público, que é *a ineficiência de desempenho,* fixando que, se em avaliação periódica de desempenho, ficar caracterizado que o servidor não desempenha a contento suas atribuições, através de processo administrativo, será ele demitido.

Quanto à Lei de Responsabilidade Fiscal, é de se ter presente que a concessão de direitos e vantagens a servidores e empregados públicos municipais deve-se adequar ao limite orçamentário de 60% da receita líquida do Município, na proporção de 54% para o Poder Executivo e de 6% para o Poder Legislativo (ver matéria a esse respeito).

Também podem os servidores públicos municipais livremente se associar em sindicatos e fazer greve, desde que não paralisem os serviços tidos como essenciais. Essa matéria será abordada em campo próprio.

Com estas considerações, é possível que os direitos e vantagens dos servidores públicos municipais possam vir elencados nestas rubricas:

4.8.1. Vencimento e remuneração – *Vencimento* é a retribuição pecuniária pelo exercício do cargo público, paga pela administração em valor certo e sempre definido em lei municipal.

Por preceito constitucional, nenhum servidor público municipal poderá receber, a título de vencimento, importância inferior ao salário mínimo. Como houve delegação de competência da União aos Estados atribuindo a estes a fixação do salário mínimo no âmbito de seu território, dúvida pode surgir se a lei municipal, ao fixar o vencimento mínimo de ser servidor, deve considerar esta delegação. Penso que não. A competência delegada aos estados não foi absoluta, mas pontual, e não atingiu os servidores públicos. Assim, o parâmetro para a fixação do mínimo do servidor público municipal não é o estadual e, sim, o federal. O Estado do Rio Grande do Sul, no uso desta competência delegada, fixou o salário mínimo para várias classes de trabalhadores e bem acima do estabelecido pela União, nada falando sobre os servidores públicos seus e dos municípios.

Remuneração é o vencimento do cargo efetivo, acrescido das vantagens pecuniárias permanentes estabelecidas em lei. As vantagens permanentes são caracterizadas por gratificações e adicionais que se incorporam ao vencimento nos casos e condições fixados na lei municipal, mas que, em respeito a princípio constitucional (art. 37, inciso XIV, com a redação dada pela Emenda Constitucional nº 19, de 4.6.1998) e até ao princípio da moralidade pública (art. 37, *caput*, CF), devem ser afastadas para efeito de concessão de quaisquer outros acréscimos pecuniários ulteriores, sob pena de se possibilitar o surgimento do *efeito cascata* ou *repique* ou a criação do que o povo chama de "marajás do serviço público" que, muitas vezes, têm vencimento relativamente pequeno, mas que chegam às alturas por aplicação deste abominável dispositivo.

Modificação importante nas regras de fixação ou alteração de remuneração dos servidores públicos é a criação do *Conselho de Política de Administração e Remuneração de Pessoal*, que retirou do Prefeito Municipal e do Presidente da Câmara, isso no âmbito do Município, a privatividade de iniciativa sobre a remuneração dos servidores desses Poderes, dividindo essa competência com o órgão colegiado. Embora a iniciativa de conceder remuneração ou conceder aumento seja dos chefes de poder, a proposta deverá passar pelo crivo do Conselho que a analisará. Sem isto, o projeto de lei pode ser rejeitado pela Câmara Municipal ou, se aprovado, pode ser declarado inconstitucional pelo Poder Judiciário direta, através de ação própria, ou incidentalmente, através do controle no caso concreto.

Princípio importante sobre a remuneração dos servidores públicos é a sua revisão geral e anual que, insculpido no art. 37, inciso X, da Constituição Federal, está sendo flagrantemente descumprido não só no âmbito federal, como no estadual e municipal. A ação de inconstitucionalidade por omissão é o caminho que deve ser buscado para declarar o Prefeito ou o Presidente da Câmara em mora, com possibilidade de intervenção no não-encaminhamento de projeto de reajuste. O que não pode ocorrer é a fixação de reajuste de remuneração de servidor público pelo Poder Judiciário, porquanto esta matéria é competência específica da administração.

No tema reajuste, não pode a lei municipal estabelecer gatilho automático vinculando a atualização a índices federais. A lei neste sentido é inconstitucional por agredir a autonomia municipal, já que, constituindo aumento de despesas de pessoa, não se sujeitaria à decisão dos poderes locais, conforme tem decidido o STF (Recurso Extraordinário nº 226.751 – RJ).[48]

A Constituição Federal, através do art. 37, inciso XIII, com a redação dada pela Emenda Constitucional nº 19/98, vedou qualquer vinculação ou equiparação de quaisquer espécies remuneratórias para o efeito de remuneração de pessoal do serviço público. Ou seja, cada cargo público ou emprego público perceberá a título de remuneração aquilo que a lei, ouvido o Conselho de Política de Administração e Remuneração de Pessoal, especificar. No silêncio desta, não

---

[48] A decisão do STF, publicada na RTJ, 175, p. 358, janeiro de 2001, está assim ementada: "Lei municipal: reajuste automático de remuneração vinculada a índice federal: inconstitucionalidade.

O Plenário do STF declarou inconstitucional o critério de reajuste de remuneração instituído pelo art. 1º da Lei 1.016/87, do município do Rio de Janeiro, por julgá-lo incompatível com o princípio da autonomia dos municípios, na medida em que o aumento das despesas de pessoal, dele decorrente, não se sujeitaria à decisão dos poderes locais (RE 145.018, M. Alves, TRJ 149/928)."

O Município e seus agentes

é porque integra uma mesma atividade profissional, como é, por exemplo, exercer a função de advogado na administração pública, que haverá uma equiparação ou vinculação com outros que percebam maior remuneração. O princípio da isonomia é fixado por lei.

A remuneração do servidor público municipal não pode sofrer nenhum seqüestro ou penhora, salvo por imposição legal (descontos obrigatórios ou por faltas ao serviço, sem motivo justificado) ou judicial (prestação de alimentos). Poderá o servidor público municipal autorizar que se consigne em folha de pagamento crédito em nome de terceiro, a critério da administração municipal e com reposição de custos, havendo previsão legal a este respeito. Tenho entendido, em manifestação hoje assente na 4ª Câmara Cível do Tribunal de Justiça do Estado do Rio Grande do Sul, que, como a autorização é uma outorga de direito ao servidor público, pode ele desautorizar o desconto por ato exclusivo seu, sem necessidade de manifestação prévia da administração ou do terceiro.

A repetição de indébito decorrente de reposição de remuneração paga à maior ou indenizações ao Erário pode ser descontada em folha pela administração, embora possa ter previsibilidade no estatuto do servidor público municipal, deve ser procedido com respeito ao prévio e devido processo administrativo, em que seja assegurado ao servidor o contraditório, a ampla defesa e a possibilidade de recurso, consoante já se manifestou o STF.[49]

A lei municipal poderá estabelecer o valor mensal dos descontos, inclusive o montante máximo, de regra, um quinto da remuneração ou, em caso de exoneração ou demissão, prazo para que a reposição ou indenização ocorra, de regra, 60 (sessenta) dias, sob pena de inscrição em dívida ativa.

4.8.2. Vantagens – *Vantagens* são acréscimos pecuniários concedidos ao servidor público de cunho indenizatório ou de incorporação permanente.

As vantagens podem-se tipificar nas seguintes formas:

I – indenizações;
II – gratificações;
III – adicionais.

---

[49] Agravo de instrumento nº 241.428 (AgRg) – SC, Relator Ministro Marco Aurélio, publicado na Revista Trimestral de Jurisprudência , Supremo Tribunal Federal, volume 173, setembro de 2000, cuja ementa é a seguinte:
"Devido processo legal – Vencimento – Descontos de importâncias satisfeitas a maior. Desconto de quantias pagas além do devido pressupõe apuração dos valores em processo administrativo no qual fique assegurado ao servidor o exercício do direito de defesa ante eventual excesso ou erro de cálculo.

4.8.2.1. Indenizações – *Indenizações* são compensações pecuniárias pagas ao servidor público pela administração por despesas feitas no desempenho do cargo público. Estas indenizações pode-se constituir em:

a) ajuda de custo;
b) diárias;
c) transporte.

4.8.2.2. Ajuda de custo – *Ajuda de custa* é a compensação das despesas de instalação do servidor que, no interesse do serviço, passar a ter exercício em nova sede, com mudança de domicílio em caráter permanente. A ajuda de custo será calculada sobre a remuneração do servidor e, de regra, nunca em valor superior a 3 (três) meses. O recebimento da ajuda de custo sem a efetiva mudança de domicílio, além de constituir crime, infração administrativa e improbidade administrativa, impõe sua restituição integral

No âmbito municipal é raro a verificação de ajuda de custo pela própria dimensão territorial dos municípios mas não é impossível. Dou como exemplo o distrito de João Arregui, em Uruguaiana-RS, que conheço bem por ter lá jurisdicionado, que dista aproximadamente 80 quilômetros da sede. O servidor que for designado pelo Executivo Municipal para aquela sede, de forma permanente e com mudança de domicílio, deve ser compensado com a ajuda de custo.

Além da ajuda de custo, a administração é responsável pelas despesas de transporte do servidor e de sua família, compreendendo passagem, bagagem e bens pessoais.

4.8.2.3. Diárias – O servidor público que, a serviço, se afastar da sede em caráter eventual ou transitório para outro ponto do território nacional ou para o exterior, fará jus a passagens e *diárias* destinadas a indenizar as parcelas de despesas extraordinárias com pousada, alimentação e locomoção urbana, conforme dispuser a lei.

A diária será concedida por dia de afastamento, sendo devida pela metade quando o deslocamento não exigir pernoite fora da sede e será paga antecipadamente.

Não é cabível diária, no âmbito municipal, quando o servidor se deslocar dentro da sede do Município ou em regiões limítrofes. Em regiões longíquas, penso, mesmo no âmbito municipal, é cabível o pagamento de diárias. Repito aqui o distrito de João Arregui, em Uruguaiana-RS.

O recebimento de diárias sem o efetivo afastamento obriga o servidor público a restituí-las dentro do prazo fixado em lei. Caso contrário, o fato constituirá crime, ensejará ao servidor a responsabilização por infração administrativa e por improbidade administrativa.

4.8.2.4. Indenização de transporte – A *indenização de transporte* deve ser concedida ao servidor público que realizar despesas com a utilização de meio próprio de locomoção para a execução de serviços externos, por força das atribuições próprias do cargo.

4.8.3. Gratificações – A doutrina, especialmente na lição de Hely Lopes Meirelles,[50] procura estabelecer regras estanques para se conceituar o que seja gratificação e o que a diferencia de um adicional. No entanto, apesar da forte voz do doutrinador, não existe uma uniformidade. Como a administração se pauta pelo princípio da legalidade, de forma singela, gratificação será aquilo que for estabelecido como tal pela lei.

Comungo com o pensamento político moderno de que uma das causas do inchaço da despesa pública é a remuneração com pessoal, que não raramente inviabiliza a tomada de decisões do agente político sobre investimentos de obras públicas de caráter benéfico à população. E uma das causas da despesa pública com pessoal é a atribuição indiscriminada pelo legislador de vantagens pecuniárias a servidor público sem que haja uma contraprestação de serviço e, o que é pior, com o rótulo de permanente e de efeito incorporador ao vencimento, elitizando a administração pela existência de remunerações desproporcionais entre o maior e o menor vencimento de um cargo público. Como a receita pública é integrada por impostos, taxas, contribuição de melhorias e receitas patrimoniais, portanto, de dinheiro da população tenho que, ao se conceder vantagens de caráter permanente e seletiva, estar-se atentando contra o próprio princípio que norteia a administração pública, que o bem comum e não de alguns. É bom que fique claro que não sou contra a remuneração condizente do servidor público, o que repudio é a forma disfarçada de se beneficiar alguns em detrimento de muitos.

Diante da instabilidade conceitual da doutrina e tendo presente a realidade da administração do estado brasileiro é que *conceituo gratificação como a vantagem pecuniária, de conteúdo precário, concedida ao servidor público como forma de contraprestação pelo exercício a mais daquele que lhe é atribuído pelo seu cargo*

A gratificação, dessa forma, é uma retribuição ao servidor público por um *plus* no exercício do cargo público. É uma compensação

---

[50] Ob. cit. fls. 407/415.

pecuniária pelo trabalho realizado a maior. Diante disso, a característica da gratificação é sua transitoriedade. Dura enquanto persistir o trabalho realizado, circunstância que a destingue do adicional, que é permanente. Existe discordância quanto à tipificação dessa vantagens até na legislação que ora considera uma gratificação como adicional e vice-versa.[51]

Diante do conceito acima, as gratificações podem ser agrupadas da seguinte forma:

I – exercício de função, direção e assessoramento;
II – exercício de atividades insalubres;
III – regime especial de trabalho;
IV – serviço noturno;
V – serviço extraordinário;
VI – permanência em serviço;
VII– honorários e jetons;
VIII– gratificação de produtividade;
IX – gratificação de difícil acesso;
X – outras gratificações que a lei estabelecer.

4.8.3.1. Gratificação pelo exercício de função, direção e assessoramento – O servidor público efetivo que no exercício de cargo público for também investido em função de direção, chefia ou assessoramento, cargo de provimento em comissão ou de natureza especial, deve ser retribuído por seu exercício, na forma que a lei estabelecer.

Por seu caráter precário, a gratificação não adere à remuneração, nem tampouco aos proventos ou pensão.[52]

4.8.3.2. Gratificação pelo exercício de atividades insalubres – O servidor público que trabalhe com habitualidade em locais insalubres ou em contato permanente com substâncias tóxicas, radioativas ou com risco de vida, faz jus a um gratificação sobre o vencimento do cargo efetivo, não podendo cumular mais de uma vantagem sobre essa mesma rubrica.

---

[51] Exemplo típico dessa inconstância legislativa pode-se verificar no cotejo que se faça entre o art. 61 da Lei nº 8.112, de 11 de dezembro de 1990, que trata do Regime Jurídico dos Servidores Civis da União, das autarquias, inclusive as em regime especial, e das fundações públicas federais, e o art. 100 da Lei Complementar nº 10.098, de 03 de fevereiro de 1994, que estabelece o Regime Jurídico Único dos Servidores Públicos Civis do Estado do Rio Grande do Sul. Na lei federal, as vantagens pecuniárias pela prestação de serviços extraordinários, insalubres, perigosas ou penosas e pelo trabalho noturno são classificadas como adicionais e, na lei estadual, como gratificações.

[52] Embora a Lei Complementar nº 10.098/94 – Regime Jurídico Único dos Servidores Públicos Civis do Estado do Rio Grande do Sul –, considere o exercício de função como gratificação, arts. 101 a 103, no art. 103, admite sua incorporação.

O direito à percepção da vantagem cessa com a eliminação das condições ou dos riscos que deram causam a sua concessão e, pelo seu caráter essencialmente remuneratório, não integrará os proventos da aposentadoria ou pensão.[53]

4.8.3.3. Gratificação por regime especial de trabalho – O servidor no exercício de cargo público que tenha regime especial de trabalho fixado em lei faz jus à gratificação.

Trabalho especial é aquele que, por sua própria característica, impõe um maior desgaste físico ao servidor. Podem servir de exemplo os plantões de 24 horas ininterruptas por muito usuais em serviços de guarda e médicos.

A gratificação por regime especial de trabalho deve ter previsão legal e não se incorpora aos vencimentos do servidor.

4.8.3.4. Gratificação por serviço noturno – Como direito constitucional estabelecido a todo trabalhador, inclusive ao servidor público (art. 39, § 3º, da CF), a gratificação por serviço noturno é justificável porque exige daquele que o exerce maior desgaste físico por atentar contra a normalidade de vida humana que tem na noite seu período de descanso. A vantagem foi inicialmente concedida ao trabalhador urbano pela Consolidação das Leis do Trabalho e, depois, constitucionalizada e estendida aos servidores públicos.

A gratificação por serviço noturno, embora mandamento constitucional, deve ser recepcionada pela estatuto do servidor municipal para que, inclusive, tenha a despesas daí advinda fixada orçamentariamente. O percentual, de regra, fica entre 20% e 25% e não se incorpora aos vencimentos do servidor.

4.8.3.5. Gratificação por serviço extraordinário – A retribuição pecuniária de gratificação por serviço extraordinário ao serviço público tem raiz constitucional (art. 39, § 3º, da CF).

O horário de trabalho em 8 (oito) horas diárias é um direito social concedido ao trabalhador urbano, inicialmente pela Consoli-

---

[53] A Constituição Federal quando estabelece os direitos sociais dos trabalhadores urbanos e rurais atribui a esta vantagem pecuniária a denominação de *adicional* (art.7º, inciso XXIII) e a estendeu ao servidor público. No entanto, com a Emenda Constitucional nº 19, de 4.6.1998, que deu nova redação ao § 3º do art. 39 da Constituição Federal, esta vantagem deixou de integrar o rol dos direitos do servidor público a que toda administração pública estava obrigada a respeitar.

A Lei nº 8.112/90 – Regime Jurídico dos Servidores Públicos Civis da União, das autarquias, inclusive as em regime especial e das fundações públicas federais – nos arts. 68 a 72 trata o exercício das atividades penosas como adicional mas afasta expressamente sua incorporação (art. 68, § 2º).

dação das Leis do Trabalho, e depois pelo art. 7º, inciso, XIII, da Constituição Federal. O período extra a esse limite tem que ser remunerado em, no mínimo, 50% (cinqüenta por cento) à hora normal.

A gratificação deve ter previsão legal e não se incorpora aos vencimentos do servidor.

4.8.3.6. Gratificação de permanência em serviço – O servidor que implementar o tempo de serviço para aposentadoria voluntária terá o direito a requerê-la. Decidindo permanecer em atividade, por conveniência do serviço público, receberá a gratificação de permanência em serviço, de regra, fixada em 20% daquilo que seria o valor de seus proventos.

Esta gratificação somente pode ser concedida pela administração na existência de lei e, como tal, não se incorpora.[54]

4.8.3.7. Honorários e jetons – O servidor público tem como dever, pela remuneração que a administração lhe paga, de cumprir as atribuições fixadas na lei para seu cargo

No entanto, se for designado para exercer, fora do horário de expediente, determinadas funções, como por exemplo, integrar banca de concurso público, auxiliar com atividades de gerenciamento, planejamento e execução concurso público, treinar pessoal ou ministrar aulas em custos legalmente instituídos pela administração, fará jus a honorários.

Tanto a concessão dessa gratificação, como o seu valor devem ter previsão na lei municipal.

4.8.3.8. Gratificação de produtividade – A Emenda Constitucional nº 19/98, que acresceu o § 7º ao art. 39 da Constituição Federal, determinou que toda a administração pública, logo o Município, destinará recursos orçamentários provenientes da economia com despesas correntes para aplicação no desenvolvimento de programas de qualidade e produtividade, treinamento e desenvolvimento, modernização, reaparelhamento e racionalização do serviço público, instituindo adicional ou prêmio de produtividade.

Como entendo que o *plus* remuneratório aí ventilado é de natureza retributiva pelo maior dispêndio de esforço físico ou mental do servidor público, o denomino de gratificação de produtividade.

---

[54] O Regime Jurídico Único dos Servidores Públicos Civis do Estado do Rio Grande do Sul – Lei Complementar nº 10.098, de 03 de fevereiro de 1994 -, no parágrafo único do art. 114, atribui caráter de incorporação a esta gratificação, à razão de 4% ao ano, a partir do primeiro mês do quarto ano de sua percepção.

É de se ter presente que seu pagamento depende de expressa previsão na lei municipal.

4.8.3.9. Gratificação de difícil acesso – A lei municipal pode atribuir gratificação específica para o exercício do cargo em localidades de difícil acesso, fixando o seu valor em quantia certa ou em percentual sobre o vencimento.

4.9.3.10. Outras gratificações que a lei estabelecer – A lei municipal pode estabelecer outras formas de gratificação aqui não enumeradas.

4.8.4. Adicionais – Diante da realidade da administração nacional e da outorga indiscriminada de vantagens de cunho incorporativo, tornando a despesa pública um fardo para o administrador público, com a criação de ilhas de remuneração, é que conceituo *adicional como uma vantagem pecuniária, de caráter geral e permanente, atribuída pelo legislador aos servidores públicos como forma de acréscimo indireto de vencimento.* Difere da gratificação porque esta é pessoal e temporária, representando uma recompensa por uma maior carga de trabalho no exercício funcional

São adicionais:

a) o adicional de férias;
b) o 13º salário ou adicional natalino;
c) o adicional por tempo de serviço;
d) o abono familiar;
e) auxílio-natalidade;
f) auxílio-reclusão.

4.8.4.1. Adicional de Férias – Direito social por excelência, as férias integram hoje o contexto de todo trabalhador brasileiro, quer seja ele rural, urbano ou servidor público. É uma vantagem a mais paga pela administração com o intuito de compensar as despesas com o gozo de férias.

De origem constitucional (art. 39, § 3º, da CF), o adicional de férias deve ter recepção estatutária. Como toda despesa, tem que previsão legal para que o orçamento possa ser implementado.

4.8.4.2. 13º salário ou adicional natalino – A concessão de um salário a mais no final de um ano de serviço surgiu como uma benesse do empregador aos empregados e se transformou num direito, inclusive, com matriz constitucional e com extensão ao serviço público.

Como vantagem permanente, o 13º ou o adicional natalino se incorpora à remuneração anual do servidor público. Apesar de dicção constitucional, há necessidade de recepção na lei municipal.

O 13º salário corresponde a uma remuneração mensal integral devida ao servidor e paga até o dia 20 do mês de dezembro.

No caso de demissão ou exoneração, o 13º salário é devido proporcionalmente.

4.8.4.3. Adicional de tempo de serviço – Embora entenda que a promoção na carreira é a melhor forma de incentivo pecuniário, além do inquestionável estímulo profissional ao servidor público, existe uma praxe na administração pública sacramentada na lei de considerar o tempo de serviço público como fator de aumento de vencimento. Tem-se notado um sensível declínio na concessão desse adicional.

O adicional de tempo de serviço varia de administração para administração e pode-se constituir de anuênios, triênios, qüinqüênios, adicional de 15% ou de 25%, sempre que decorridos, respectivamente, 1 ano, 3 anos, 5 anos, 15 anos ou 25 anos de serviço público efetivo.

O adicional de tempo de serviço se incorpora ao vencimento e por isso é transposto para os proventos e pensões.

A lei municipal deve especificar sua forma de concessão. Inexistindo previsão legal, é defeso ao administrador municipal concedê-la. Se o faz, o ato fere o princípio da legalidade e, portanto, é passível de controle pelo Tribunal de Contas ou pelo Poder Judiciário e, além disso, enseja a responsabilização do agente público que o praticou.

4.8.4.4. Abono familiar – *Abono familiar* é a vantagem pecuniária atribuída a todo servidor público que possua dependentes econômicos. É de se observar que o adicional é concedido não porque o servidor público tenha família, esta entendida no seu conceito jurídico e de forma genérica, mas porque ele tem família e que dele depende economicamente. A concessão do abono familiar tem um forte conteúdo econômico.

Trata-se de um adicional que, embora represente uma vantagem pecuniária para o servidor, sua previsão e concessão tem cunho de seguridade social, tanto que sua concessão ultrapassa a barreira da atividade do servidor para também ser concedido na sua inatividade. A intenção de se conceder esse adicional está mais na proteção à família do servidor do que em benefício dele próprio. Daí por que

O Município e seus agentes

penso que os dependentes econômicos do servidor, ativo ou inativo, são legítimos para pretender sua concessão, embora não tenham legitimidade para buscá-lo como benefício pecuniário direto e pessoal.

São classificados como dependentes econômicos para efeitos legais:

a) o cônjuge ou companheiro e os filhos, inclusive os enteados até 21 (vinte e um) anos de idade ou, se estudante, até 24 anos ou, se inválido, de qualquer idade;
b) o menor de 21 (vinte e um) anos que, mediante autorização judicial, viver em companhia e às expensas do servidor;
c) a mãe e o pai, o padrasto e a madrasta sem economia própria.

A declaração pessoal feita pelo servidor público de dependência econômica de membros de sua família é prova suficiente para sua concessão. Evidentemente que, demonstrado o contrário pela administração, como, por exemplo, o fato de que o dependente tem rendimento de trabalho ou de qualquer outra fonte, inclusive pensão ou provento de aposentadoria em valor igual ou superior ao salário mínimo, além da suspensão do adicional, o servidor será responsabilizado criminal, civil e administrativamente, além das conseqüências por prática de ato de improbidade administrativa.

Como subsídio concedido pela administração pública com o intuito de auxiliar a manutenção da família do servidor, o abono familiar ou salário-família, como também é conhecido, não está sujeito a qualquer tributo, nem servirá de base para qualquer contribuição, inclusive previdenciária.

Em geral, o abono-familiar corresponde a 10% do menor vencimento pago pela administração a seus servidores e abrange cada dependente econômico.

A lei municipal deve estabelecer as condições de concessão.

4.8.4.5. Auxílio-natalidade – O *auxílio-natalidade* é um adicional especial, pago de uma única vez, e que é devido à servidora pública por motivo de nascimento de filho, inclusive se natimorto. Sua concessão, além de proteção social aos recém-nascidos, tem um forte escopo econômico, já que diretamente visa a auxiliar a servidora-mãe com os gastos que terá com o nascimento de seu filho.

O auxílio-natalidade, em geral, corresponde a uma quantia equivalente ao menor vencimento pago pelo serviço público. Na hipótese de parto múltiplo, esse valor deverá ser acrescido de 50% (cinqüenta por cento) por nascituro.

A lei municipal pode estabelecer que o auxílio-natalidade também seja pago ao cônjuge ou companheiro servidor público, quando a parturiente não for servidora.

A prova para a sua concessão é o registro de nascimento ou atestado médico, no caso de natimorto.

4.8.4.6. *Auxílio-reclusão* – A lei municipal pode estabelecer que a família do servidor ativo seja beneficiada com o *auxílio-reclusão*. O conceito de família para este fim tem um forte conteúdo econômico e deve compreender, além de cônjuge e filhos, quaisquer outras pessoas que vivam às expensas do servidor. Equipara-se ao cônjuge a companheira ou companheiro, desde que comprove a existência de união estável como entidade familiar. Concorrendo entre si dois grupos familiares, o auxílio-reclusão deverá ser partilhado em cotas iguais.

Embora tipicamente não seja uma vantagem pecuniária na forma de adicional, já que não se agrega ao vencimento do servidor (ao contrário, em decorrência da prisão não receberá ele vencimento), o auxílio-reclusão não deixa de ter um caráter genérico de contornos nitidamente sociais, próprio dos adicionais.

Geralmente, o auxílio-reclusão é fixado no valor de 2/3 (dois terços) para o afastamento, e enquanto durar, que decorra da prisão em flagrante ou preventiva, e, pela metade, decorrendo a prisão de condenação trânsita em julgado.

4.9. Licenças

Licença é a permissão concedida pela administração ao servidor público para que este se afaste, durante certo período, do exercício de suas funções, com ou sem remuneração.

As licenças podem ser concedidas, entre outras que a lei criar:

I – para tratamento de saúde;
II – por motivo de doença em pessoa da família;
III – por acidente em serviço;
IV – à gestante, à adotante e à paternidade;
V – para desempenho de mandato classista;
VI – para o serviço militar;
VII – por motivo de afastamento de cônjuge ou companheiro;
VIII – para capacitação;
IX – prêmio por assiduidade;
X – para tratar de interesses particulares;
XI – para concorrer a mandato público eletivo e exercê-lo;
XII – especial para fins de aposentadoria;
XIII – para atividade política.

4.9.1. Licença para tratamento de saúde – A *licença para trata-mento de saúde* é a permissão concedida ao servidor público, a pedido, ou de ofício, para que se afaste do serviço, a fim de se submeter a tratamento de saúde, sem prejuízo da remuneração a que fizer jus. A licença deve ser precedida de inspeção médica realizada pelo órgão oficial da administração, como condição essencial de concessão. Excepcionalmente, o laudo pode ser substituído por atestado médico A lei municipal pode estabelecer, além do procedimento administrativo para sua concessão, que, nas licenças de período longo, a perícia seja revigorada, de tempo em tempo, para que a administração decida se não é caso de aposentadoria por moléstia incurável.

Finda a licença, o servidor deverá reassumir imediatamente o exercício do cargo, sob pena de ser considerado faltoso com perda da remuneração e sujeição a processo administrativo.

4.9.2. Licença por motivo de doença em pessoa da família – A *licença por motivo de doença em pessoa da família* é a permissão concedida ao servidor público para que se afaste do serviço por motivo de doença do cônjuge, companheira, dos pais, dos filhos, do padrasto ou madrasta e enteado, ou dependente que viva às suas expensas e conste do seu assentamento funcional, mediante comprovação por junta médica, sem prejuízo da remuneração.

A lei municipal pode estabelecer sua prorrogação, com ou sem remuneração, por período certo, de regra, até 90 (noventa dias).

4.9.3. Licença por acidente de serviço – A *licença por acidente de serviço* é permissão concedida ao servidor público para que se afaste da atividade em decorrência de acidente em serviço de seu cargo, causador de dano físico ou mental.

A lei municipal deverá fixar o procedimento para licenciamento do servidor, bem como a indenização cabível.

4.9.4. Licença à gestante, à adotante e à paternidade – A *licença à gestante, à adotante e à paternidade* é a permissão concedida ao servidor para que se afaste do serviço, no caso de gravidez, de adoção ou de reconhecimento de paternidade, sem prejuízo da remuneração. A licença tem origem constitucional (art. 39, § 3º, da CF), mas necessita de recepção na lei local.

O prazo de licença à gestante é de 120 (cento e vinte) dias: à adotante, de 120 (cento e vinte) a 30 (trinta) dias, dependendo da idade do adotado, de regra, nunca superior a 6 (seis) anos, e ao pai, de 8 (oito) dias consecutivos.

Esta licença tem uma conseqüência secundária: o direito da servidora lactante de comparecer ao serviço apenas em um turno, durante 2 (dois) meses, quando seu regime de trabalho obedecer a dois turnos, ou a três horas consecutivas por dia, quando seu regime de trabalho obedecer a turno único.

4.9.5. Licença para desempenho de mandato classista – A *licença para desempenho de mandato classista* é a permissão concedida ao servidor para desempenho de mandato classista em central sindical, confederação, federação, sindicato, núcleos ou delegacias, associação de classe ou entidade fiscalizadora da profissão, de âmbito municipal, estadual ou nacional, sem perda da remuneração, durante o período do mandato.

O afastamento do empregado público para desempenho de mandato classista tem previsão expressa na CLT. Como para o servidor público esta licença não se inclui no rol dos direitos constitucionais, deve ter previsão expressa no estatuto do servidor público municipal. Como a administração se rege pelo princípio da legalidade, não havendo lei regulamentando sua concessão, não pode a administração pública concedê-la, sob pena de responsabilização do Prefeito Municipal ou do Presidente da Câmara, dependendo a que poder municipal o servidor esteja vinculado, por improbidade administrativa, crime de responsabilidade ou por infração político-administrativa.

A lei municipal especificará ainda o procedimento para sua concessão.

4.9.6. Licença para o serviço militar – A *licença para o serviço militar* é a permissão concedida ao servidor convocado para o serviço militar, sem perda da remuneração. A prestação do serviço militar é uma obrigação de todo homem brasileiro. Estando ele investido na condição de servidor público, deve a administração liberá-lo.

A lei municipal especificará o prazo em que o servidor reassumirá o seu cargo após o término da convocação e se este prazo será ou não remunerado.

4.9.7. Licença por motivo de afastamento de cônjuge ou companheiro – A *licença por motivo de afastamento de cônjuge ou companheiro* é a permissão concedida ao servidor para acompanhar cônjuge ou companheiro servidor público que foi compulsoriamente deslocado para outro ponto do território nacional, para o exterior ou para o exercício de mandato eletivo dos Poderes Executivo ou Legislativo,

O Município e seus agentes

do Município, do estado ou da União. A idéia da licença está na manutenção da relação conjugal ou de companheirismo

O estatuto do servidor público municipal poderá fixar que a licença tenha prazo determinado, com duração, de regra, de 2 (dois) anos, com prorrogação por igual prazo; ou ser indeterminado, situação menos condizente com o interesse público, mas que, por razões próprias dos fatos da vida, entenda a administração conveniente concedê-la. Diferentemente das demais licenças, o afastamento para acompanhar cônjuge ou companheiro é sem remuneração, por não haver qualquer interesse da administração. O período de duração, no entanto, não deverá ser contado como tempo de serviço público.

O deslocamento de cônjuge ou companheiro por simples interesse pessoal não dá direito à licença, já que esta tem como escopo proteger a relação conjugal ou de companheirismo interrompida pela administração.

O estatuto do servidor municipal deve estabelecer ainda a forma de concessão.

4.9.8. Licença para capacitação – *Licença para capacitação* é o afastamento do servidor público para participação de curso de capacitação profissional, concedido depois de certo tempo de exercício da função pública e no interesse da administração. Por isso a licença é remunerada.

Capacitação de interesse exclusivo do servidor público não se insere nesta modalidade de licença. Neste caso, a licença própria será a para tratamento de interesses particulares, sem qualquer ônus para a municipalidade.

O estatuto do servidor público municipal deve prever a forma de concessão.

4.9.9. Licença-prêmio por assiduidade – *Licença prêmio por assiduidade* é uma demasia na administração pública, já que seu conceito reside no afastamento do servidor público do exercício de suas funções por ter exatamente cumprido o seu dever, que é o de ser assíduo ao serviço público. A existência de tal benesse leva a uma conclusão crítica de que o normal é a inassiduidade do servidor público no exercício de seu cargo. A grande verdade, e a realidade nos diz, é que o exercício do cargo público, muitas vezes, não leva em consideração que para uma remuneração recebida corresponde uma obrigação a prestar nos exatos termos para o cargo. Vige, ainda, aquele pensamento populista de que cabe ao estado prover as necessidades humanas, mesmo que seja a de receber do estado sem contraprestar ou pouco prestar. É típico do assistencialismo irresponsável e que tem produzido bancarrotas em inúmeros países que adotam essa ultrapassada política, sem a devida preocupação de que alguém tem que pagar a conta, mais cedo ou mais tarde.

Demonstrando uma radical preocupação com esse sistema deletério da administração pública brasileira, é que a Emenda Constitucional nº 19, de 4.6.1998, inseriu na Constituição Federal (art. 37, *caput*) o princípio de que a administração pública deve ser, entre outros primados, eficiente. Por via de conseqüência, isso obriga a que o administrador público exija de seu pessoal, no caso em comento, do servidor público, eficiência no exercício de seu cargo. Ora, se ser eficiente é uma obrigação da administração pública e, por via trasnsversa, do servidor público, não se encontra mais razão lógica para a existência de um prêmio por tão-só cumprimento de um dever. Soa como imoralidade administrativa, que também é princípio constitucional.

Mas, se apesar de tudo o estatuto do servidor municipal contemplar esta modalidade de licença, a assiduidade ininterrupta como elemento de concessão, que já foi de 10 (dez) anos e hoje está reduzido a 5 (cinco) anos na maioria das legislações estatutárias, garantirá 3 (três) meses de afastamento ao servidor com a percepção de todas as vantagens do cargo.

O momento do gozo da licença-prêmio ou se total ou parcial, no entanto, é de conveniência administrativa.

Sua contagem em dobro para efeitos de aposentadoria, quando não gozada (o chamado *tempo ficto*), regra ainda existente em vários estatutos de servidores, é matéria expressamente disposta pela Constituição Federal, com a redação que lhe deu a Emenda Constitucional nº 20, de 15.12.1998, que, primeiramente, afastou o tempo de serviço como elemento de aposentadoria para substituí-lo por tempo de contribuição (art. 40, § 1º) e, em segundo lugar, por vedação expressa de que o tempo de contribuição seja aferido de forma fictícia (art. 40, § 10).[55]

Questão importante reside em se saber se, tendo o servidor púbico implementado o tempo do qüinqüênio antes da vigência da emenda constitucional, poderia adicioná-lo ao seu tempo de aposentadoria. A questão comporta duas assertivas. Se houve pedido do servidor para que seu prazo fosse contado em dobro antes da emen-

---

[55] O art. 40, § 10, da Constituição Federal está assim redigido:
"Art. 40 ...
§ 10. A lei não poderá estabelecer qualquer forma de contagem de tempo de contribuição fictício."

O Município e seus agentes

da, essa contagem produz efeitos pós-emenda. No entanto, se a implementação do tempo ocorreu antes, e não houve requerimento para sua conversão, a contagem em dobro restou afastada pela nova ordem constitucional, restando ao servidor apenas o direito de gozá-la.

Tenho sustentado em vários pontos deste livro e nos acórdãos que relato que a emenda constitucional federal, a lei federal, a emenda constitucional estadual e a lei estadual devem merecer recepção na lei orgânica municipal e, por óbvio, no estatuto do servidor público municipal em respeito ao princípio da autonomia municipal (art. 1º, da CF), da regência municipal pela lei orgânica que criar e que deve expressamente atender aos princípios da Constituição Federal e da Constituição Estadual (art. 29, *caput*, da CF), da legalidade, de que a administração municipal deve agir de acordo com a sua lei (art. 37, *caput*, da CF) e de que é competência do Município legislar sobre assuntos de interesse local, como é o modo de administrar-se ou de suplementar a legislação federal e a estadual, como é o caso do estatuto do servidor público cujos princípios gerais estão esboçados na Lei Maior (art. 30, incisos I e II, da CF). Se não houver a recepção, e a lei municipal continuar existindo, a administração municipal não pode deixar de conceder a conversão da licença-prêmio em tempo dobrado para a aposentadoria do servidor. A circunstância da não-recepção, todavia, pode produzir efeitos de infração político-administrativa, que é questão interna da administração e não pode atingir o direito subjetivo do servidor municipal.

4.9.10. Licença para tratar de interesses particulares – *Licença para tratar de interesses particulares* é o afastamento do servidor efetivo do exercício de suas funções para tratar de interesses próprios.

A concessão desta licença somente deverá ser deferida se não causar transtornos à administração, como é o caso de servidor titular de cargo essencial à administração, já que seu afastamento, não operando a vacância do cargo, importa no deslocamento de outro servidor para substituir o licenciado muitas vezes de difícil encontramento, especialmente no âmbito municipal.

De regra, o prazo de duração desta licença é de 2 (dois) anos, e seu gozo é sem remuneração. A lei pode prover sua renovação.

A qualquer momento poderá o servidor reassumir o exercício do cargo, sem que a administração impeça seu retorno. Todavia, nova licença não deverá ser concedida antes de decorridos 2 (dois) anos do término da anterior, contados da data em que tenha reassumido.

A previsão da licença e o procedimento para sua concessão deve estar expressa no estatuto do servidor público municipal. Ausente, é defeso ao administrador concedê-la já que uma das principais regras de sua conduta administrativa é o cumprimento da lei. E se concede, por ilegal, seu ato é passível de nulidade, com os efeitos e responsabilidades próprios.

4.9.11. Licença para atividade política – *Licença para atividade política* é o afastamento do servidor público do exercício de seu cargo para praticar atividade política resultante de sua escolha na convenção partidária até a véspera do registro de sua candidatura perante a Justiça Eleitoral. Esta licença não é remunerada.

Sua previsão no estatuto do servidor público municipal deve também estabelecer o procedimento para sua concessão, como por exemplo, a exigência de prova de sua escolha na convenção partidária.

4.9.12. Licença para concorrer a mandado público eletivo e exercê-lo – A *licença para que o servidor público possa se afastar do cargo para concorrer a mandado público eletivo* é direito concedido pela legislação federal eleitoral, iniciando-se com o registro de sua candidatura. Esta licença é remunerada e é uma decorrência da licença para atividade política.

Eleito, as regras que lhe serão aplicadas são as do art. 38 da Constituição Federal, que diz:

Art. 38. Ao servidor público da administração direta, autárquica e fundacional, no exercício de mandato eletivo, aplicam-se as seguintes disposições:

I – tratando-se de mandato eletivo federal, estadual ou distrital, ficará afastado de seu cargo, emprego ou função;

II – investido no mandato de Prefeito, será afastado do cargo, emprego ou função, sendo-lhe facultado optar pela sua remuneração;

III – investido no mandato de Vereador, havendo compatibilidade de horários, perceberá as vantagens de seu cargo, emprego ou função, sem prejuízo da remuneração do cargo eletivo, e, não havendo compatibilidade, será aplicada a norma do inciso anterior;

IV – em qualquer caso que exija o afastamento para o exercício de mandato eletivo, seu tempo de serviço será contado para todos os efeitos legais, exceto para promoção por merecimento;

V – para efeito de benefício previdenciário, no caso de afastamento, os valores serão determinados como se no exercício estivesse.

4.9.13. Licença especial para fins de aposentadoria – *Licença especial para fins de aposentadoria* é o afastamento do servidor público do exercício de seu cargo 30 (trinta) dias da data em que protocolou o pedido de aposentadoria. O afastamento independe de pedido específico e se operará de pleno direito tão-só pelo implemento do trintídio sem manifestação da administração sobre a aposentadoria.

Indeferido o pedido dentro dos 30 (trinta) dias, o servidor deve reassumir imediatamente o exercício de seu cargo.

4.10. Férias

É preceito constitucional que o servidor público tem direito a férias anuais (art. 39, § 4º, da CF), como extensão é concedido aos trabalhadores urbano e rural (art. 7º, inciso XVII da CF).

O direito de férias é uma conquista social embasada em dados da realidade da vida humana. Está cientificamente comprovado que o trabalho contínuo e ininterrupto produz um desgaste físico e mental de difícil reparação na saúde humana, que o estado tem o dever de resguardar. De outro lado, no campo específico do resultado econômico, o desgaste físico e mental é forte fator de decréscimo de produtividade no trabalho. Numa sustentação ou noutra, as férias são necessárias.

De princípio constitucional, merece o estatuto do servidor público municipal contemplar as férias estabelecendo sua duração, forma de concessão e até mesmo a possibilidade de conversão em pecúnia. De regra, o prazo de duração é de 30 (trinta) dias corridos. Nada impede, no entanto, que seja fixada em 20 dias úteis.

A lei municipal pode estabelecer desconto no período de férias em decorrência de faltas ao serviço, a antecipação do pagamento da remuneração correspondente; o pagamento proporcional no caso de exoneração, demissão, aposentadoria; possibilidade do gozo parcelado, sua acumulação e interrupção por necessidade de serviço.

O que não pode é a administração agir contra a disposição legal. O ato administrativo assim disposto é nulo, com todas as conseqüências resultantes.

4.11. Direito de petição

Ao servidor público municipal é assegurado o direito de requerer aos Poderes Públicos Municipais em defesa de direito ou interesse legítimo próprio. Isto é chamado *direito de petição*. Embora o servidor público tenha o dever de obediência para com seu superior hierárquico, no âmbito da administração é possível sua pretensão de buscar o controle do ato administrativo superior que atentar contra seu direito ou interesse.

Seu pedido deverá ser formulado através de requerimento e dirigido à autoridade competente para decidi-lo, através daquela a que estiver imediatamente subordinado, em respeito ao princípio hierárquico. O pedido pode ser direto ou conter fundamentação fática ou jurídica e vir ou não acompanhado de prova.

O direito de petição também pode ser exercido pelo servidor público para que a autoridade reconsidere decisão contrária a seu direito ou, ainda, como verdadeiro recurso administrativo.

Consistindo o direito de petição em pedido de reconsideração, somente com novos argumentos ou provas é possível formulá-lo. O simples pedido de reconsideração que não preencha este requisito formal deve ser indeferido. A autoridade a quem o pedido de reconsideração foi dirigido deve despachá-lo em 30 (trinta) dias. Por razões impeditivas próprias, devidamente justificadas, este prazo pode ser ultrapassado.

Indeferido o pedido ou a reconsideração, cabe recurso, como último grau administrativo. A petição recursal deverá ser dirigida à autoridade a quem a lei municipal fixar como competente, no prazo de 30 (trinta) dias, a contar da data da publicação da decisão recorrida ou da data da ciência que o interessado tomar conhecimento. Sendo provido o recurso, o efeito da decisão retroagirá à data do ato impugnado.

O direito de requerer prescreve, como de regra, todas as pretensões contra a administração pública, em:

a) 5 (cinco) anos, quanto aos atos de demissão e cassação de aposentadoria ou de disponibilidade, ou que afetem interesses patrimoniais e créditos resultantes das relações de trabalho;
b) 120 (cento e vinte) dias nos demais casos, salvo quando, por prescrição legal for fixado outro prazo.

O prazo de prescrição será contado da data da publicação do ato impugnado ou da data da ciência pelo interessado, quando o ato não for publicado.

O pedido de reconsideração e de recurso, quando cabíveis, interrompem a prescrição administrativa.

4.12. Tempo de serviço e de contribuição

A Emenda Constitucional nº 20, de 15.12.1998, deu uma nova estrutura à contagem do tempo de efetivo exercício do servidor público para fins de aposentadoria.

Antes, bastava o simples exercício temporal para que o servidor computasse esse lapso como contagem regressiva para a aposentação, especialmente a voluntária. O conceito era o de *tempo de serviço*. Nesse cômputo criou-se, por força legal, uma série de situações fictas, que outorgava uma ampliação ao conceito de tempo de serviço em detrimento da fluição real, como a contagem em dobro da licença-prêmio, das férias não-gozadas, ou do tempo prestado às Forças Armadas em operações de guerra; a contagem de tempo de serviço para aquele servidor que trabalhou na agricultura a partir dos 14 anos, o período de estudo em seminário, entre outros.

Hoje, o conceito para aposentação é o de *tempo de contribuição*, quer a aposentadoria se opere em decorrência de (a) invalidez permanente (salvo se decorrente de acidente em serviço, moléstia profissional ou doença grave, contagiosa ou incurável, prevista em lei); (b) quer *por implemento de idade (70 anos)* ou (c) de *forma voluntária*, desde que cumprido tempo mínimo de 10 (dez) anos de serviço público e de 5 (cinco) anos no cargo efetivo em que se dará a aposentadoria, *com percepção integral*, para os homens que implementem a idade de 65 (sessenta e cinco) anos e tenham 35 (trinta e cinco) de contribuição e 60 (sessenta) anos e 30 (trinta) de contribuição, se mulher, ou *com percepção proporcional* ao tempo de contribuição, de 65 (sessenta e cinco) anos de idade para os homem e 60 (sessenta) anos para a mulher, conforme redação dada ao § 1º do art. 40 da Constituição Federal, vazada nestes termos:

Art. 40 ...

§ 1º – Os servidores abrangidos pelo regime de previdência de que trata este artigo serão aposentados, calculados os seus proventos a partir dos valores fixados na forma do § 3º:

I – por invalidez permanente, sendo os proventos proporcionais ao tempo de contribuição, exceto se decorrente de acidente em serviço, moléstia profissional ou doença grave, contagiosa ou incurável, especificadas em lei;

II – compulsoriamente, aos 70 (setenta) anos de idade, com proventos proporcionais ao tempo de contribuição;

III – voluntariamente, desde que cumprido tempo mínimo de 10 (dez) anos de efetivo exercício no serviço público e 5 (cinco) no cargo efetivo em que se dará a aposentadoria, observadas as seguintes condições:

a) 60 (sessenta) anos de idade e 35 (trinta e cinco) de contribuição, se homem, e 55 (cinqüenta e cinco) anos de idade e 30 de contribuição, se mulher;

b) 65 (sessenta e cinco) anos de idade, se homem, e 60 (sessenta) anos de idade, se mulher, com proventos proporcionais ao tempo de contribuição.

Dessa forma, ficou afastado do conceito de aquisição de tempo para aposentadoria que não corresponda a uma contribuição previdenciária, que é o regime de caráter contributivo obrigatório a que está sujeito todo servidor público efetivo (os servidores em cargo em comissão ou de outro cargo temporário ou de emprego público se regem pelo regime geral da previdência, cujos princípios são encontrados nos arts 201 a 204 da Constituição Federal, conforme expressa determinação do § 13 do art. 40 também da Constituição Federal).

O estatuto do servidor público municipal prevê o conceito de contribuição, levando em consideração, especialmente, os §§ 9º e 10 da Constituição Federal, que manda contar como tempo de contribuição previdenciária municipal para efeitos de aposentadoria o tempo de contribuição federal ou estadual e a proibição de contagem de qualquer tempo fictício de contribuição.[56]

4.13. Regime disciplinar

Fixados os direitos e vantagens do servidor público, deve a lei municipal especificar quais os seus deveres, suas proibições, a possibilidade de acumular cargos, suas responsabilidades e penalidades.

4.13.1. Deveres – Estatuto de servidor público municipal estabelece como *deveres* do servidor público:

I – exercer com zelo e dedicação as atribuições do cargo;
II – ser leal a sua instituição;
III – observar as normas legais e regulamentares;
IV – cumprir as ordens superiores, exceto quando manifestamente ilegais;
V – atender com presteza o público em geral;
VI – a expedição de certidões;
VII – as requisições;
VIII – levar ao conhecimento da autoridade superior as irregularidades que tiver ciência;
IX – zelar pela economia do material de expediente;
X – guardar sigilo sobre assunto da repartição;
XI – manter conduta compatível com a moralidade administrativa;
XII – ser assíduo e pontual no serviço;
XIII – tratar as pessoas com urbanidade;
XIV – representar contra ilegalidade, omissão ou abuso de poder.

4.13.2. Proibições – Pode também o estatuto de servidor público do Município fixar proibições, como:

---

[56] Os §§ 9º e 10 do art. 40 da Constituição Federal têm a seguinte redação:
"Art. 40 ...
§ 9º. O tempo de contribuição federal, estadual ou municipal será contado para efeito de aposentadoria e o tempo de serviço correspondente para efeito de disponibilidade.
§ 10. A lei não poderá estabelecer qualquer forma de contagem de tempo de contribuição fictício."

I – ausentar-se do serviço durante o expediente, sem prévia autorização do chefe imediato;

II – retirar, sem prévia anuência da autoridade competente, qualquer documento ou objeto da repartição;

III – recusar a fé a documento público;

IV – opor resistência injustificada ao andamento de documento e processo ou execução de serviço;

V – promover manifestação de apreço ou desapreço no recinto da repartição;

VI – cometer a pessoa estranha à repartição, fora dos casos previstos em lei, o desempenho de atribuição que seja de sua responsabilidade;

VII – coagir ou aliciar subordinado no sentido de filiarem-se a associação profissional ou sindical, ou a partido político;

VIII – manter sob sua chefia imediata, em cargo ou função de confiança, cônjuge, companheiro ou parente até 2° grau civil;

IX – valer-se do cargo para lograr proveito pessoal ou de outrem;

X – participar de gerência ou administração de empresa privada, sociedade civil, salvo participação nos conselhos fiscais;

XI – atuar, como procurador ou intermediário, junto a repartições públicas;

XII – receber propina, comissão, presente ou vantagem de qualquer espécie, em razão de suas atribuições;

XIII – aceitar comissão, emprego ou pensão de estado estrangeiro;

XIV – praticar usura sob qualquer de suas formas;

XV – proceder de forma desidiosa;

XVI – utilizar pessoal ou recursos materiais da repartição em serviços ou atividades particulares;

XVII – cometer a outro servidor atribuições estranhas ao cargo que ocupa, exceto em situações de emergência e transitórias;

XVIII – exercer quaisquer atividades que sejam incompatíveis com o exercício do cargo ou função e com o horário de trabalho;

XIX – recusar-se a atualizar seus dados cadastrais quando solicitados.

4.13.3. Acumulação – A regra é que cada cargo público seja ocupado por um servidor público, quer seja ele efetivo, mediante investidura através de concurso público, ou em comissão, de livre nomeação e exoneração da administração. De outro lado, a cada cargo público corresponde uma remuneração fixada em lei. A acumulação remunerada de cargos públicos é vedação constitucional (art. 37, inciso XVI, da Constituição Federal)

Acumulação de cargos, portanto, é exceção, e como tal, somente pode ocorrer, havendo compatibilidade de horários e desde que se respeite o teto constitucional (subsídio do Ministro do Supremo Tribunal Federal), na situações previstas na Constituição Federal (parte final do art. 37, inciso XVI, da CF), a saber: a) a de dois cargos de professor: b) a de um cargo de professor com outro, técnico ou científico e c) a de dois cargos privativos de médico.

A proibição de acumular estende-se a empregos e funções e abrange autarquias, fundações, empresas públicas, sociedades de economia mista, suas subsidiárias, e sociedades controladas, direta ou indiretamente, pelo poder público, consoante regra do art. 37, inciso XVII, da Constituição Federal, com a redação dada pela Emenda Constitucional nº 19, de 4.6.1998.

O servidor público investido para determinado cargo não pode, por vontade própria ou mesmo por determinação administrativa, ser lotado em cargo diverso do seu. Trata-se de *desvio de função*, que, em verdade, é ato ilegal passível de controle pela própria administração, pelo Tribunal de Contas ou pelo Poder Judiciário. Por seu caráter de ilegalidade, a sanção que sobre ele paira é a da nulidade, que tem como conseqüência a ausência de efeitos.

Assim, alguém que se encontre em desvio de função ou a cumula ilicitamente cargos públicos não adquire qualquer direito.

O art. 38, inciso III, da Constituição Federal estabelece uma típica possibilidade de acumulação remunerada, além daquelas previstas no art. 37, inciso XVII, também da Constituição Federal, que é a do servidor público eleito Vereador, quando, havendo compatibilidade de horários, perceberá as *vantagens* de seu cargo, emprego ou função, sem prejuízo do *subsídio* (a Constituição Federal fala em *remuneração* do cargo eletivo. Trata-se de um cochilo da Reforma Administrativa produzida pela Emenda Constitucional nº 19, de 4.6.1998, já que o vereador percebe *subsídio*, conforme a redação por ela dada ao art. 29, inciso VI, da Constituição Federal).

Detectada a qualquer tempo a acumulação ilegal de cargos, empregos ou funções públicas, a autoridade que tomar conhecimento do fato deverá notificar o servidor para que, em prazo, em geral de 10 (dez) dias, contados da data que tomou ciência da comunicação, apresente opção. No silêncio, deverá ser instaurado procedimento sumário para apuração da irregularidade, oportunizando ao servidor em acumulação, contraditório, ampla defesa e recurso. Julgada a acumulação indevida, duas possibilidades se apresentam. Caracterizando a acumulação de boa-fé, o servidor será demitido do segundo cargo que acumulou; de má-fé, será ele demitido de todos os cargos que se encontra investido. Todo este procedimento, é bom esclarecer, deve ter previsão legal. Não é possível a administração criar procedimento administrativo ou estabelecer regras de direito administrativo material.

4.13.4. Responsabilidades – O servidor público responde civil, penal e administrativamente pelo exercício irregular de suas atribuições.

O Município e seus agentes

147

A responsabilidade civil decorre de ato comissivo ou omissivo, doloso ou culposo, que importe em prejuízo ao erário ou a terceiros. A indenização de prejuízo dolosamente causado ao erário deverá ser liquidada através de processo de cobrança. O desconto em folha somente será possível inexistindo bens que assegurem a execução. Se a responsabilidade decorre de dano causado a terceiro, fixado este, através de ação de regresso.

A responsabilidade penal é decorrência da imputação pela prática de crimes e contravenções.

A responsabilidade administrativa resulta do ato omissivo ou comissivo praticado no desempenho do cargo ou função.

Além das responsabilidades enumeradas, o servidor público também responde por improbidade administrativa, conforme o disposto na Lei nº 8.429, de 2.6.1992, objeto de análise no Capítulo I deste Livro, por sua própria característica de excepcionalidade.

As sanções aplicadas ao servidor público por exercício irregular de suas atribuições são aplicadas cumulativamente e de forma independente.

4.13.5. Penalidades – O servidor público quando age no exercício irregular de suas atribuições, na esfera administrativa, sofre penalizações disciplinares. Trata-se do exercício do poder disciplinar da administração.

Na aplicação das penalidades, devem ser considerados a natureza e a gravidade da infração cometida, os danos que dela provierem para o serviço público, as circunstâncias agravantes ou atenuantes e os antecedentes funcionais. Não bastasse isso, o ato administrativo que impuser a pena, além das motivações acima, deve também mencionar sempre o fundamento legal e a causa da sanção disciplinar, sob pena de se caracterizar um ato administrativo nulo passível de autotutela administrativa ou controle judicial.

Durante muito tempo foi admitida na doutrina a imprescritibilidade da pena disciplinar, cujo fundamento residia na existência do interesse público. Hoje, no entanto, este pensamento está superado pela sustentação mais humanista de que nenhuma sanção pode ser atemporal ou perpétua. De outro lado, se até para os crimes graves (salvo aqueles praticados por grupos armados, civis ou militares, contra a ordem constitucional e o Estado Democrático – art. 5º, inciso XLIV, da Constituição Federal) a inércia do Estado constitui limitação na sua ação de perseguir, seria despropositado não se admitir que a sua inércia na ação de administrar também não sofresse limite. O certo é que hoje a prescrição é instituto presente em todos os estatutos de servidores públicos.

As penas por infrações disciplinares podem ser da seguinte forma:

a) repreensão ou advertência;
b) suspensão ou multa;
c) demissão;
d) cassação da aposentadoria ou disponibilidade;
e) destituição de cargo em comissão;
f) destituição de função comissionada.

4.13.5.1. Advertência e repreensão – *Advertir*, como sanção disciplinar, é chamar a atenção de servidor público por descumprimento de atribuições de seu cargo; *repreender*, por sua vez, é a reprovação enérgica deste descumprimento.

As penas disciplinares de advertência e de repreensão serão aplicadas, a primeira, de forma particular e verbalmente ou por escrito, e a segunda, de forma escrita, quando ocorrer falta de cumprimento do dever funcional ou na prática de procedimento público inconveniente. A lei deve expressamente estabelecer quais os deveres e proibições serão sancionados com a advertência e a repreensão. Dessa forma, não fica na discricionariedade administrativa estabelecê-la. A aplicação de qualquer das penas, sem a prévia previsão legal, é ato disciplinar abusivo passível de controle interno ou pelo Poder Judiciário, podendo ensejar indenização por dano patrimonial e/ou moral.

As penas serão canceladas do registro funcional do servidor, para algumas legislações, decorridos 3 (três) anos de sua aplicação, desde que não haja reincidência. O triênio, como lapso temporal de concelamento registral da pena, está bem mais próximo do instituto da *reabilitação criminal* (arts. 93 e 94, do Código Penal), que prevê 2 (dois) anos.[57] O cancelamento da pena na ficha funcional do servidor público não deve gerar nenhum direito para fins de concessão ou revisão de vantagens.

---

[57] O art. 94 do Código Penal tem esta redação:
"Art. 93. A reabilitação alcança quaisquer penas aplicadas em sentença definitiva, assegurando ao condenado o sigilo dos registros sobre seu processo e condenação.
Art. 94. A reabilitação poderá ser requerida, decorridos 2 (dois) anos do dia em que for extinta, de qualquer modo, a pena ou terminar a sua execução, computando-se o período de prova da suspensão e o do livramento condicional, se não sobrevier revogação, desde que o condenado:
I – tenha tido domicílio no País no prazo acima referido;
II – tenha dado, durante esse tempo, demonstração efetiva e constante de bem comportamento público e privado;
III – tenha ressarcido o dano causado pelo crime ou demonstre a absoluta impossibilidade de o fazer, até o dia do pedido, ou exiba documento que comprove a renúncia da vítima ou novação da dívida.

As infrações disciplinares que cominem pena de advertência e de repreensão têm prazos curtos de prescrição, em geral, 180 (cento e oitenta) dias, contados de seu conhecimento pelo superior hierárquico. A instauração de sindicância ou de processo administrativo disciplinar interrompe a prescrição até a decisão final.

No campo da competência, a lei municipal deverá estabelecer quem as aplicará. O ato administrativo punitivo editado por autoridade incompetente é nulo, efeito que atinge todo processo, fluindo em benefício do servidor o lapso temporal que mediou sua existência.

4.13.5.2. Suspensão e multa – *Suspender*, como sanção disciplinar, significa interromper o exercício funcional do servidor no seu cargo com efeito patrimonial de não-percepção de direitos e vantagens correspondentes.

A pena disciplinar de suspensão, de regra, será aplicada por reincidência das faltas punidas com repreensão ou nas violações que a lei expressamente estabelecer, que não tipifiquem infração sujeita à penalidade de demissão. A duração da pena não deve ser superior a 90 (noventa) dias.

Por critério absolutamente de conveniência administrativa, mas com previsão a esse respeito estabelecida no estatuto do servidor público municipal, a penalidade de suspensão poderá ser convertida em *multa*, na base de 50% (cinqüenta por cento) por dia de remuneração, com permanência no serviço.

A pena de suspensão, como estabelecem algumas legislações, deve ser cancelada do registro funcional do servidor 5 (cinco) anos após o seu efetivo cumprimento. Penso que este lapso temporal aceito por quase todos os estatutos de servidores públicos deve ser repensado. Se a reabilitação pela infração criminal, de constrangimento pessoal muito mais forte, se opera em 2 (dois) anos, qualquer que seja ela, é desproporcional que para uma infração administrativa de proporções médias este tempo seja superior ao dobro. Mais ainda, se este tempo é de 10 (dez) anos, como prevê o Regime Jurídico Único dos Servidores do Estado do Rio Grande do Sul, no seu art. 190.[58]

O cancelamento do registro da pena na ficha funcional do servidor não pode ter efeitos econômicos, portanto, não gerará nenhum direito para fins de concessão ou revisão de vantagens.

---

[58] Diz o art. 190 do Regime Jurídico Único dos Servidores Públicos Civis do Estado do Rio Grande do Sul, Lei Complementar nº 10.098, de 3.2.1994:
"Art. 190. Os registros funcionais de advertência, repreensão, suspensão e multa serão automaticamente cancelados após 10 (dez) anos, desde que, neste período, servidor não tenha praticado nenhuma nova infração."

Por razões óbvias, a pena de suspensão não poderá ser aplicada enquanto o servidor estiver afastado por motivo de férias regulamentares ou em licença, não importa a sua modalidade.

A prescrição da pena de suspensão ou multa, em geral, é fixada em estatutos de servidores em 2 (dois) anos, cujo prazo inicial é o do conhecimento do ato infracional pelo superior hierárquico.

Como as penas de advertência e repreensão, a lei prevê a autoridade superior que as aplicará. A aplicação da pena por autoridade incompetente é causa de nulidade, que poderá atingir todo processo disciplinar.

4.13.5.3. Demissão – Como as demais penas disciplinares, a demissão pressupõe previsão legal, mais do que qualquer outra, já que consiste na exclusão definitiva do servidor público do cargo que ocupa.

A demissão pode ser *simples*, quando há apenas culpa do servidor na inobservância dos deveres gerais, e a *bem do serviço público*, que é a mais grave, porque implica a transgressão dos deveres funcionais por dolo do servidor, com prejuízo ao patrimônio público. Sendo uma qualificadora na demissão, a lei prevê essa imputação. Caracteriza abuso de poder do Prefeito Municipal ou Presidente da Câmara que aplicar a pena de demissão a bem do serviço público sem que exista previsão legal. O ato abusivo pode importar em responsabilidade do Município e do agente que a aplicou.

O estatuto do servidor público do município textualmente fixará as hipóteses para aplicação da pena de demissão. Sendo a penalidade mais grave aplicada a um servidor público, com maior razão o princípio da legalidade se reveste de importância.

De regra, são práticas administrativas graves passíveis de demissão: a prática de crime contra a administração pública, o abandono do cargo, a inassiduidade habitual, improbidade administrativa, incontinência pública e conduta escandalosa, na repartição, a insubordinação grave em serviço, ofensa física, em serviço, a servidor ou particular, salvo em legítima defesa própria ou de outrem, a aplicação irregular de dinheiros públicos, revelação de segredo do qual se apropriou em razão do cargo, lesão ao erário municipal e dilapidação do patrimônio público municipal, corrupção, acumulação ilegal de cargos, empregos ou funções públicas, entre outras.

A infração definida na lei como passível de demissão, de regra, prescreve em 5 (cinco) anos, contados do conhecimento do fato pela autoridade hierarquicamente superior.

Como as demais penas, a lei prevê a autoridade que a aplicará. No caso do Município, será o Prefeito Municipal ou o Presidente da Câmara, dependendo a que Poder pertença o servidor público.

4.13.5.4. Cassação de aposentadoria ou disponibilidade – A cassação de aposentadoria ou disponibilidade é conseqüência temporal de infração disciplinar passível de aplicação da pena de demissão. Constituiria uma imoralidade administrativa o inatingimento de aposentadoria ou disponibilidade de servidor público que, quando no exercício de seu cargo, tendo praticado fatos puníveis com a pena de demissão, não pudesse ter qualquer destes atos cassados e consumar-se a demissão. No entanto o que se observa é o silêncio de estatutos de servidores públicos a esse respeito, consumando-se uma prática abominável na administração pública.

Algumas legislações estatutárias prevêem expressamente que, instaurado o inquérito administrativo para apuração de falta grave, a o servidor só poderá ser exonerado, a pedido, ou aposentado voluntariamente, depois de concluído o respectivo processo. O Regime Jurídico dos Servidores Públicos Civis da União, das autarquias, inclusive as em regime especial, e das fundações públicas federais, Lei nº 8.112, de 11.12.1990, prevê expressamente a cassação de aposentadoria ou de disponibilidade como penalidade disciplinar (art. 127, inciso IV, c/c o art. 134).

Constituindo a cassação de aposentadoria ou disponibilidade como infração disciplinar, a ela também se aplicará o instituto da prescrição, cujo prazo deverá ser o mesmo da demissão: 5 (cinco) anos.

A lei também deve estabelecer qual autoridade é competente para aplicar a penalização.

4.13.5.5. Destituição do cargo em comissão – A característica do cargo em comissão é a nomeação e a exoneração por exclusiva discricionariedade administrativa.

Mas pode ocorrer que o servidor do cargo em comissão pratique infração a que a lei comine pena de suspensão ou demissão, portanto, que mereça ser punido em vez de simplesmente exonerado. Duas situações podem se oferecer: se o cargo em comissão é exercido por servidor efetivado, será ele destituído do cargo em comissão, se não, será ele demitido, circunstância que o impedirá de ser novamente investido em cargo público, de regra, por 5 (cinco) anos. Estando o servidor já aposentando ou em disponibilidade, deve ser aplicada a mesma pena e procedimento de cassação de aposentadoria ou em disponibilidade.

A lei deve especificar qual a autoridade é competente para aplicar a pena.

Como pena que é, a lei deve prevê o prazo de prescrição. De regra, este prazo é de 5 (cinco) anos.

4.13.5.6. Destituição de função comissionada – Como o cargo em comissão, a função comissionada é de plena investidura ou exoneração discricionária da administração pública.

Também como aquela, pode ocorrer que o servidor público no exercício da função comissionada pratique fatos tipificáveis como infrações disciplinares. Neste caso, será ele destituído, respeitando-se os trâmites do devido processo previsto na lei estatutária, em que se garanta o contraditório, a ampla defesa e a possibilidade recursal.

As repercussões desta pena podem incompatibilizar o servidor para nova função comissionada, em geral, por 5 (cinco) anos.

Como pena, a destituição de função comissionada é prescritível também em 5 (cinco) anos.

A lei deverá especificar a quem compete aplicar a pena.

4.13.6. Processo administrativo disciplinar – Para que o servidor público seja responsabilizado administrativamente por infração disciplinar, o estatuto que o regra prevê o devido *processo administrativo disciplinar* em que lhe seja garantido *o contraditório, a ampla defesa e a possibilidade de recurso*, em respeito ao art. 5º, inciso XV, da Constituição Federal.

Diante disso, o ato administrativo sancionador de infração disciplinar é sempre um ato decorrente de um prévio processo, em que sejam asseguradas ao servidor público as garantias constitucionais. *Devido processo administrativo* é processo previsto em lei, no caso do Município, no estatuto do servidor público municipal em que as regras adjetivas da persecução disciplinar sejam expressas. *Contraditório* é o direito de resposta que tem o servidor diante de uma acusação por infração disciplinar. Para que este direito subjetivo processual constitucional seja efetivamente exercido é preciso que o ato administrativo acusatório, a portaria, narre um fato repleto de circunstâncias. Narrativa opaca e vaga, por ferir o contraditório, é ato administrativo nulo, devendo ser assim declarado pela administração ou através de controle do Poder Judiciário. *Ampla defesa*, por sua vez, é a possibilidade do servidor público de oferecer e produzir provas em defesa de suas alegações de contraditório. Naturalmente que no conceito de ampla defesa não se insere qualquer defesa, mas defesa legítima e pertinente. O abuso do direito de defesa deve ser afastado pela autoridade administrativa processante, até com aplicações de sanções processuais, como a não-carga dos autos, por exemplo. A *possibilidade recursal* é a previsão de que o julgamento da infração disciplinar pode ser revisto em grau administrativo recursal, numa espécie de autocontrole na aplicação da sanção.

Diferentemente do processo judicial, em que a provocação da parte interessada é sempre necessária para o julgamento pelo Poder Judiciário, o processo administrativo tem início por provocação da própria administração ou através de denúncias de terceiros objetivadas em documento escrito, com identidade do denunciante.

Não configurando a denúncia infração disciplinar, deverá ela ser arquivada por decisão fundamentada.

O processo administrativo disciplinar pode ser precedido de *sindicância* e *inquérito administrativo* destinados à apuração das infrações disciplinares, dependendo a instauração de um ou de outro da maior ou menor gravidade da infração.

4.13.6.1. Sindicância – Sindicância é o procedimento preparatório sumário necessário para embasar a instauração de processo administrativo disciplinar que objetive apurar irregularidades ou infrações funcionais punidas com pena de advertência, repreensão ou suspensão, de regra, até 30 (trinta) dias.

A autoridade processante da sindicância deverá ter hierarquia funcional igual ou superior ao sindicado e poderá efetuar diligências para os necessários esclarecimentos, inclusive com a ouvida do denunciante e do servidor implicado.

Os elementos coletos deverão ser relatados pela autoridade processante da sindicância que opinará por seu arquivamento, se não constituir o fato infração administrativa ou não existir prova segura da autoria; pela instauração de inquérito administrativo, se a infração é mais grave do que inicialmente pretendia apurar ou concluirá pela instauração de processo administrativo disciplinar. A regra é a de que a autoridade processante, por sua natural parcialidade, não seja a que deverá decidir sobre os rumos da sindicância.

Alguns estatutos de servidores estabelecem a possibilidade de aplicação de pena disciplinar no término da sindicância. Tenho, nesta situação, que não se está diante de um procedimento preparatório de um processo disciplinar, mas do próprio processo disciplinar em si. Ocorrendo isso, o contraditório, a ampla defesa e a possibilidade recursal devem ser assegurados ao servidor processado. A pena aplicada nesta sindicância que não resguarda as garantias constitucionais ao servidor produzirá penalização viciada e, por via de conseqüência, nula, cuja declaração deverá ser feita pela própria administração em autotutela ou mediante provocação do servidor ao Poder Judiciário de qualquer das ações cabíveis, como por exemplo, o mandado de segurança.

4.13.6.2. Inquérito administrativo – Inquérito administrativo, de regra, é procedimento preparatório, de conteúdo amplo e autônomo, necessário para embasar a instauração de processo administrativo disciplinar que objetive a apuração de infrações disciplinares punidas com penas superiores a 30 (trinta) dias de suspensão, demissão, cassação de aposentadoria ou de disponibilidade, destituição de cargo em comissão ou destituição de função comissionada. Numa tentativa de superação da histórica, tradicional mas também morosa e atentatória à celeridade necessária para apuração dos ilícitos disciplinares da função do inquérito, legislações estatutárias têm procurado, apesar de manutenção da nomenclatura clássica, dar-lhe função de verdadeira colheita de prova acusatória, tornando-a uma fase intermediária do próprio processo administrativo disciplinar em que se processam a instrução, defesa e relatório.

Como estrutura de colheita de elementos para embasar a acusação administrativa, ele é inquisitorial, como ocorre com o inquérito policial, agindo a administração com a liberdade própria do poder discricionário. Nessa estrutura clássica, o que for colhido servirá exclusivamente para fomentar a portaria acusatória. Já como fase do próprio processo administrativo, o inquérito administrativo tem conteúdo essencialmente formal e como tal deve ser processado, já que nesta fase se desenvolve toda a estrutura acusatória, que, no entanto, só será formalizada em momento posterior.

Tenho fundadas dúvidas sobre essa nova estrutura dada ao inquérito administrativo, e não por aversão a mudanças, mas porque, estruturada a administração pública num Estado de Direito a princípios constitucionais, a eles devem-se submeter toda administração pública.

A Constituição Federal, no seu art. 5º, inciso LV, estabelece como garantia aos litigantes, seja em processo judicial ou administrativo, o respeito ao contraditório, a ampla defesa e o uso dos recursos que a implementação dessas garantias possa ensejar. Na estrutura lógico-histórica de qualquer processo, e a Constituição manteve esta logicidade, o exercício da ampla defesa é momento posterior ao contraditório. Este representa a manifestação do litigan-

O Município e seus agentes

te contra uma acusação que lhe foi formulada, cujas provas, se a acusação não for previamente afastada diante dos argumentos do contraditório, é que se seguirão. Antecipar a colheita da prova acusatória, mesmo com a participação do servidor público e de seu procurador, para só depois formular a acusação é, inverter a seqüência lógica do devido processo legal constitucional. Em que fato infracional esse coleta probatória incidirá?

4.13.6.3. *Processo administrativo propriamente dito* – Processo disciplinar é o instrumento utilizado pela administração para apurar responsabilidades disciplinares praticadas por servidor público no exercício de suas atribuições.

A condução do processo disciplinar por infração leve pode ser unipessoal ou colegiada e, nos demais casos, sempre colegiada. A lei municipal deve estabelecer com precisão a respeito da autoridade ou comissão processante, podendo o servidor acusado impugná-la, administrativa ou judicialmente, se não respeitada a estrutura formativa imposta na lei, já que isto atenta contra o direito de qualquer litigante ser processado porque a lei atribui competência. Trata-se, em verdade, de vício de ilegalidade que acarreta a nulidade do processo.

Para que o princípio do devido processo legal administrativo seja respeitado, a lei municipal deve estabelecer os prazos, tempos e momentos para a prática dos atos processuais.

Proposta a acusação através de portaria como peça subseqüente à sindicância ou ao inquérito administrativo, isto na modalidade clássica de abertura do processo administrativo, ou como peça ratificadora da imputação de uma infração disciplinar, iniciada com a colheita da prova acusatória, como na visão moderna da função do inquérito, a citação pessoal do servidor será efetivada através de mandado, pelo correio com aviso de recebimento, ou por edital, achando-se o servidor em lugar incerto ou não sabido.

Não comparecendo o servidor, aplicar-se-lhe-á a revelia com conseqüências meramente processuais. O processo administrativo disciplinar deve primar pela busca da verdade real, motivo pelo qual não se lhe aplica a pena de confesso ou da verdade formal. Em verdade, está em jogo o interesse público de se saber se o servidor acusado praticou ou não a infração que lhe está sendo imputada.

A resposta do servidor, ou a apresentação do contraditório, como diz a Constituição Federal, pode ser de cunho formal ou material, não podendo a lei estabelecer limites na sua apresentação, sob pena de afronta à Lei Maior.

A prova, cindida ou não sua colheita pela adoção do sistema clássico ou moderno do inquérito administrativo, deve ser ampla, podendo consistir em documentos, testemunhas, perícia e interrogatórios.

Diferentemente do julgamento no processo judicial, em que após a colheita de prova se seguirá a decisão, consistindo o relatório na narrativa do acontecido no processo e parte de uma peça única, no processo administrativo o relatório é peça estanque, produzida em ato administrativo autônomo e de caráter conclusivo, quanto à inocência ou à responsabilidade do servidor. É o típico exemplo do ato complexo, já a decisão proferida pela autoridade julgadora nele deve se basear.

A lei municipal deve prever a possibilidade de recurso, em respeito ao comando constitucional.

4.13.6.4. Afastamento preventivo – O estatuto do servidor público municipal pode prever a possibilidade de suspensão preventiva do servidor acusado, como medida de cautela e a fim de que este não venha a influir na apuração da irregularidade.

Em linhas gerais, o prazo de suspensão é limitado a 60 (sessenta) dias, com possibilidade de prorrogação, sem prejuízo da remuneração. Respondendo o servidor a vários processos administrativos, é possível o afastamento preventivo em cada um deles.

O afastamento preventivo não é ato administrativo imotivado. Além de necessitar de elementos seguros sobre a existência da infração disciplinar e indícios da autoria, precisa a autoridade administrativa demonstrar sob que fundamentos o afastamento se impõe. O ato que afastar o servidor de forma preventiva sem estas precauções é recorrível, tanto na esfera administrativa, como judicial.

4.13.7. Revisão do processo administrativo – Além do recurso administrativo ordinário cabível, o estatuto do servidor público municipal pode prever a possibilidade de *revisão do processo*, recurso típico do processo penal de aplicação subsidiária no processo administrativo ou uma espécie de rescisória administrativa. A revisão, em verdade, é um rejulgamento do processo sempre possível desde que existam fatos novos ou circunstâncias suscetíveis de justificar a inocência ou inadequação da penalidade aplicada. Não se trata de repetição de julgamento ou reanálise das provas já existentes para adequá-las ao conceito de justiça. Mas de fatos, efetivamente, não apreciados por não conhecidos ou circunstâncias que não foram objeto da decisão anterior por inexistentes naquela ocasião.

O Município e seus agentes

A revisão do processo na esfera administrativa é possível mesmo que o servidor condenado tenha falecido, declarado ausente ou incapaz, circunstância que legitima qualquer pessoa da família ou representante legal a fazê-lo.

No processo de revisão há uma inversão do ônus de provar, competindo o seu autor demonstrar os fatos ou circunstâncias novas.

Existe vinculação no processo de revisão: a autoridade que prolatou a condenação deve ser a mesma que enfrentará a revisão.

Julgada procedente a revisão, será declarada sem efeito a penalidade aplicada, reestabelecendo-se todos os direitos do servidor, exceto em relação à destituição do cargo em comissão, que será convertida em exoneração.

A revisão nunca poderá servir se exasperação da pena anteriormente fixada.

4.14. Direito à associação sindical

O art. 39, inciso VI, da Constituição Federal concedeu ao servidor público civil o direito de sindicalizar-se livremente. Em verdade, a instituição desse direito é uma extensão do que a própria Constituição já havia concedido a todos os trabalhadores urbanos e rurais (art. 8º da CF) e que representou uma das grandes conquistas sociais dos trabalhadores em geral.

Embora o servidor público civil tenha característica própria, resultante do próprio *status* da administração pública, não me parece que também não se lhe apliquem alguns dos princípios insertos no art. 8º da Constituição Federal.

Assim, a fundação e estruturação de sindicato de servidores civis, de qualquer esfera administrativa, portanto, do Município, independe de autorização do Estado, que também não pode interferir na sua forma de atuação (art. 8º, inciso I, da CF). No entanto, o sindicato só adquirirá capacidade de pessoa jurídica privada após o devido registro.

Estruturado o sindicato, cabe a ele defender os direitos e interesses coletivos ou individuais de seus associados, inclusive em questões judiciais e administrativas (inciso III, art. 8º da CF). Dúvida reside em se saber se esta capacidade constitucional para defender direitos de associados uníssonos também existe quando há aberto confronto entre direitos dos sindicalizados. Entendo que, neste caso, por fugir a atos de uma representação normal, a assembléia geral deve expressamente autorizar.

A contribuição sindical é fixada livremente pela assembléia geral, que é o poder maior do sindicato, deverá ser descontada em folha (inciso IV, art. 8º da CF).

O servidor público civil municipal sindicalizado tem direito a licença após o registro de sua candidatura a cargo de direção ou representação sindical e, se eleito, para exercer o mandato (inciso VIII, art. 8º da CF. Ver também matéria a esse respeito em *Licenças* do servidor público). Sendo o servidor público penalizado com demissão mediante sentença judicial transitada em julgado, processo administrativo em que se lhe assegure o contraditório, a ampla defesa e o recurso, ou ainda mediante procedimento de avaliação periódica de desempenho (art. 41, § 1º, da CF), as licenças serão tornadas sem efeito.

A desfiliação, como a filiação, é direito do servidor civil municipal (inciso V, do art. 8º da CF) e atinge o aposentado, que pode votar e ser votado (inciso VII, art. 8º da CF).

No entanto, no âmbito de cada Município só pode haver um sindicato de servidor público civil municipal, por exegese do inciso II do art. 8º da Constituição Federal.

4.15. Direito de greve

A Constituição Federal, no art. 37, inciso VII, estendeu ao servidor público o direito de greve, condicionando seu exercício, todavia, ao que for estabelecido em lei específica.[59]

Garantia fundamental de todo trabalhador e que só se transformou em princípio obrigatório de direito através de lutas renhidas, o direito de greve somente foi repassado ao servidor público pelas mãos da Constituição Federal de 1988 e assim mesmo de forma truncada, já que a Lei Maior delegou ao legislador ordinário sua conceituação e a fixação de seus limites.

Portanto, a greve na administração municipal somente poderá ser exercida, com legitimidade, se e quando o Congresso Nacional fixar os seus contornos. Ausente, fica o direito de greve suspenso. Havendo paralisação coletiva, apesar disso, legitima-se a administração pública municipal a instaurar processo disciplinar contra os grevistas, além de não pagar a remuneração.

---

[59] O inciso VII do art. 37 da Constituição Federal tem esta redação:
"Art. 37. ...
VII – o direito de greve será exercido nos termos e nos limites definidos em lei específica."

Ausente a regulamentação do exercício do direito de greve, fica o servidor público municipal à mercê da administração pública que, na ausência de pressão legítima, não encaminha projeto de lei para fixar ou alterar a retribuição pecuniária de seus agentes, e, assim, de forma escancarada, descumpre o preceito do art. 39, inciso X, da Constituição Federal, que prevê a revisão geral e anual de remuneração dos servidores públicos e subsídio dos agentes políticos, sempre na mesma data e sem distinção de índices.[60]

4.16. Participação de servidores no conselho de política de administração e remuneração de pessoal do Município

O art. 39, *caput*, da Constituição Federal, com a redação dada pela Emenda Constitucional nº 19, de 4.6.1998, inovou em termos de política de administração e remuneração de pessoal.

Antes, qualquer proposta de política administrativa ou de remuneração de pessoal era atribuição exclusiva do Prefeito Municipal ou do Presidente da Câmara, dentro de suas competências, que, como ato discricionário seu, elaborava projeto de lei e o encaminhava ao Poder Legislativo.

Com a Emenda Constitucional nº 19/1998, qualquer iniciativa de política administrativa ou de remuneração de pessoal tem, necessariamente, que passar pela análise do Conselho de Política de Administração e Remuneração de Pessoal, órgão a ser criado no âmbito municipal, em cada Poder, e preenchido com servidores designados pelos respectivos poderes. Isso significa limitação à discricionariedade do Prefeito ou do Presidente da Câmara já que, qualquer um deles, tem que submeter suas propostas de política administrativa ou de remuneração de pessoal ao crivo do órgão colegiado. Mas, se a existência do Conselho representa uma diminuição no exercício dos chefes dos Poderes Executivo e Legislativo Municipal, caracteriza uma importante conquista dos servidores públicos em geral porque interagirão nas decisões políticas da administração e na retribuição pecuniária que recebem dos cofres públicos.

Caberá à Lei Orgânica Municipal estruturar o Conselho e a forma de designação dos conselheiros que perceberão, ou não, gratificação na forma que a lei estabelecer.

---

[60] O inciso X, do art. 37, da Constituição Federal tem esta redação:
"Art. 37. ...
X – a remuneração dos servidores públicos e o subsídio de que trata o § 4º do art. 39 somente poderão ser fixados ou alterados por lei específica, observada a iniciativa privada em cada caso, assegurada a revisão geral anual, sempre na mesma data e sem distinção de índices."

Penso que o projeto de lei que trate de política administrativa ou de remuneração de pessoal que for encaminhado sem a oitiva prévia do Conselho padece de vício de origem e poderá ser rejeitado pela Câmara Municipal. Numa projeção maior, a lei que for criada com essa omissão, é inconstitucional e assim poderá ser declarada.

No exercício de seu poder constitucional, o Conselho de Política e Administração e Remuneração de Pessoal deverá observar, na fixação dos padrões de vencimentos e dos demais componentes do sistema remuneratório, a natureza, o grau de responsabilidade e a complexidade dos cargos componentes de cada carreira, os requisitos para a investidura e as peculiaridades do cargo, conforme regra expressa dos incisos I a III do § 1º do art. 39 da Constituição Federal.[61]

4.17. Criação de programas de qualidade e produtividade, treinamento e desenvolvimento, modernização, reaparelhamento e racionalização no serviço público

O art. 39, § 7º, da Constituição Federal, acrescentado pela Emenda Constitucional nº 19, de 4.6.1998,[62] criou a possibilidade de a administração pública destinar recursos orçamentários provenientes da economia com despesas correntes para aplicação no desenvolvimento de programas de qualidade e produtividade, treinamento e desenvolvimento, modernização, reaparelhamento e racionalização do serviço público, ventilando a possibilidade se poder atribuir ao servidor público adicional ou prêmio de produtividade.

Penso que a preocupação do constituinte derivado, a par de buscar atribuir à administração pública características modernas e próprias da administração privada, possibilitando que o serviço pú-

---

[61] O § 1º do art. 39 tem esta redação:
"Art. 39. ...
§ 1º. A fixação dos padrões de vencimentos e dos demais componentes do sistema remuneratório observará:
I – a natureza, o grau de responsabilidade e a complexidade dos cargos componentes de cada carreira;
II – os requisitos para a investidura;
III – as peculiaridades dos cargos."
[62] O § 7º do art. 39 da Constituição Federal tem esta redação:
"Art. 39. ...
§ 7º. Lei da União, dos Estados, do Distrito Federal e dos Município disciplinará a aplicação de recursos orçamentários provenientes da economia com despesas correntes em cada órgão, autarquia e fundação, para aplicação no desenvolvimento de programas de qualidade e produtividade, treinamento e desenvolvimento, modernização, reaparelhamento e racionalização do serviço público, inclusive sob forma de adicional ou prêmio de produtividade."

O Município e seus agentes

blico seja exercido com padrões específicos de qualidade e produtividade, onde o servidor seja treinado e vislumbre um crescimento interno e que a máquina administrativa seja modernizada, reaparelhada e recionalizada, em verdade criou verdadeiro direito para aquele que dá alma e vida à administração pública, que é o servidor público.

5. Servidor público de cargo em comissão

5.1. Generalidades

A Constituição Federal, art. 37, inciso II, admite que qualquer Administração Pública possa preencher *cargos em comissão*, o que significa dizer que o Município, por lei, pode estabelecer que determinados cargos sejam preenchidos sem a necessidade de prévio concurso público. É o também chamado de *cargo de confiança.*

É bom que se enfatize: a lei, e somente ela, é que deverá fixar quais os cargos públicos municipais serão preenchidos na modalidade de *cargos em comissão.* Se não houver a previsão legal de existência dos cargos em comissão, o Administrador Público Municipal, Prefeito ou Presidente da Câmara, será responsabilizado pessoalmente se admitir estes servidores, constituindo a nomeação explícita ilegalidade.

Como estes servidores públicos são admitidos por pura conveniência da Administração Pública, também são exonerados sem maiores formalidades, por simples ato administrativo. Todavia, se a exoneração ocorrer por descumprimento de dever funcional do servidor, fato expressamente imputado, mesmo a precariedade do cargo em comissão impõe a necessidade de processo disciplinar, porque, na condição de litigante, a Constituição Federal, no art. 5º, inciso LV, lhe assegura esse direito (Ver também matéria a esse respeito em *Servidor Público – Penalidades*)

5.2. Natureza jurídica do cargo em comissão

Cargo em comissão é a modalidade de provimento de cargo público por nomeação, sem concurso público, prevista excepcionalmente pela Constituição Federal (art. 37, inciso V), a serem preenchidos preferentemente por servidores de carreira, em condições e percentuais mínimos estabelecidos na lei municipal e se destinam apenas às atribuições de direção, chefia ou assessoramento. Por via de conseqüência, o detentor de cargo em comissão é servidor público especial.

5.3. Direitos e deveres dos detentores de cargo em comissão

O detentor de cargo em comissão é servidor público especial, como já foi dito.

Embora a nomeação independa de concurso público, o nomeado para cargo em comissão deve preencher os requisitos básicos para a investidura em cargo público, como:

a) ser brasileiro, nato ou naturalizado;
b) estar no gozo de seus direitos políticos;
c) estar quites com suas obrigações eleitorais e, se homem, com as militares;
d) ter nível de escolaridade exigido para o exercício do cargo;
e) ter a idade mínima fixada em lei para ingressar no serviço público;
f) ser apto física e mentalmente.

A lei pode exigir ainda outros requisitos especiais inerentes ao cargo.

Declarado inapto, física ou mentalmente, a nomeação deverá ser tornada sem efeito. Penso que a declaração de inaptidão, mesmo para o servidor nomeado para cargo em comissão, se a revogação decorrer de tal manifestação, deve possibilitar o contraditório, a ampla defesa e o recurso administrativo. Nada impede que a administração municipal, por puro critério discricionário, simplesmente torne sem efeito o ato de nomeação.

Afastada a necessidade de concurso público para a nomeação do servidor de cargo em comissão, no entanto, fica ele obrigado a tomar posse e a entrar em exercício nos prazos estabelecidos em lei para o servidor efetivo, sob pena de o ato de posse ser tornado sem efeito.

Aplicam-se ao servidor público detentor de cargo em comissão todos os demais direitos e deveres aplicados ao servidor público efetivo, salvo aqueles que pela própria estrutura do cargo são afastados, como a nomeação mediante prévio concurso público, a aquisição de estabilidade, a demissão através de processo administrativo e o regime previdenciário público, já que apenas aos servidores públicos efetivos é assegurado esse regime (art.40 e art. 40, incisos 2º e 3º, da CF).

Afastadas as exceções, deve a lei municipal fixar como direitos e deveres do servidor público detentor de cargo em comissão aqueles aplicados ao servidor público efetivo, como:

a) vencimento e vantagens fixados em lei;
b) gratificações;
c) adicionais;
d) licenças;
e) férias;
f) direito de petição;
g) tempo de contribuição para a aposentadoria na previdenciária geral;
h) regime disciplinar próprio.

6. Contratado temporário

6.1. Generalidades

A Constituição Federal, no seu art. 37, inciso IX, estabelece que a lei pode fixar casos de contratação por tempo determinado para atender a necessidades temporárias de excepcional interesse público, é a comumente chamada *contratação temporária ou por tempo determinado, emergencial ou de excepcional interesse público*. A autorização constitucional está assim expressa:

> Art. 37. ...
>
> IX – a lei estabelecerá os casos de contratação por tempo determinado para atender a necessidade temporária de excepcional interesse público.

A contratação temporária é um forma especial de ingresso no serviço público que fica no meio-termo entre a regra que exige a aprovação prévia em concurso público como investidura nos cargos ou empregos públicos e as nomeações para cargo em comissão declarado em lei, já que de livre nomeação e exoneração. Isso porque a contratação temporária, dependendo da extensão do interesse público excepcional, pode exigir um processo seletivo simplificado, de ampla publicação, mas que não chega ao formalismo do concurso público em que é requisito obrigatório a realização de prova de conhecimentos técnicos específicos para o cargo a preencher, com a opção de a ela se agregar a exigência de títulos.

Embora a Constituição Federal, no primeiro momento, tivesse outorgado à lei a limitação para definir em que situações ou casos a contratação temporária poderia ocorrer, no momento seguinte limitou o alcance legal desta contratação ao *excepcional interesse público*.

Interesse, em conceito jurídico, é o elemento intrínseco, o conteúdo subjetivo a ser protegido pelo direito. Dessa forma, quando o legislador constituinte faz referência a *interesse público* no art. 37, inciso IX, da Constituição Federal, está informando ao exegeta que a estrutura jurídica que pretende proteger diz respeito com o direito da coletividade, função própria do agir administrativo e que é elemento fundamento para a existência do próprio estado. No entanto, como a expressão *interesse público* foi precedida da palavra *excepcional*, que é aquilo que envolve exceção ou foge da normalidade, é de se concluir que a lei que definirá a contratação temporária somente deverá ser editada para atender *situações atípicas e sazonais de interesse público*.

6.2. Casos de excepcional interesse público para contratação temporária

Podem ser elencados como casos típicos de *contratação temporária* pelo Município:

a) superveniência de calamidade pública;
b) necessidade de combate a surtos endêmicos;
c) admissão de professores substitutos e professor visitante;
d) outras situações de urgência que vierem a ser definidas em lei.

6.2.1. Calamidade pública – é o evento natural ou humano que cause grande desgraça pública; é uma catástrofe de grandes efeitos. Por sua característica excepcional, a calamidade pública tem conseqüências imprevisíveis para a administração. Assim, tendo como obrigação a busca do bem-estar geral seriamente atingido pela calaminade pública, a administração pública pode lançar mão dessa forma especial de ingresso no serviço público e contratar pessoas temporariamente. Por óbvio, que esta contratação deve durar o tempo necessário para a superação da calamidade. Contratação que dure além disso pode caracterizar desvio de finalidade e com isso responsabilizar o administrador, possibilitando o ajuizamento de ação civil pública por parte do Ministério Público.

6.2.2. Combate a surtos endêmicos – Entende-se por *surto endêmico* o aparecimento repentino de uma doença em determinado lugar e que ataca um grande grupo de pessoas. De outro lado, o Estado, conceito no qual se insere o Município, tem o dever de zelar pela saúde de todos (art. 196 da CF) e na execução desse seu mister deve alocar anualmente recursos correspondentes a 15% (quinze por cento) do produto da arrecadação de seus impostos (IPTU, ITBI e ISSQN) e das repartições em receitas de outros entes federados (IR, ITR, IPVA e ICMS), conforme o art. 77, inciso III, do Ato das Disposições Constitucionais Transitórias, com a redação que lhe deu a

Emenda Constitucional nº 29, de 13 de setembro de 2000. Por via de conseqüência, constituindo o surto endêmico uma anormalidade no tratamento dispensado para a saúde de todos, tem o Município legitimidade para contratar temporariamente pessoal e com isso debelar a doença. Como na calamidade pública, o prazo de duração da contratação emergencial deve ser razoável. A continuidade do contrato inexistindo mais o surto endêmico vicia o proceder administrativo com todas as conseqüências resultantes.

6.2.3. Professores substitutos e professor visitante – Como a saúde, a educação é direito de todos e dever do Estado e da família (art. 205 da CF). Para a execução deste serviço público, a Constituição Federal outorga ao Município, com prioridade, a responsabilidade pelo ensino fundamental e a educação infantil (art. 211, § 2º). Assim, para implementar este serviço, o Município deve criar cargos efetivos de professores, outorgando-lhes carreira própria. Dessa forma, ocorrendo vacância nestes cargos, o que é muito freqüente, pela imperiosidade de preenchimento desses cargos, pode o ente público se utilizar da permissão constitucional *e contratar professores substitutos por tempo determinado*. O que não deve ocorrer é o uso da contratação temporária de professores de forma continuada, pois isto pode travestir uma verdadeira burla à exigência do concurso público. O Tribunal de Contas, o Ministério Público, a Câmara de Vereadores, ou mesmo o Poder Judiciário, por provocação, podem controlar a abusividade de contratação temporária de professores substitutos quando repetidas e despropositadas.

Pode constituir causa de excepcional interesse público a *contratação de professor visitante*. Aqui, diferentemente da contratação de professor substituto, a contratação não é para preencher cargos vagos de forma temporária, mas acrescimento de professor ao quadro já existente. O certo é que esta contratação excepcional só deve se verificar em situações anormais. Por exemplo, o Município quer implantar uma nova estrutura de ensino fundamental ou de educação infantil e precisa que professores de fora, conhecedores da sistemática a ser implantada, ministrem conhecimento aos professores municipais durante determinado tempo. Não se pode confundir esta contratação excepcional de professor visitante com o contrato de prestação de serviço, mesmo na forma especial de inexigibilidade licitatória, nos termos da Lei nº 8666/93. Lá, há uma subordinação hierárquica estatutária ou celetista que impõe ao contratado temporariamente obediência à lei e ao superior. Aqui, ao contrário, a vinculação é meramente contratual, limitando-se ao objeto contratado.

6.2.4. Outras situações de urgência – Além destes casos exemplificados, a lei pode mencionar outras situações de urgência que tornem necessária a contratação temporária de pessoal. Evidentemente que a urgência tem que ter caráter de excepcionalidade do interesse público.

Nada impede que a lei municipal outorgue poderes ao Prefeito Municipal para que ele, diante do caso e na omissão da lei municipal, se utilize de outros conceitos legais de urgência para a ação da administração pública que vise a proteger interesse público excepcional previsto no art. 37, inciso IX, da Constituição Federal.

É bom repetir que o texto constitucional não deixa qualquer dúvida que é a lei, e não a administração pública, que estabelecerá os casos em que a contratação temporária se fará necessária. Naturalmente, que importando essa contratação temporária no aumento de despesas públicas e impondo modificações da organização administrativa municipal, competências específicas do Poder Executivo, a iniciativa da elaboração de uma tal lei é privativa do Prefeito Municipal. No discussão legislativa, a Câmara Municipal poderá adequar o projeto, desde que não importe em aumento de despesas, ou mesmo rejeitá-lo se entender que não existe excepcional interesse público. Aprovado projeto de lei criando contratação temporária de iniciativa da própria Câmara ou que importe em aumento de despesas, poderá ele ser vetado pelo Prefeito Municipal.

Derrubado o veto e transformado o projeto em lei, surge a inconstitucionalidade frente à Constituição Estadual, já que, pelo princípio da simetria, esta Carta não pode deixar de recepcionar princípios constantes na Constituição Federal, como são as iniciativas do Presidente da República quanto a projetos de lei que importem em aumento de despesa e estruturação da organização administrativa. Adotando-se a simetria federal frente à Constituição Estadual, podem propor ação de inconstitucionalidade da lei no Tribunal de Justiça do Estado, o Governador do Estado, o Procurador-Geral de Justiça, o Prefeito Municipal, o partido político com representação na Câmara Municipal, o Titular da Defensoria Pública, as entidades de defesa do meio ambiente, dos direitos humanos e dos consumidores legalmente constituídas que tenham interesse no projeto de lei e as associações de bairro e entidades de defesa dos interesses comunitários, se a lei lhes disser respeito. Dando-se conta a Mesa da Câmara Municipal que a lei aprovada é inconstitucional, nada impede que proponha a ação de inconstitucionalidade. Trata-se de um ato de grandeza institucional, mesmo porque seu silêncio não transformará a inconstitucionalidade em constitucionalidade.

O Município e seus agentes

A contratação temporária que tiver como base calamidade pública, em decorrência da própria urgência da situação, pode afastar qualquer processo de escolha de candidatos.

De qualquer forma, como o próprio nome diz, as pessoas contratadas nesta modalidade o são por prazo certo, expressamente fixados em lei. Caso contrário, como já dito, esta contratação pode-se caracterizar numa forma de burla à necessidade de concurso público, caracterizando o ato administrativo em desacordo com a lei municipal, ato ilícito, portanto passível de controle pela Câmara Municipal e pelo Poder Judiciário, na pessoa do Juiz de Direito da Comarca, com responsabilidade pessoal do administrador.

6.3. Natureza jurídica do contrato temporário

Na vigência do regime jurídico único, portanto, antes da Emenda Constitucional nº 19, de 4.6.1998, a contratação temporária tinha regência de relação jurídica pública de predominância estatutária porque este era o regime obrigatório para os servidores que integrassem a administração direta, das autarquias e fundações públicas. Em outras palavras, o contratado temporariamente desfrutava, enquanto durasse o contrato, de vários direitos do servidor público efetivo. Tanto que na órbita federal, por exemplo, a Lei nº 8.745, de 9.12.1993, expressamente estende aqueles direitos, através de seu art. 11.

No entanto, por força da Emenda Constitucional nº 19/98, houve flexibilização na forma de ingresso no serviço público, uma vez que o art. 39 da Constituição Federal, que impunha o regime jurídico único com planos de carreira, sofreu redação absolutamente diferente, suprimido a exigência até então existente. Portanto, se o regime único não é mais obrigatório, é facultada à administração pública a opção de adotar para os contratados temporariamente regime estatutário ou celetista.

A única diferença é que se a opção se der pelo regime estatutário especial, a administração especificará toda a estrutura do contrato temporário. Se a opção é pelo regime celetista, as regras remuneratórias que incidirão sobre a relação jurídica são aqueles previstas na Consolidação das Leis do Trabalho, imodificáveis na órbita municipal.

6.4. Direitos e deveres dos contratados temporários

Os direitos e os deveres dos contratados temporários deverão ser fixados na lei municipal qualquer que seja o regime jurídico por ela definido. Como a administração pública se rege por postulados legais próprios (*princípio da legalidade* – art. 27, *caput*, da CF) os direitos e deveres dos contratados, respeitados para os celetistas ainda o que prevê a lei federal, deverão ser fixados na lei municipal.

Como a contratação é por tempo determinado, a lei deve estabelecer a duração do contrato e a possibilidade de a administração prorrogá-lo ou não, bem como as causas anormais de extinção, como, por exemplo, a extinção antes do prazo por iniciativa da administração municipal ou do contratado, podendo fixar, em qualquer dos casos, o prazo de 30 (trinta) dias como prévio aviso, sujeitando a indenização por seu descumprimento pela parte que deu causa.

A remuneração, principal direito do contratado temporariamente, será fixada em lei, podendo ser tomados como parâmetro os cargos e empregos permanentes de igual atribuição, sem as vantagens de cunho pessoal, mas desde que fique respeitado o mínimo legal.

A lei municipal poderá estabelecer, ainda, como direitos e deveres do contratado temporariamente, qualquer que seja o regime jurídico que tenha optado:

a) vencimentos e vantagens fixados em lei;
b) gratificações;
c) adicionais;
d) férias;
c) licenças;
d) direito de petição;
e) regime disciplinar.

O Município e seus agentes

7. Empregado público municipal

7.1. Generalidades

Como já foi dito, a Emenda Constitucional nº 19/98 modificou a estrutura de pessoal da administração pública direta, autárquica e fundacional.[63] Antes dela, essa administração só podia ter um regime jurídico de pessoal, o chamado regime jurídico único ou estatutário. Suprimida esta vinculação pela emenda constitucional, a Administração Pública pode estabelecer que determinados serviços seus sejam preenchidos por empregados públicos.

Em termos de Município, a lei municipal poderá estabelecer que este ou aquele serviço seja executado na modalidade de emprego público a ser preenchido mediante concurso público.

Por via de conseqüência, as discussões sobre seus direitos e obrigações ocorrerá na Justiça do Trabalho, e não perante o Juiz de Direito da Comarca, como ocorre com os servidores públicos.

É bom que se repita, mesmo que a Administração Municipal opte por ter emprego público, ela só pode admitir na condição de empregados públicos aqueles que forem aprovados em concurso público para preencher empregos certos fixados previamente em lei.

O Administrador Municipal não pode sair por aí contratando quem quer que seja. Se o faz, o ato é nulo, e o Prefeito ou Presidente da Câmara Municipal será responsabilizado pessoalmente.

---

[63] A redação originária do art. 39 da Constituição Federal era a seguinte:
"Art. 39. A União, os Estados, o Distrito Federal e os Municípios instituirão, no âmbito de sua competência, regime jurídico único e planos de carreira para os servidores da administração pública direta, das autarquias e das fundações públicas."
O atual art. 39 da CF, com a redação dada pela Emenda Constitucional nº 19, de 14.2.1998, é o seguinte:
"Art. 39. A União, os Estados, o Distrito Federal e os Municípios instituirão conselho de política de administração e remuneração de pessoal, integrado por servidores designados pelos respectivos Poderes."

Como o conceito de Administração Municipal também envolve pessoas privadas, como é o caso das *fundações, o que foi dito sobre empregado público também a elas se aplicam.*

As sociedades de economia mista e as empresas públicas como são pessoas privadas que têm suas criações tão-somente autorizadas por lei, os servidores que nelas trabalhem não são empregados públicos. Assim o limite de pessoal, remuneração, direitos e deveres ficam na alçada da própria administração destas pessoas, e a lei aplicável é exclusivamente a CLT.

8. Terceiro com vínculos administrativos

8.1. Generalidades

O Prefeito, o Vice-Prefeito, os Vereadores, os servidores efetivos, os detentores de cargo em comissão, os contratados temporariamente e os empregados públicos são aquelas pessoas que estreitamente estão vinculadas ao Município.

No entanto, terceiros podem manter vínculos com a Administração Municipal. É o caso típico do exercício de serviços públicos municipais delegados. Essas pessoas, embora não sejam servidores ou empregados públicos municipais, agem em nome da administração e respondem direta e pessoalmente pelos danos que virem a causar a terceiros ou à própria Administração. A vinculação destes terceiros com a administração decorre de contrato, e não de estatuto de servidores ou da CLT.

Pode servir de exemplo o taxista, que não mantém qualquer vínculo estatutário ou empregatício com o Município, no entanto, por executar um serviço público municipal, como é o de transporte coletivo de passageiros dentro do município, responde perante os passageiros e perante a administração como se fosse.

Também são particulares com vínculos administrativos aquelas pessoas que contratam com a administração a prestação de serviços ou edificação de uma obra. Nestes casos, a vinculação do terceiro com a administração é decorrência pura e simples do que fixou estabelecido no contrato.

9. A responsabilidade civil do Município por atos dos agentes públicos.

9.1. Generalidades

Esse é um tema de especial atenção para o administrador público. Durante muito tempo o direito afirmou que os prejuízos sofridos pelo terceiro e causados por ato da administração não eram passíveis de indenização. Juridicamente a Administração Pública era irresponsável por tais danos.

Houve uma evolução para sustentar-se que estes danos eram, sim, indenizáveis, desde que o terceiro demonstrasse que houve dolo ou culpa da Administração causada por seu agente.Numa evolução importante do ponto de vista do particular, o direito passou a entender que havia uma responsabilidade objetiva da administração em indenizar o terceiro, podendo ser eliminada por prova produzida pela administração no sentido de demonstrar que o danos, em verdade, teriam sido causados pelo próprio terceiro ou que ele teria concorrido para seu evento.

O estágio final dessa evolução da responsabilidade civil da Administração perante o terceiro seria o de que, independente de dolo ou culpa, se houve o dano, a administração é responsável.

9.2. A responsabilidade civil da administração no Direito brasileiro

O direito brasileiro adotou a teoria da responsabilidade objetiva, ou o terceiro estágio da evolução da teoria da responsabilidade civil da administração, que pode ser resumido no seguinte aforismo: *a Administração responde pelos danos sofridos pelo terceiro mas pode demonstrar que este dano só ocorreu por causa do próprio terceiro ou, pelo menos, que ele, de alguma forma, contribuiu para que viesse a ocorrer.* O fundamento dessa afirmação está no art. 37, § 6º, da Constituição Federal, nestes termos:

O Município e seus agentes

175

Art. 37 ...

§ 6º – As pessoas jurídicas de direito público e as de direito privado prestadoras de serviços públicos responderão pelos danos que seus agentes, nessa qualidade, causarem a terceiros, assegurado o direito de regresso contra o responsável nos casos de dolo ou culpa.

Tratando-se do Município, isso significar dizer que todo ato praticado pela administração e que venha a causar danos a terceiro, é de sua responsabilidade. Coloquemos isso em termos práticos: o motorista do Município pratica um acidente de trânsito causando danos patrimoniais e lesões em terceiro. Como o motorista é agente do Município, quem vai responder perante o terceiro é o próprio Município, não necessitando esse terceiro provar que houve dolo ou culpa do motorista. Diante do art. 37, § 6º, da CF, sua obrigatoriedade é tão-somente provar que o motorista é agente do Município é que houve o dano material e pessoal. O Município, sim, é que deve provar que o fato só ocorreu por causa do terceiro ou que, pelo menos, este contribuiu para que o acidente tivesse ocorrido.

Vê-se aqui a afirmação de que os agentes públicos não agem em nome próprio, mas sempre em nome da Administração que integram. Todavia, deve o poder público buscar regressivamente aquilo que pagou ao terceiro por ato de seu agente. Mas tem que demonstrar que este agiu por imprudência, negligência ou imperícia, que caracterizam as formas de culpa, ou que, por querer próprio, por dolo, causou o acidente.

A inovação criada pelo art. 37, § 6º, da CF, é no sentido de que responde dessa mesma forma aquela pessoa privada, física ou jurídica, que prestem um serviço público. Por exemplo: transporte coletivo intermunicipal é serviço público municipal, consoante o disposto no art. 30, inciso V, da Constituição Federal. Esse serviço pode ser executado pelo dono do serviço, que é a Administração Pública Municipal, ou delegado a empresas particulares através de concessão ou permissão. Pois bem. Se o motorista dessa empresa privada, no momento que transporta passageiros, vier a causar danos a um terceiro, responde da mesma forma como se Administração Pública fosse: objetivamente. Cabe-lhe a mesma estrutura de defesa da Administração, inclusive quanto à possibilidade de regresso.

É bom que se enfatize: a prática de atos, mesmo pelos agentes políticos municipais – Prefeito e Vereadores – que firam os princípios vetores do art. 37, *caput*, da CF podem causar responsabilidade do Município, ensejando a eles responsabilidades pessoais que podem levar à perda do cargo público prática de crime.

10. Improbidade administrativa dos agentes públicos municipais

10.1. Considerações gerais

Tema que deve ser preocupação de todo administrador público municipal é o tratado no § 4º, art. 37 da Constituição Federal[64] e regulamentado pela Lei nº 8.429, de 02.06.1992, que diz respeito à prática de atos de improbidade administrativa ou em conceito genérico, que responsabiliza pessoalmente o agente público pela prática de atos imorais ou desonestos praticados contra a administração pública e, em especial, à administração pública municipal.

A palavra *improbidade* vem do radical latino *probus*, que significa crescer reto, e na tradição da língua portuguesa significa ter caráter, ser honesto, ser honrado. Por via de conseqüência, não ter probidade ou ser ímprobo significa não ter caráter, ser desonesto ou desonrado.

Foi com esta idéia que o legislador constituinte criou este instituto, inserindo no direito pátrio uma nova modalidade de responsabilização do agente público, independente da criminal, civil ou administrativa.

No Estado do Rio Grande do Sul, pela atuação do Ministério Público Estadual no Tribunal de Contas do Estado, os atos de improbidade administrativa de contas têm sofrido um forte controle com proposições de ações civis públicas, e na área criminal pela ação da 4ª Câmara Criminal, quando os atos de improbidade são praticados por Prefeitos Municipais. Como atuo na 4º Câmara Cível do Tribunal de Justiça do Estado do Rio Grande do Sul, cuja competência é

---

[64] O § 4º do art. 37 da Constituição Federal está assim redigido:
"Art. 37. ...
§ 4º. Os atos de improbidade administrativa importarão a suspensão dos direitos políticos, a perda da função pública, a indisponibilidade dos bens e o ressarcimento ao erário, na forma e gradação prevista em lei, sem prejuízo da ação penal cabível."

O Município e seus agentes

exclusiva de direito público, posso testemunhar um dado que tem-se revelado preocupante: a responsabilização do Prefeito por puro desconhecimento da lei e sob uma compreensão equivocada de que o seu ato de administrar é livre, quando já se disse que o administrador, falando em nome da Administração Municipal, só pode fazer o que a lei diz que ele pode fazer. Criar cargos, criar despesas, contratar com terceiros sem um comportamento pautado na lei é assumir risco pessoal intenso, quanto mais auferir qualquer tipo de vantagem patrimonial indevida ou causar danos ao patrimônio municipal.

10.2. Conceito de administração municipal para fins de improbidade administrativa

A abrangência da lei de improbidade administrativa, mesmo no campo do Município, é muito forte.

O conceito de administração pública municipal por ela atribuído é elástico já que abrange a administração direta (no caso, o próprio Município), indireta (qualquer autarquia, sociedade de economia mista ou empresa pública municipal) ou fundacional, toda empresa incorporada ao patrimônio público ou de entidade para cuja criação ou custeio o erário haja concorrido ou concorra com mais de 50% do patrimônio ou da receita anual como prevê o art. 1º.

Não bastasse isso, está também protegido pela Lei o patrimônio da entidade municipal que *receba subvenção, benefício ou incentivo, fiscal ou creditício, de órgão público bem como daqueles para cuja criação ou custeio o erário haja concorrido ou concorra com menos de 50% do patrimônio ou da receita anual, limitando-se, nestes casos, a sanção patrimonial à repercussão do ilícito sobre a contribuição dos cofres públicos,* como diz o parágrafo único deste mesmo artigo.[65]

---

[65] O art.1º e seu parágrafo único da Lei nº 8.429, de 2 de junho de 1992, tem a seguinte redação: "Art. 1º. Os atos de improbidade praticados por qualquer agente público, servidor ou não, contra a administração direta, indireta ou fundacional de qualquer dos Poderes da União, dos Estados, do Distrito Federal, dos Municípios, de Territórios, de empresa incorporada ao patrimônio público ou de entidade para cuja criação ou custeio o erário haja concorrido ou concorra com mais de 50% (cinqüenta por cento) do patrimônio ou da receita anual, serão punidos na forma desta Lei.
Parágrafo único. Estão também sujeitos às penalidades desta Lei os a tos de improbidade praticados contra o patrimônio de entidade que receba subvenção, benefício ou incentivo, fiscal ou creditício, de órgão público bem como daquelas para cuja criação ou custeio o erário haja concorrido ou concorra com menos de 50% (cinqüenta por cento) do patrimônio ou da receita anual, limitando-se, nestes casos, a sanção patrimonial à repercussão do ilícito sobre a contribuição dos cofres públicos."

10.3. Conceito de agente público municipal para fins de improbidade administrativa

Além do conceito ampliativo de administração pública que a lei busca proteger, e na análise em pauta, da administração pública municipal, ela também outorga definição elástica de quem seja o agente público municipal causador do ato de improbidade administrativa. Assim, sua tutela não atinge apenas o agente público de cunho político, como são o Prefeito Municipal, o Vice-Prefeito, os Vereadores e Secretários Municipais; ou administrativo, como são os servidores, efetivos ou não, ou empregados públicos; ou ainda os agentes delegados (concessionários, permissionários ou autorizatários municipais) ou mesmo os agentes honorários. Atinge também todo aquele que administre patrimônio público municipal em empresas privadas como são as sociedades de economia mista e empresas públicas, entidades que recebam subvenção, benefício ou incentivo, fiscal ou creditício, de órgão municipal. Tanto que expressamente diz:

Art. 2º Reputa-se agente público, para os efeitos desta Lei, todo aquele que exercer, ainda que transitoriamente ou sem remuneração, por eleição, nomeação, designação, contratação ou qualquer outra forma de investidura ou vínculo, mandato, cargo, emprego ou função nas entidades mencionadas no artigo anterior.

Além do generoso conceito de agente público, a Lei procurou ir mais além quando trouxe para seu leque conceitual a figura do terceiro que, de forma direta ou indireta, *induza* ou *concorra* para a prática do ato de improbidade ou mesmo que dele se beneficie. *Induzir* é instigar, incitar, sugerir ou persuadir. Já *concorrer* significa juntar-se a outrem, contribuir, cooperar. Portanto, quer nas formas ativas de indução ou concorrência para a prática do ato de improbidade administrativa, é também o terceiro integrante do conceito de agente público quando tão-somente dele se beneficie, que é a forma passiva. O artigo da Lei nº 8.429/92, que estende ao terceiro as sanções de improbidade administrativa, está assim escrito:

Art. 3º As disposições desta Lei são aplicáveis, no que couber, àquele que, mesmo não sendo agente público, induza ou concorra para a prática do ato de improbidade ou dele se beneficie sob qualquer forma direta ou indireta.

10.4. Modalidades de improbidade administrativa

O conceito de improbidade administrativa não é discricionário. É legal. A Lei nº 8.429/92 prevê três modalidades de improbidade administrativa nos seus arts. 9º, 10 e 11. São elas:

a) Atos de improbidade administrativa que importam enriquecimento ilícito;
b) Atos de improbidade administrativa que causam prejuízo ao erário;
c) Atos de improbidade que atentam contra os princípios da Administração Pública.

10.4.1. Atos de improbidade administrativa que importam enriquecimento ilícito – A primeira modalidade de improbidade administrativa é a resultante de atos que importam em enriquecimento ilícito prevista no art. 9º da Lei nº 8.429/92. É a mais grave delas. Segundo a ótica legal, aquele agente público por ela própria conceituado que auferir qualquer tipo de vantagem patrimonial indevida em razão do exercício de cargo (provimento mediante concurso público), mandato (provimento eletivo), função (geralmente resultante dos cargos em comissão), emprego (provimento mediante concurso regido pela CLT) ou atividades nas entidades acima citadas, é administrativamente ímprobo.

Não bastasse a generalidade da conceituação, a lei exemplifica determinadas situações nos 12 incisos daquele artigo. A redação é a seguinte:

Art. 9º Constitui ato de improbidade administrativa importando enriquecimento ilícito auferir qualquer tipo de vantagem patrimonial indevida em razão do exercício de cargo, mandado função, emprego ou atividade nas entidades mencionadas no art. 1º desta Lei e, notadamente:

I – receber, para si ou para outrem, dinheiro, bem móvel ou imóvel, ou qualquer outra vantagem econômica, direta ou indireta, a título de comissão, percentagem, gratificação ou presente de quem tenha interesse, direto ou indireto, que possa ser atingido ou amparado por ação ou omissão decorrente das atribuições do agente público;

II – perceber vantagem econômica, direta ou indireta, para facilitar a aquisição, permuta ou locação de bem móvel ou imóvel, ou a contratação de serviços pelas entidades referidas no art. 1º, por preço superior ao valor de mercado;

III – perceber vantagem econômica, direta ou indireta, para facilitar a alienação, permuta ou locação de bem público ou o fornecimento de serviço por ente estatal por preço inferior ao valor de mercado;

IV – utilizar, em obra ou serviço particular, veículos, máquinas, equipamentos ou material de qualquer natureza, de propriedade ou á disposição de qualquer das entidades mencionadas no art. 1º desta Lei, bem como o trabalho de servidores públicos, empregados ou terceiros contratados por essas entidades;

V – receber vantagem econômica de qualquer natureza, direta ou indireta, para tolerar a exploração ou a prática de jogos de azar, de lenocínio, de narcotráfico, de contrabando, de usura ou de qualquer outra atividade ilícita, ou aceitar promessas de tal vantagem;

VI – receber vantagem econômica de qualquer natureza, direta ou indireta, para fazer declaração falsa sobre medição ou avaliação em obras públicas ou qualquer outro serviço, ou sobre quantidade, peso, medida, qualidade ou característica de mercadorias ou bens fornecidos a qualquer entidade mencionada no art. 1º desta Lei;

VII – adquirir, para si ou para outrem, no exercício de mandado, cargo, emprego ou função pública, bens de qualquer natureza cujo valor seja desproporcional à evolução do patrimônio ou á renda do agente público;

VIII – aceitar emprego, comissão ou exercer atividade de consultoria ou assessoramento para pessoa física ou jurídica que tenha interesse suscetível de ser a tingido ou amparado por ação ou omissão decorrente das atribuições do agente público, durante a atividade;

IX – perceber vantagem econômica de qualquer natureza, direta ou indiretamente, para omitir ato de ofício, providência ou declaração a que esteja obrigado;

X – receber vantagem econômica de qualquer natureza, direta ou indiretamente, para omitir de ofício, providência ou declaração a que esteja obrigado;

XI – incorporar, por qualquer forma, ao seu patrimônio bens, rendas, verbas ou valores integrantes do acervo patrimonial das entidades mencionadas no art. 1º desta Lei;

XII – usar, em proveito próprio, bens, rendas, verbas ou valores integrantes do acervo patrimonial das entidades mencionadas no art. 1º desta Lei.

10.4.2. Atos de improbidade administrativa que causam prejuízos ao erário – A segunda modalidade de improbidade administrativa é a prática de lesão ao erário por qualquer ação ou omissão, dolosa ou culposa, que enseje perda patrimonial, desvio, apropriação, malbaratamento ou dilapidação dos bens ou haveres das entidades abrangidas pela lei. Na mesma forma que exemplificou situações passíveis de enriquecimento ilícito, o legislador também elencou as formas causadoras de prejuízo ao Erário. Aqui também vale a conceituação de que, se não capitulável expressamente em qualquer dos 13 incisos do art. 10 da Lei, aplica-se a regra geral: se o erário sofreu prejuízo por qualquer ação ou omissão, dolosa ou culposa, causando-lhe perda patrimonial, desvio, apropriação, malbaratamento ou dilapidação tem-se improbidade administrativa. A disposição legal que tipifica a modalidade de improbidade administrativa é a seguinte:

Art. 10. Constitui ato de improbidade administrativa que causa lesão ao erário qualquer ação ou omissão, dolosa ou culposa, que enseje perda patrimonial, desvio, apropriação, malbaratamento ou dilapidação dos bens ou haveres das entidades referidas no art. 1º desta Lei, e notadamente:

I – facilitar ou concorrer por qualquer forma para a incorporação ao patrimônio particular, de pessoa física ou jurídica, de bens, rendas, verbas ou valores integrantes do acervo patrimonial das entidades mencionadas no art. 1º desta Lei;

II – permitir ou concorrer para que pessoa física ou jurídica privada utilize bens, rendas, verbas ou valores integrantes do acervo patrimonial das entidades mencionadas no art. 1º desta Lei, sem a observância das formalidades legais ou regulamentares aplicáveis à espécie;

III – doar à pessoa física ou jurídica bem como ao ente despersonalizado, ainda que de fins educativos ou assistenciais, bens, rendas, verbas ou valores do patrimônio de qualquer das entidades mencionadas no art. 1º desta Lei, sem observância das formalidades legais e regulamentares aplicáveis à espécie;

O Município e seus agentes

IV – permitir ou facilitar a alienação, permuta ou locação de bem integrante do patrimônio de qualquer das entidades referidas no art. 1º desta Lei, ou ainda a prestação de serviço por parte delas, por preço inferior ao de mercado;

V – permitir ou facilitar a aquisição, permuta ou locação de bem ou serviço por preço superior ao de mercado;

VI – realizar operação financeira sem observância das normas legais e regulamentares ou aceitar garantia insuficiente ou inidônea;

VII – conceder benefício administrativo ou fiscal sem a observância das formalidades legais ou regulamentares aplicáveis à espécie;

VIII – frustar a ilicitude de processo licitatório ou dispensá-lo indevidamente;

IX – ordenar ou permitir a realização de despesas não autorizadas em lei ou regulamento;

X – agir negligentemente na arrecadação de tributo ou renda, bem como no que diz respeito à conservação do patrimônio público;

XI – liberar verba pública sem a estrita observância das normas pertinentes ou influir de qualquer forma para a sua aplicação irregular;

XII – permitir, facilitar ou concorrer para que terceiro se enriqueça ilicitamente;

XIII – permitir que se utilize, em obra ou serviço particular, veículos, máquinas, equipamentos ou material de qualquer natureza, de propriedade ou à disposição de qualquer das entidades mencionadas no art. 1 desta Lei, bem como o trabalho de servidor público, empregado ou terceiros contratados por essas entidades.

10.4.3. Atos de improbidade administrativa que atentam contra os princípios da Administração Pública – A terceira modalidade de improbidade administrativa, embora a mais leve no conceito das demais, é, no entanto, a de repercussão prática mais dura. Isso porque o ato que atente contra os princípios que norteiam a Administração Municipal e que viole os deveres de honestidade e lealdade às instituições, por ação ou omissão do agente público ou assemelhado por força de lei, qualquer que seja a sua extensão, é tido como ímprobo, sujeitando o seu autor a penas bem próximas do ato de improbidade por enriquecimento ilícito, como a perda da função pública e a suspensão dos direitos políticos. A jurisprudência tem procurado amenizar estas situações por aplicação do princípio da proporcionalidade e dos crimes de bagatelas, com o afastamento de algumas das sanções, especialmente as mais graves.

O dispositivo está assim redigido:

Art. 11. Constitui ato de improbidade administrativa que atenda contra os princípios da administração pública qualquer ação ou omissão que viole os deveres de honestidade, imparcialidade, legalidade, e lealdade ás instituições, e notadamente:

I – preticar ato visando fim proibido em lei ou regulamento ou diverso daquela previsto na regra de competência;

II – retardar ou deixar de praticar, indevidamente, ato de ofício;

III – revelar fato ou circunstância de que tem ciência em razão das atribuições e que deva permanecer em segredo;

IV – negar publicidade aos atos oficiais;

V – frustar a licitude de concurso público;
VI – deixar de prestar contas quando esteja obrigado a fazê-lo;
VII – revelar ou permitir que chegue ao conhecimento de terceiro, antes da respectiva divulgação oficial, teor de medida política ou econômica capaz de afetar o preço de mercadoria, bem ou serviço.

10.5. As penas pela prática de atos de improbidade administrativa

Os atos tipificados na lei como de improbidade administrativa são penalizados independentemente de qualquer outra sanção que eles possam ensejar. Dessa forma, o agente público que praticou um ato de improbidade administrativa, tipificando este ato um crime, como tal também será penalizado. E se deste desse mesmo ato houver repercussão civil ou administrativa como tal, o agente público será responsabilizado. A previsão legislativa é a seguinte:

Art. 12. Independentemente das sanções penais, civil e administrativas, previstas na legislação específica, está o responsável pelo ato de improbidade sujeito às seguintes cominações.

I – na hipótese do art. 9º, perda dos bens ou valores acrescidos ilicitamente ao patrimônio, ressarcimento integral do dano, quando houver, perda da função pública, suspensão dos direitos políticos de 8 (oito) a 10 (dez) anos, pagamento de multa civil de até 3 (três) vezes o valor do acréscimo patrimonial e proibição de contratar com o Poder Público ou receber benefícios ou incentivos fiscais ou creditícios, direta ou indiretamente, ainda que por intermédio de pessoa jurídica da qual seja sócio majoritário, pelo prazo de 10 (dez) anos:

II – na hipótese do art. 10, ressarcimento integral do dano, perda dos bens ou valores acrescidos ilicitamente ao patrimônio, se concorrer esta circunstância, perda da função pública, suspensão dos direitos políticos de 5 (cinco) a 8 (oito) anos, pagamento de multa civil de até 2 (duas) vezes o valor do dano e proibição de contratar com o Poder Público ou receber benefício ou incentivos fiscais ou creditícios, direta ou indiretamente, ainda que por intermédio de pessoa jurídica da qual seja sócio majoritário, pelo prazo de 5 (cinco) anos;

III – na hipótese do art. 11, ressarcimento integral do dano, se houver, perda da função pública, suspensão dos direitos políticos de 3 (três) a 5 cinco) anos, pagamento de multa civil de até 100 (cem) vezes o valor da remuneração percebida pelo agente e proibição de contratar com o Poder Público ou receber benefícios ou incentivos fiscais ou creditícios, direta ou indiretamente, ainda que por intermédio de pessoa jurídica da qual seja sócio majoritário, pelo prazo de 3 (três) anos.

Parágrafo único. Na fixação das penas previstas nesta Lei o juiz levará em conta a extensão do dano causado, assim como o proveito patrimonial obtido pelo agente.

Estas penalizações deverão ser aplicadas de forma cumulativa, embora, como já foi dito, haja uma tendência no Tribunal de Justiça do Estado do Rio Grande de não aplicar a cumulação de penas nas infrações de atos de improbidade administrativa que atentam contra os princípios gerais da Administração Pública. Afora isso, são elas aplicadas de forma cumulativa, independente das outras responsabilidades administrativa, penal e civil que o mesmo ato venha a gerar para o agente público.

As penas de perda da função pública e a suspensão dos direitos políticos só se efetivam com o trânsito em julgado da sentença condenatória, consoante o disposto no art. 20 da Lei nº 8.429/92.

Dispositivos que causam certa perplexidade ao exegeta são os dos incisos I e II do art. 21 da Lei. Eles estabelecem que na aplicação das sanções por improbidade administrativa a) a demonstração efetiva da ocorrência de dano ao patrimônio público ou b) a aprovação ou rejeição das contas pelo órgão de controle interno ou pelo Tribunal ou Conselho de Contas não podem constituir causa para a não-aplicação das sanções.

Evidentemente que estes dispositivos são dirigidos ao juiz da causa como forma de alerta no sentido de que ele não deve deixar de proferir sentença condenatória, se for o caso, sob o fundamento de ausência de prova efetiva da ocorrência do dano ao patrimônio público ou sob a condicionante de que as contas públicas ainda não sofreram aprovação ou mesmo rejeição, em se tratando do Município, da Câmara Municipal ou do Tribunal de Contas estadual. Com essa disposição, o legislador limitou o princípio do livre convencimento judicial, em verdade, já muito estreito diante do art. 37, *caput*, da Constituição Federal, porque, se a administração pública tem que agir sob a égide absoluta da lei, da publicidade, da moralidade, da impessoalidade e da eficiência, o Judiciário, como órgão de controle externo da administração, não pode dizer diferente. Pode o juiz, no entanto, na ausência de prova da existência efetiva da ocorrência do dano, deixar de determinar seu ressarcimento como pena por não haver prova que ele tenha ocorrido ou por impossibilidade de quantificá-lo. Na primeira hipótese, a sentença afasta qualquer pretensão futura de o ente público ou privado pretender buscar algum ressarcimento. Na segunda, não. A sentença neste ponto é meramente declaratória e, portanto, passível de liquidação e execução. O juiz pode ainda determinar ressarcimento parcial do dano se parte dele estiver liquidado e deixar para liquidação e execução futura, o valor controverso. Esta interpretação é a que se retira da conjugação dos arts. 17, § 3º, e 21, ambos combinados com o art. 5º da Lei nº 8.429/92.[66]

---

[66] O art. 5º tem esta redação:
"Art. 5º. Ocorrendo lesão ao patrimônio público por ação ou omissão, dolosa ou culposa, do agente ou de terceiro, dar-se-á o integral ressarcimento do dano."

10.6. Ações cautelares por ato de improbidade administrativa

Além das sanções típicas previstas em lei para a prática de qualquer das modalidades de atos de improbidade administrativa e que tem na ação civil pública o devido processo legal, a Lei nº 8.429/92 prevê o de certas ações cautelares.

O art. 7º e seu parágrafo único prevêem a possibilidade de ajuizamento de ação cautela de indisponibilidade de bens, e os arts. 15 a 17, a de seqüestro, sempre que o agente público municipal ou terceiro for acusado pela prática de atos de improbidade que causar lesão ao patrimônio público municipal ou ensejar enriquecimento ilícito, ainda na fase de indiciamento em inquérito administrativo.[67] Cumulativamente com qualquer destas ações cautelares, é possível a inclusão em qualquer dos pedidos de investigação, exame e bloqueio de bens, contas bancárias e aplicações financeiras mantidas pelo indiciado no exterior.[68] O cumprimento destas determinações no exterior se operará mediante carta rogatória que obedecerá, quanto à sua admissibilidade e modo de cumprimento, ao disposto na convenção internacional: à falta desta, será remetida à autoridade judiciária estrangeira, por via diplomática, depois de traduzida para a língua do país em que há de praticar-se a determinação judicial, consoante disposição do art. 210 do CPC. A Portaria nº 26, de 14.08.90, do Chefe do Departamento Consular e Jurídico do Ministério das Relações Exteriores e do Secretário Nacional dos Direitos da

---

[67] Os arts. 7º e seu parágrafo único e 15 a 17 da Lei nº 8.429/92 estão assim redigidos:
"Art. 7º. Quando o ato de improbidade causar lesão ao patrimônio público ou ensejar enriquecimento ilícito, caberá á autoridade administrativa responsável pelo inquérito representar ao Ministério Público, para a indisponibilidade dos bens do indiciado.
Parágrafo único. A indisponibilidade a que se refere o *caput* deste artigo recairá sobre bens que assegurem o integral ressarcimento do dano, ou sobre o acréscimo patrimonial resultante do enriquecimento ilícito."
"Art. 15. A Comissão processante dará conhecimento ao Ministério Público e ao Tribunal ou Conselho de Contas da existência de procedimento administrativo para apurar a prática de ato de improbidade.
Parágrafo único. O Ministério Público ou Tribunal ou Conselho de Contas poderá, a requerimento, designar representante para acompanhar o procedimento administrativo.
Art. 16. Havendo fundados indícios de responsabilidade, a comissão representará ao Ministério Público ou à procuradoria do órgão para que requeira ao juízo competente a decretação do seqüestro dos bens do agente ou terceiro que tenha enriquecido ilicitamente ou causado dano ao patrimônio público.
§ 1º. O pedido de seqüestro será processado de acordo com o disposto nos arts. 822 e 825 do Código de Processo Civil."

[68] Esta possibilidade é prevista no art. 16, § 2º, da Lei nº 8.429/92 da seguinte forma:
"Art. 16. ...
§ 2º. Quando foi o caso, o pedido incluirá a investigação, o exame e o bloqueio de bens, contas bancárias e aplicações financeiras mantidas pelo indiciado no exterior, nos termos da lei e dos tratados internacionais."

O Município e seus agentes

Cidadania e Justiça, regula o cumprimento da rogatória para o exterior.[69]

Não existe previsão expressa de ajuizamento de cautela para garantir os atos de improbidade administrativa que atentem contra os princípios da Administração Pública. No entanto, o legislador quando estabeleceu as penas para esta modalidade de improbidade, no art. 12, inciso III, da Lei citada, fixou, entre outras, o ressarcimento integral do dano, se existente. Dúvida pode surgir na fixação correta de enquadramento de um ato de improbidade administrativa atentatório aos princípios da administração pública com dano e aquele que causar prejuízo ao erário. Para que se tipifique esta última modalidade, o prejuízo tem que ser produzido por ação ou omissão, dolosa ou culposa, diretamente no patrimônio público ou nos bens e haveres de entidades que a lei considera como integrante da administração pública. Naquele caso, o dano a ser ressarcido não resulta de perda, desvio, apropriação, malbaratamento ou dilapidação do patrimônio público, ou não incide sobre algo existente. O dano é tão-somente uma decorrência do descumprimento dos princípios que regem a administração pública. Frustrar a licitude de um concurso público não atenta diretamente contra o patrimônio público, mas pode vir a causar prejuízos pelo refazimento do certame. O ato de improbidade, neste caso, é atentatório aos princípios administrativos, e não de prejuízo ao patrimônio público. Diante disso, embora a lei diretamente não preveja, é possível o ajuizamento de qualquer das cautelares nominadas por ela prevista.

A indisponibilidade de bens ou o seqüestro são cautelares com objetos diferenciados. Ação cautelar de indisponibilidade de bens visa a tornar os bens do agente ou do terceiro inalienáveis ou intransferíveis, permanecendo eles na posse dos bens. Em geral esta disposição é aplicável aos bens passíveis de registro público. Já a ação cautelar de seqüestro pressupõe a retirada dos bens do agente ou do terceiro para as mãos de depositário judicial. Neste último caso, a restrição imposta é de conseqüências bem mais graves.

Embora o art. 7º, ao tratar da inalienabilidade, faça referência exclusivamente ao Ministério Público como autor da demanda, não há razão para esta exclusividade quando se observa que a cautela de maior efeito, como a prevista nos arts. 15 a 17, expressamente outorga legitimidade postulatória tanto Ministério Público Estadual da Comarca a que se encontre jurisdicionado o Município, como deste próprio ou de qualquer daquelas pessoas públicas ou privadas capi-

---

[69] Esta informação é prestada por THEOTONIO NEGRÃO, no seu Código de Processo Civil, 30ª edição, p. 264, em anotação que faz ao art. .210 do CPC.

tuladas no art. 1º da Lei. O aparente conflito decorre de uma má redação na lei.

Em qualquer das situações, fica o ajuizamento das cautelares condicionada à representação da autoridade administrativa responsável pelo inquérito. O ajuizamento da cautelar, dessa forma, não é de ofício, mas dependente de provocação administrativa na forma de representação. Compreende-se a lógica desta exigência quanto ao Ministério Público por não deter este Órgão qualquer ingerência no controle interno da administração municipal.

Evidentemente que a tão-só representação formal não basta como elemento ensejador do ajuizamento de qualquer das ações cautelares.

Além do aspecto formal, é preciso que ela contenha elementos probatórios razoáveis da existência da materialidade e indícios de autoria de um ato de improbidade administrativa que tenha causado lesão ao patrimônio público ou ensejado enriquecimento ilícito. A materialidade, numa ou noutra situação, pressupõe a existência de liquidez na prova quanto ao dano ou ao enriquecimento ilícito. Suposição ou dados controversos não podem servir de prova para fundamentar as restrições impostas pelas cautelares. De outro, há necessidade da existência de indícios que seja o agente ou o terceiro o autor do ato de improbidade administrativa. O deferimento judicial de cautelares sem tais resguardos atenta contra o princípio constitucional subjetivo de existência do devido processo legal.

Os bens que serão tornados indisponíveis ou aqueles que serão seqüestrados devem manter proporcionalidade com o dano sofrido pela administração pública municipal ou o acréscimo patrimonial resultante do enriquecimento ilícito. Daí por que entendo que uma garantia de tal teor deve ficar entre 1.6 a 2.0 do valor do dano ou do acréscimo patrimonial obtido. Este é o coeficiente econômico admitido como razoável para garantir uma dívida de crédito rural.[70] Como a pretensão é assecuratória de um futuro ressarcimento, R$ 1,60 a R$ 2,00 para cada R$ 1,00 de dano ou de acréscimo patrimonial, é razoável já que aí devem ser computados os juros, a correção monetária e as despesas processuais que incidirão sobre o originário. Os excessos devem ser controlados judicialmente.

Penso que, além das cautelares específicas ou nominadas na Lei nº 8.429/92, medidas provisórias genéricas sempre poderão ser determinadas pelo juiz quando houver fundado receio de que uma parte, antes do julgamento da lide, cause ao direito da outra lesão

---

[70] Sobre este assunto, ver o tópico *Razoabilidade da garantia*, em meu *O Contrato e os Títulos de Crédito Rural*, Livraria do Advogado Editora, 2000, p. 130.

grave e de difícil reparação, autorizando ou vedando a prática de determinados atos, o depósito de bens ou a prestação de caução, consoante o permissivo do art. 798, combinado com o art. 799, ambos do CPC.

Qualquer dos processos seguirá o rito previsto nos arts. 802 e seguintes do CPC, com citação para resposta em 5 dias, contados da juntada do mandado, admitindo-se a confissão.

10.7. Inquérito ou processo administrativo por ato de improbidade administrativa

O processo civil de apuração de prática de atos de improbidade administrativa, no âmbito municipal, não raramente pressupõe a preexistência de inquérito ou processo administrativo.

Conhecendo qualquer pessoa a existência de atos de improbidade administrativa que envolva agente público municipal, deverá comunicar à autoridade administrativa competente de forma escrita. Se a comunicação foi verbal, será ela reduzida a termo (art. 14 e § 1º da Lei). O fato também poderá ser levado diretamente ao Ministério Público Estadual, que requisitará a instauração de processo administrativo ou de inquérito policial (art. 22 da Lei).[71] Não está dentro das atribuições do Ministério Público promover diretamente o inquérito civil para apuração de atos de improbidade administrativa, por ausência de regramento na Lei nº 8.429/92 e por não elencado no art. 6º da Lei Complementar nº 75, de 20 de maio de 1993, que dispõe sobre a organização, as atribuições e o Estatuto do Ministério Público da União.

Em qualquer das situações, o comunicante deve qualificar-se e prestar informações completas sobre o fato e sua autoria, bem como as provas de que tenha conhecimento.

Se atendidos estes pressupostos, e a comunicação for feita diretamente à autoridade municipal competente, determinará a imediata apuração dos fatos.

Instaurado o procedimento administrativo, que deve ser o previsto no Estatuto do Servidor Público Municipal para a demissão a bem do serviço público, a Comissão Processante dará conhecimento ao Ministério Público da Comarca e ao Tribunal de Contas do Estado.

---

[71] O art. 22 da Lei nº 8.429/92 tem esta redação:
"Art. 22. Para apurar qualquer ilícito previsto nesta Lei, o Ministério Público, de ofício, a requerimento de autoridade administrativa ou mediante representação formulada de acordo com o disposto no art. 14, poderá requisitar a instauração de inquérito policial ou procedimento administrativo."

Como já foi dito antes, ficando demonstradas a materialidade e a existência de fortes indícios de responsabilidade do agente público municipal e caracterizando a improbidade a modalidade de enriquecimento ilícito ou dano ao patrimônio público, a Comissão Processante, por seu presidente, deverá requerer ao Ministério Público ou à procuradoria municipal para que ingresse perante o juiz de direito da Comarca que tem jurisdição no Município, com o seqüestro de bens do agente público ou de terceiro que tenha enriquecido ilicitamente ou causado dano ao patrimônio público municipal. A ação cautelar, neste caso, é tipicamente preparatória.

Dependendo do caso, o pedido poderá alcançar a investigação, o exame ou o bloqueio de bens, contas bancárias e aplicações financeiras mantidas pelo indiciado no exterior, nos termos da lei e dos tratados internacionais.[72]

10.8. A ação civil pública por ato de improbidade administrativa

A ação de improbidade administrativa será ajuizada pelo Ministério Público ou pelo Município ou por outro ente, público ou privado, definido no art. 1º da Lei, desde que atingido pelo ato de improbidade do agente ímprobo no prazo de 30 dias do deferimento da medida cautelar, consoante previsão do art. 17 da Lei nº 8.429/92, que, aliás, repete o art. 806 do CPC. Não sendo o caso de ação cautelar, o prazo de ajuizamento da ação de improbidade administrativa será dentro do prazo que a própria lei estabelece como o de prescrição da ação.

No caso de a ação principal ter sido proposta pelo Ministério Público, a pessoa jurídica de direito público ou a de direito privado definida na Lei poderá abster-se de contestar o pedido, ou poderá atuar ao lado do autor, desde que isso se afigure útil ao interesse

---

[72] Os dispositivos da Lei nº 8.429/92 que fixam as regras do procedimento administrativo são os seguintes:

"Art. 14. Qualquer pessoa poderá representar à autoridade administrativa competente para que seja instaurada investigação destinada a apurar a prática de ato de improbidade.

§ 1º. A representação, que será escrita ou reduzida a termo e assinada, conterá a qualificação do representante, as informações sobre o fato e sua autoria e a indicação das provas de que tenha conhecimento.

§ 2º. A autoridade administrativa rejeitará a representação, em despacho fundamentado, se esta não contiver as formalidades estabelecidas no §1º desta artigo. A rejeição não impede a representação ao Ministério Público, nos termos do art. 22 desta Lei.

§ 3º. Atendidos os requisitos da representação, a autoridade determinará a imediata apuração dos fatos que, em se tratando de servidores federais, será processada na forma prevista nos arts. 148 a 182 da Lei nº 8.112, de 11 de dezembro de 1990, e, em se tratando de servidor militar, de acordo com os respectivos regulamentos disciplinares."

público, a juízo do respectivo representante legal ou dirigente. É o que diz o § 3º do art. 17 da Lei nº 8.429/92. Por via de conseqüência, por existência de litisconsórcio necessário (art. 47 do CPC), a citação da pessoa jurídica de direito público ou da de direito privado é ato processual indispensável.

Esta ação não comporta transação, acordo ou conciliação, daí por que sua característica de ação civil pública, e tem seu prazo de prescrição em 5 anos, a contar do término do exercício do mandato do Prefeito ou do Vereador, ou da exoneração do agente público em cargo em comissão ou em função de confiança. Quando o agente público for servidor público ou empregado público, o prazo prescricional será aquele estabelecido para as faltas disciplinares previstas com a demissão a bem do serviço público. Estas disposições estão no art. 17 e §§ da Lei em comento.

O Ministério Público, quando não for o autor da ação, atuará como fiscal da lei, sob pena de nulidade do processo. Isto está disposto no § 4º do art. 17 da Lei.

A sentença que julgar procedente a ação de improbidade administrativa, além de aplicar as sanções previstas para cada modalidade de improbidade, determinará o pagamento ou a reversão dos bens, conforme o caso, em favor do Município, consoante o disposto no art.18 da Lei.[73]

Durante a tramitação da ação civil pública por ato de improbidade administrativa, poderá o Ministério Público ou o ente público municipal competente requerer incidentalmente qualquer medida que poderia ter sido proposta na fase do procedimento administrativo, ou medidas provisórias inominadas previstas nos arts. 798 e 799 do CPC. A conveniência ou oportunidade do ingresso antes ou durante o processo, desta ou daquela medida, é do autor da demanda.

---

[73] As disposições legais referidas neste tópico estão dispostas na Lei nº 8.429/92, da seguinte maneira:

"Art. 17. A ação principal, que terá o rito ordinário, será proposta pelo Ministério Público ou pela pessoa jurídica interessada, dentro do prazo de 30 (trinta) dias da efetivação da medida cautela.

§ 1º. É vedada a transação, acordo ou conciliação nas ações de que trata o *caput*.

§ 2º. A Fazenda Pública, quando for o caso, promoverá as ações necessárias á complementação do ressarcimento do patrimônio público.

§ 3º. No caso de a ação principal ter sido proposta pelo Ministério Público, aplica-se, no que couber, o disposto no §3, do art. 6º, da Lei nº 4;717, de 29 de junho de 1965.

Art. 18. A sentença que julgar procedente ação civil de reparação de dano ou decretar a perda dos bens havidos ilicitamente determinará o pagamento ou a reversão dos bens, conforme o caso, em favor da pessoa jurídica prejudicada pelo ilícito."

"Art. 23. As ações destinadas a levar a efeito as sanções previstas nesta Lei podem ser propostas:

I – até 5 (cinco) anos após o término do exercício de mandato, de cargo em comissão ou de função de confiança;

II – dentro do prazo prescricional previsto em lei específica para faltas disciplinares puníveis com demissão a bem do serviço público, nos casos de exercício de cargo efetivo ou emprego."

Posicionando-se o Município ou a autarquia municipal ao lado do Ministério Público, portanto no pólo ativo da demanda, e sendo a ação julgada contra sua pretensão, fica a sentença sujeita ao duplo grau de jurisdição ou reexame necessário, por exegese ao art. 475, II, do CPC quanto ao primeiro, e ao art. 10, da Lei nº 9.469/97, quanto à segunda.

10.9. Efeitos sucessórios da improbidade administrativa

A preocupação do legislador com o ato de improbidade administrativa vai além da existência física do agente público. O ressarcimento atinge o sucessor daquele que causou dano ao patrimônio público municipal ou enriqueceu ilicitamente. É o que diz o art. 8º da lei em comento.[74]

Sucessor é conceito de direito civil próprio, especificamente, do direito de sucessão, e nele se integram os descendentes, os ascendentes, o cônjuge sobrevivente e a companheira, os colaterais, o Município, o Distrito Federal e a União, que é a chamada *sucessão legítima*, nos termos do art. 1.603 do CC e art. 2º da Lei nº 8.971/94 (quanto à companheira). Também é chamado de sucessor aquele beneficiário do *de cujus* por testamento.

No entanto, há um redutor na responsabilidade do sucessor, que é o valor da herança. E esta só se torna formalmente perfeita após a finalização do inventário. Estando este em tramitação, o ressarcimento a que foi condenado o agente público falecido é responsabilidade do monte e, por via de conseqüência, deve ser abatido.

10.10. Conseqüências secundárias da Lei de Improbidade Administrativa

Além das conseqüências diretas, a Lei nº 8.429/92 ainda traz em seu bojo conseqüências secundárias para seu exaurimento.

10.10.1. Declaração de bens – Uma dessas conseqüências é a que impõe ao agente público a apresentação de *declaração de bens*, manifestação esta condicionante para sua posse e exercício, em que fique demonstrado quais os bens e valores que compõem o seu patrimônio

---

[74] O art. 8º da Lei nº 8.429/92 tem esta redação:
"Art. 8º. O sucessor daquele que causar lesão ao patrimônio público ou se enriquecer ilicitamente está sujeito às cominações desta Lei até o limite do valor da herança."

privado (art. 13 e § 1º da Lei).[75] A declaração deve compreender os imóveis, móveis, semoventes, dinheiro, títulos, ações, e qualquer outra espécie de bens e valores patrimoniais, localizados no país ou no exterior, e, quando for o caso, abrangerá os bens e valores patrimoniais do cônjuge ou companheiro, dos filhos e de outras pessoas que vivam sob a dependência econômica do declarante, excluídos apenas os objetos e utensílios de uso doméstico.

10.10.2. Atualização anual da declaração de bens – Além de declarar os bens no momento da posse e exercício no cargo, emprego ou função pública, o agente público é obrigado e atualizá-la (§ 2º do art. 13 da Lei)[76] anualmente e por ocasião que deixar sua exoneração ou demissão. Esta atualização, apesar de compulsória, não tem sido implementada pelo agente público e muito menos pela administração pública. No entanto, ela pode constituir uma fonte inestimável de prevenção para a prática de atos de improbidade administrativa.

10.10.3. Substituição da declaração de bens pela declaração de ajuste anual de renda. O agente público tem a faculdade de substituir a declaração de bens inicial ou sua atualização anual pela declaração de ajuste de rendas do ano de sua posse e exercício no cargo, emprego ou função pública ou substituí-la pela atualização anual (§ 4º, do art.13 da Lei).[77]

10.10.4. Demissão na recusa de prestar declaração de bens ou declará-la falsa – A preocupação do legislador em prevenir a prática de atos de improbidade administrativa foi tamanha que elegeu duas

---

[75] Este artigo e seu parágrafo único estão assim redigidos:
"Art. 13. A posse e o exercício de agente público ficam condicionados à apresentação de declaração dos bens e valores que compõem o seu patrimônio privado, a fim de ser arquivada no serviço de pessoal competente.
§ 1º. A declaração compreenderá imóveis, móveis, semoventes, dinheiro, títulos ações, e qualquer outra espécie de bens e valores patrimoniais, localizados no País ou no exterior, e, quando for o caso, abrangerá os bens e valores patrimoniais do cônjuge ou companheiro, dos filhos e de outras pessoas que vivam sob a dependência econômica do declarante, excluídos apenas os objetos e utensílios de uso doméstico."

[76] Este parágrafo tem a seguinte redação:
"Art. 18. ...
§ 2º. A declaração de bens será anualmente atualizada e na data em que o agente público deixar o exercício do mandado, cargo, emprego e função."

[77] Este parágrafo está assim redigido:
"Art. 13. ...
§ 4º. O declarante, a seu critério, poderá entregar cópia da declaração anual de bens apresentada à Delegacia da Receita Federal na conformidade da legislação do Imposto sobre a Renda e proventos de qualquer natureza, com as necessárias atualizações, para suprir a exigência contida no *caput* e no § 2º deste artigo."

formas de demissão a bem do serviço público como sanção administrativa passível de pena de demissão: a) a recusa em prestar a declaração de bens ou b) a prestação de declaração falsa.

A tipificação da infração administrativa da primeira forma reside na *recusa* de prestar a declaração de bens, portanto, na prática de um ato negativo. Logo, para que isso ocorra, há necessidade de que a administração municipal formalmente solicite a declaração, inclusive estabelecendo prazo que deve ser previsto em lei, e esta seja negada, expressa ou tacitamente.

A segunda forma de demissão pode vir também de duas modalidades: a) a inserção de falsidade por comissão ou b) a inserção de falsidade por omissão. Na primeira, o agente público declara falsamente a propriedade de um bem e na segunda, omite sua existência. (§ 3º do art. 13 da Lei).[78]

10.11. Conseqüências penais da Lei de Improbidade Administrativa

A Lei nº 8.429/92, demonstrando a preocupação com os atos de improbidade administrativa na esfera administrativa e processual, também dispôs sobre conceitos penais.

10.11.1. Denunciação caluniosa – Representar contra agente público ou terceiro beneficiário imputando ato de improbidade administrativa, sabendo-o inocente, é denunciação caluniosa, cuja pena de detenção vai de 6 (seis) a 10 (dez) meses e multa.

Como conseqüência cível desta condenação, a lei prevê que o denunciante indenize o denunciado pelos danos materiais, morais ou à sua imagem. Trânsita em julgado a sentença, constituirá ela título executivo judicial, nos termos do art. 584, II, do CPC, cuja liquidação deverá ocorrer nos termos dos arts. 603 e seguintes do mesmo CPC.

10.11.2. Afastamento preventivo do agente público – Como efeito preventivo da instauração do inquérito administrativo ou do processo civil público, poderá o administrador municipal ou o juiz de direito competente determinar o afastamento do agente público

---

[78] Esta parágrafo está assim redigido:
Art. 13. ...
§ 3º Será punido com a pena de demissão, a bem do serviço público, sem prejuízo de outras sanções cabíveis, o agente público que se recusar a prestar declaração dos bens, dentro do prazo determinado, ou que a prestar falsa.

O Município e seus agentes

do exercício do cargo, emprego ou função, desde quando a medida se faça necessária à instrução processual, sem prejuízo da remuneração.

O agente público tem o direto ao exercício do cargo, emprego ou função no qual foi investido. Seu afastamento, como medida de restrição a seu direito, é punição processual. Dessa forma, tanto a autoridade administrativa como o juiz de direito deverá fundamentar a decisão lastreando-se na existência de materialidade e de indícios fortes da autoria e da efetiva conveniência deste afastamento. Não basta o uso de palavras sacramentais. A proximidade do agente público com a prova e a hierarquia dele com as testemunhas bem podem caracterizar exemplos de conveniência.

Diferentemente do afastamento para a apuração de infração administrativa, quando este prazo é previsto no estatuto do servidor (por exemplo, no Estatuto do Servidor Público Federal, Lei nº 8.112, de 11.12.1990, art. 147 e parágrafo único, o prazo é de 60 (sessenta) dias, com prorrogação por igual prazo), o afastamento decorrente da prática de improbidade administrativa não tem prazo fixado em lei, nem pode a lei municipal ou a autoridade administrativa fixá-la. O tempo de duração da instrução processual administrativa é o limite máximo do afastamento.

11. Segurado da administração municipal

11.1. Generalidades

O art. 40, *caput*, da Constituição Federal, estabelece que a administração pública, em geral, e o Município, em particular, devem assegurar ao servidor público titular de cargo efetivo regime de previdência de caráter contributivo, observados critérios que preservem o equilíbrio financeiro e atuarial.

O *caráter contributivo* da previdência é inovação imposta pela Emenda Constitucional nº 20, de 15.12.1998, que deu nova redação ao art. 40 citado, que não a mencionava, deixando claro que os benefícios resultantes da aposentadoria estariam diretamente vinculados à contribuição feita pelo servidor público durante sua efetividade no serviço, tanto isso é verdade que ao estabelecer as modalidades de aposentadoria no § 1º desse mesmo artigo faz referência expressa ao *tempo de contribuição*.

Além do caráter contributivo da previdência, a emenda constitucional ainda limitou o seu alcance para tão-somente o *servidor titular de cargo efetivo*, que é aquele aprovado em concurso público e estabilizado no cargo, o que já significaria entender como afastado de sua órbita o detentor de cargo em comissão, de cargo temporário ou de emprego público, não fosse a exclusão expressa destes servidores no § 13 do art. 40.[79]

O regime previdenciário de caráter contributivo ao servidor efetivo deve ter como critério fundamental a existência de equilíbrio entre as despesas com o pagamento dos benefícios e os custos atuariais das contribuições, o que significa buscar equilíbrio nas contas

---

[79] O art. 40, § 13, da Constituição Federal tem esta redação:
"Art. 40 ...
§ 13. Ao servidor ocupante, exclusivamente, de cargo em comissão declarado em lei de livre nomeação e exoneração bem como de outro cargo temporária ou de emprego público, aplicar-se o regime geral de previdência social."

O Município e seus agentes

previdenciárias, uma eterna dor de cabeça para a administração pública.

Diante desses critérios, o estatuto do servidor público municipal ou lei específica deve prever plano de seguridade social para o servidor e sua família consistente nos meios de garantir a sua subsistência nos eventos de doença, invalidez, velhice, acidente em serviço, inatividade, falecimento e reclusão e assistência à saúde, desde que na sua elaboração haja equilíbrio entre a contribuição que o servidor público efetivo fará e o cálculo dos benefícios que lhe serão concedidos na aposentadoria ou a pensão aos seus, desde que respeitados os requisitos constantes dos §§ 1º a 16 da Constituição Federal.

11.2. Benefício da aposentadoria

A aposentadoria (matéria já enfrentada como forma de *vacância do cargo público*) foi o instituto que mais modificações sofreu ultimamente, em decorrência da Emenda Constitucional nº 20, de 15.12.1998.

As clássicas aposentadorias por tempo de serviço, compulsória com proventos integrais ou voluntária, com provento proporcionais ao tempo de serviço cederam lugar às novas modalidades em que a tônica passou a ser o tempo de contribuição, eliminando-se qualquer possibilidade de contagem de tempo fictício, especialmente de contribuição.

Com as mudanças impostas pela Emenda Constitucional nº 20, de 15.12.98, a aposentadoria passou a ser de três modalidades bem distintas, consoante a nova redação do art. 41, § 1º, incisos I, II e III, da Constituição Federal:

I – invalidez permanente, com proventos proporcionais ao tempo de contribuição, exceto de decorrente de acidente em serviço, moléstia profissional ou doença grave, contagiosa ou incurável, especificadas em lei;
II – compulsória, aos 70 (setenta) anos de idade, com proventos proporcionais ao tempo de contribuição;
III – voluntária, desde que cumprido tempo mínimo de 10 (dez) anos de efetivo exercício no serviço público e 5 (cinco) anos no cargo efetivo em que se dará a aposentadoria, observadas as seguintes condições;
a) 60 (sessenta) anos de idade e 35 (trinta e cinco) de contribuição, se homem, e 55 (cinqüenta e cinco) anos de idade e 30 (trinta) de contribuição, se mulher;
b) 65 (sessenta e cinco) anos de idade, se homem, e 60 (sessenta) anos de idade, se mulher, com proventos proporcionais ao tempo de contribuição.

A *invalidez permanente* é o estado de incapacidade permanente para o exercício de certo cargo público, em que se encontra o respectivo titular. Verificada ela, opera-se a aposentadoria do servidor público com proventos proporcionais ao tempo de contribuição. No entanto, se a invalidez é decorrente de acidente em serviço, moléstia profissional ou doença grave, contagiosa ou incurável, a aposentadoria é integral.

Acidente em serviço é toda ofensa ou lesão física sofrida fortuitamente pelo servidor público quando no exercício de seu cargo, dela resultando perturbação funcional ou doença que resulte na perda permanente de sua capacidade para o cargo.

Moléstia profissional é toda ofensa ou lesão física totalmente incapacitante adquirida pelo servidor público no exercício de seu cargo. A Lesão de Esforço Repetitivo (LER) é exemplo típico de moléstia profissional.

Doenças grave, contagiosa ou incurável são aquelas que a lei especificar, tomando por base a medicina especializada. Não especificando a lei estas doenças e delegando que a administração se louve nos conceitos dados diretamente pela medicina, as doenças graves, contagiosas ou incuráveis são: tuberculose ativa, alienação mental, esclerose múltipla, neoplasia maligna, cegueira posterior ao ingresso no serviço público, hanseníase, cardiopatia grave, doença de Parkinson, paralisia irreversível e incapacitante, espondiloartrose anquilosante, nefropatia grave, estados avançados do mal de Paget (osteíte deformante) e Síndrome de Imunodeficiência Adquirida – AIDS.

A invalidez permanente, o acidente em serviço, a moléstia profissional ou a doença grave, contagiosa ou incurável serão concedidos mediante elaboração de laudo médico específico pela administração e pode ser precedido de licença para tratamento de saúde, por período não superior a 24 (vinte e quatro) meses.

A aposentadoria compulsória é automática e declarada pela administração com vigência a partir do dia imediato àquele em que o servidor atingiu a idade-limite de permanência no serviço ativo.

Aos limites temporais fixados no § 1º do art. 40 da CF, são acrescidos de outros requisitos vetores e limitadores para a concessão da aposentadoria, como:

a) Os proventos de aposentadoria e as pensões, por ocasião de sua concessão não poderão exceder a remuneração do respectivo servidor, no cargo efetivo em que se deu aposentadoria ou que serviu de referência para a concessão da pensão, afastando-se, dessa forma, qualquer acréscimo decorrente de adicional ou de promoção, outorgado por muitos estatutos de servidores públicos;[80]

---

[80] O § 2º do art. 40 da Constituição Federal está assim redigido:
"Art. 40...
§ 2º. Os proventos de aposentadoria e as pensões, por ocasião de sua concessão, não poderão exceder a remuneração do respectivo servidor, no cargo efetivo em que se der a aposentadoria e, na forma da lei, corresponderão à totalidade da remuneração."

b) O cálculo da aposentadoria terá como base a remuneração do servidor no cargo efetivo em que se der a aposentadoria e corresponderá à totalidade da remuneração, sendo vedada a adoção de requisitos e critérios diferenciados, salvo os casos de atividades exercidas exclusivamente sob condições especiais que prejudiquem a saúde ou a integridade física, consoante dispõe o § 3º, do art. 40, da Constituição Federal;

c) É vedada a adoção de requisitos e critérios diferenciados para a com cessão de aposentadoria, salvo aquelas atividades exercidas exclusivamente sob condições especiais que prejudiquem a saúde ou a integridade física (art. 40, § 4º, da CF);

d) O tempo para a aposentadoria voluntária sofre redução de 5 (cinco) anos, no caso da aposentadoria voluntária integral, quando o servidor público for professor e comprove exclusivamente tempo de efetivo exercício das funções de magistério na educação infantil e no ensino fundamental e médio, como prevê o § 5º, do art. 40, da Constituição Federal;

e) O benefício à aposentadoria pó de giz não deixa qualquer dúvida pois só é concedida quando: a) o magistério foi exercido com exclusividade e b) na educação infantil, ensino fundamental ou médio. O servidor público não pode ser merecedor da redução agregando tempo de serviço exercido em outra atividade ou mesmo em outro tipo de magistério;

f) A cumulação de aposentadoria é proibida, salvo naquelas condições previstas na própria Constituição para acumulação de cargos, como de dois de professor, um cargo de professor com outro, técnico ou científico e dois cargos privativos de médicos (art. 37, inciso XVI), conforme regra expressa no art. 40, § 6º da mesma Carta. Ademais, mesmo que possível esse cumulação seu limite máximo é o subsídio do Ministro do Supremo Tribunal Federal, embora os proventos possam ser revistos na mesma data e na mesma proporção da remuneração dos servidores da ativa;

g) O tempo de contribuição federal, estadual ou municipal será contado para efeito de aposentadoria e o tempo de serviço correspondente para efeito de disponibilidade (art. 40, § 10, da CF);

h) A revisão da aposentadoria e das pensões ocorrerá na mesma proporção e na mesma data em que se modificar a remuneração dos servidores em atividade (art. 40, § 8º, da CF);

i) A administração pública pode fixar regime de previdência complementar para seus servidores. Neste caso, o valor da aposentadoria ou da pensão fica limitado ao máximo estabelecido pelo regime de previdência social.

Regra importante na aposentadoria é a do servidor ocupante, exclusivamente, de cargo em comissão. Para este, os proventos de aposentadoria não são mais os do estatuto mais aqueles integrantes do regime geral de previdência social, consoante o disposto no art. 40, § 13, *k*, da Constituição Federal. Com essa regra, o servidor público de cargo em comissão passou a ter um regime híbrido. Enquanto em exercício, seu comportamento é regrado por lei própria, que é o Estatuto do Servidor Público; na aposentadoria, por regras federais.

11.3. Pensão

Pensão é o instituto típico de seguridade social em que o Estado busca proteger os dependentes do servidor morto pagando-lhes uma quantia mensal de valor correspondente ao da respectiva remuneração ou provento, a partir da data do óbito.

Por força constitucional (art. 40, § 2º, da CF), a pensão, por ocasião de sua concessão, não poderá exceder a remuneração do respectivo servidor, no cargo efetivo em que se deu a aposentadoria ou que serviu de referência para a concessão da pensão, mas será igual ao valor dos proventos do servidor falecido ou ao valor dos proventos a que tinha direito o servidor em atividade na data de seu falecimento (art. 40, § 7º, da CF). Esta previsão é fruto da Emenda Constitucional nº 20, de 15.12.1998, já que na redação original o constituinte deixava apenas para o legislador ordinário a fixação de regras para a aposentadoria.

Como a pensão ficou vinculada aos parâmetros fixados na Constituição para a aposentadoria, tem-se que o valor a ser pago está diretamente vinculado ao tempo de contribuição feito pelo servidor. Dessa forma, a pensão será proporcional ao tempo de contribuição nos moldes previstos no art. 40, § 1º, da Constituição Federal (Ver matéria a este respeito).

As pensões distinguem-se, quanto à natureza, em *vitalícias e temporárias*.

11.3.1. Pensão vitalícia – A *pensão vitalícia* é composta de cota ou cotas permanentes, que somente se extinguem ou revertem com a morte de seus beneficiários.

Em geral, a lei estabelece como beneficiários da pensão vitalícia:

a) o cônjuge;

b) a pessoa desquitada, separada judicialmente ou divorciada, com percepção de pensão alimentícia;

c) o companheiro ou companheira designado que comprove união estável como entidade familiar;

d) a mão e o pai que comprovem dependência econômica do servidor;

e) a pessoa designada, maior de 60 (sessenta anos) e a pessoa portadora de deficiência, que vivam sob a dependência econômica do servidor.

Havendo pretensões de interessados como beneficiários da pensão vitalícia, a regra estabelecida em muitos estatutos ou leis previdenciárias municipais é que o cônjuge ou o companheiro ou companheira designado que comprove união estável como entidade familiar tem preferência para receber a integralidade do benefício sobre a mãe e o pai do servidor morto, mesmo que venham a comprovar a dependência econômica do servidor, e também sobre pessoa designada, maior de 60 (sessenta) anos ou portadora de deficiência, que vivam sob a dependência econômica do servidor. Nada impede, no entanto, que a lei municipal regre diferentemente para atribuir concorrência de benefícios a todos eles em igualdade de condições, ou até mesmo em cotas desiguais, na proporção que fixar. O que se deve deixar claro é que esta previsão deve ser fixada em lei, não podendo o administrador municipal atribui-la por ato próprio. Se estabelece critérios fora da lei, por ilegal, seu ato pode ser controlado, com atribuição de responsabilidade.

No entanto, pode haver concorrência entre beneficiários de pensão vitalícia e temporária. Neste caso a partilha da pensão será de 50 (cinqüenta por cento) para cada tipo de pensão. Concorrendo mais de um beneficiário em cada tipo de pensão, a partilha será rateada em partes iguais entre os seus integrantes, salvo se a lei dispuser diferentemente.

11.3.2. Pensão temporária – A *pensão temporária* é composta de cota ou cotas que podem se extinguir ou reverter por motivo de morte, cessação de invalidez ou maioridade do beneficiário.

Em geral, a lei estabelece como beneficiários da pensão temporária:

a) os filhos, ou enteados, até 21 (vinte e um) anos de idade, ou, se inválidos, enquanto durar a invalidez;

b) o menor sob guarda ou tutela até 21 (vinte e um) anos de idade;

c) o irmão órfão, até 21 (vinte e um) anos, e o inválido, enquanto durar a invalidez, que comprovem dependência econômica do servidor;

d) a pessoa designada que viva na dependência econômica do servidor, até 21 (vinte e um) anos, ou se inválida, enquanto durar a invalidez.

Havendo concorrência de interesses entre beneficiários da pensão temporária, alguns estatutos de servidor público ou lei previdenciária municipal estabelecem que os filhos, ou enteados, até 21 (vinte e um) anos de idade, ou, se inválido, enquanto durar a invalidez e ainda o menor sob guarda ou tutela até 21 (vinte e um) anos de idade têm preferência na percepção do benefício sobre o irmão órfão, até 21 (vinte e um) anos, e o inválido, enquanto durar a invalidez, mesmo que comprovem dependência econômica do servidor e sobre a pessoa designada que viva na dependência econômica do servidor, até 21 (vinte e um) anos, ou se inválida, enquanto durar a invalidez.

Como no caso da concorrência de beneficiários da pensão vitalícia, pode a lei municipal estabelecer de forma diferente com a fixação de cotas iguais para todos.

11.3.3. Prescrição da pensão – A pensão é um direito previdenciário que a Constituição Federal (art. 40, § 2º) atribui aos beneficiários do servidor público morto. Em decorrência do sistema implantado através da Emenda Constitucional nº 20, de 15.12.1998 (a chamada Reforma Previdenciária), que deu nova redação ao art. 40 da Constituição Federal e estabeleceu o tempo de contribuição e não mais o tempo de serviço como fator de aposentadoria, esse direito passou a ter critérios de concessão idênticos ao da aposentadoria, como, aliás, já foi referido.

Ocorre que, apesar de regrar com intensidade a estrutura da previdência pública, estabelecendo requisitos e critérios uníssonos para concessão e com isso subtraindo implícita e expressamente (art. 40, § 4º) da órbita municipal a possibilidade de adoção de requisitos e critérios próprios, a Constituição Federal não disciplinou o prazo de prescrição desses direitos e, muito menos, da pensão.

Como pensão a beneficiários de servidor público morto é matéria previdenciária, cuja competência para legislar a respeito é da União (art. 21, XXIII, da CF), tem-se que ao Município compete apenas legislar suplementarmente a esse respeito (art. 30, II, da CF), sempre respeitando os princípios gerais estabelecidos pela legislação federal. De outro lado, não existindo regra expressa na Constituição Federal a respeito da prescrição da pensão de servidor, mas estabelecendo lei federal (Código Civil, art.178, § 10, VI) que as dívidas passivas dos Municípios prescrevem em 5 (cinco) anos, a contar de cada prestação, no que foi complementado pelo Decreto Federal nº 20.910, de 6.1.1932, art. 2º,[81] que expressamente estendeu este prazo às pensões vencidas, é possível se concluir que a pensão poderá ser requerida a qualquer tempo, salvo aquelas vencidas com mais de 5 (cinco) anos que são atingidas pelo instituto da prescrição. Portanto, enquanto existir beneficiários do servidor morto, a pensão é devida como fundo de direito que é.

A lei municipal pode recepcionar o prazo de prescrição da pensão em 5 (cinco) anos. Nunca aumentá-lo ou diminuí-lo.

11.3.4. Pensão provisória – Pensão é a retribuição paga pelo Estado aos dependentes do servidor público morto. Esta é a regra para a sua concessão, calcada no pressuposto jurídico de que a existência da pessoa natural termina com a morte, nos termos do art. 10

---

[81] O art. 2º, do Decreto nº 20.910, de 6 de janeiro de 1932, tem esta redação:
"Art. 2º. Prescrevem igualmente no mesmo prazo (5 anos) todo o direito e as prestações correspondentes a pensões vencidas ou por vencerem, ao meio soldo e ao montepio civil e militar ou a quaisquer restituições ou diferenças."

do Código Civil, que deverá ter comprovação com a certidão de óbito passada pelo Registro Civil de Pessoas Naturais (art. 29 da Lei nº 6.015, de 31.12.1973).

No entanto, situações existem que o fato morte é presumido. Assim, para efeitos de pensionamento, a morte do servidor público é presumida quando:

a) for constatado o desaparecimento do servidor de seu domicílio, sem que dela haja notícia, e esta ausência tenha sido declarada judicialmente;
b) o desaparecimento decorra de desabamento, inundação, incêndio ou acidente não caracterizado como acidente em serviço;
c) ocorrer no desempenho das atribuições do cargo ou em missão de segurança.

Caracterizada a morte presumida para efeitos previdenciários, a pensão deve ser concedida aos beneficiários do servidor de forma provisória quanto ao processo de sua concessão, mas representativa de valor igual a como se fora definitiva.

Decorrido um prazo razoável, 5 (cinco) anos, por exemplo, não reaparecendo o servidor, o benefício deverá ser automaticamente transformado em qualquer das modalidades de pensionamento, vitalícia ou temporária, a que se remete.

11.3.5. Perda da qualidade de beneficiário – Enquanto a morte do servidor público produz efeitos sucessórios a seus beneficiários, transformando o que era proventos em pensão, o direito à percepção desta por aqueles tem o cunho essencialmente pessoal. Portanto, a cota de pensionamento ao beneficiário será suspensa quando se verificar a perda dessa qualidade.

Podem constituir causas de perda da qualidade de beneficiário a ser enumeradas na lei municipal:

a) o seu falecimento;
b) a anulação do casamento, quando a decisão ocorrer da pensão ao cônjuge;
c) a cessação de invalidez, em se tratando de beneficiário inválido;
d) a maioridade de filho, irmão órfão ou pessoa designada, aos 21 (vinte e um) anos de idade;
e) a acumulação de pensão;
f) a renúncia expressa.

Naturalmente que essa perda da qualidade de beneficiário não se operará automaticamente por tão-só ato declaratório da administração municipal. Há necessidade de instauração do devido processo administrativo em que se oportunize ao beneficiário a garantia constitucional do contraditório, da ampla defesa e da possibilidade recursal. O ato administrativo que for editado em desrespeito a estes preceitos é nulo e, portanto, passível de controle interno, pela própria administração, ou externo, pelo Poder Judiciário, este através de ações de controle, como o mandado de segurança.

Ocorrendo qualquer dos fatos constitutivos de perda da qualidade de beneficiário, duas situações podem-se verificar: a) se a perda da qualidade de beneficiário se deu por titular da pensão vitalícia, a cota reverterá para os remanescentes desta pensão ou para os titulares da pensão temporária, se não houver pensionista remanescente da pensão vitalícia; b) se da pensão temporária, para os co-beneficiários, ou, na falta destes, para o beneficiário da pensão vitalícia. É de se ter presente, portanto, que a perda da qualidade de beneficiário não extingue a cota correspondente. Ela retoma ao monte da pensão. Esta é a sistemática mais utilizada nas legislações previdenciárias próprias.

11.3.6. Atualização das pensões – Tema que durante muito tempo foi fator de ressonância jurisprudencial por resistência administrativa diz respeito com a atualização das pensões. Não raramente as pensões se distanciavam da remuneração do servidor da ativa ou até mesmo dos proventos da aposentadoria por atualização expressa destas e omissão ou comissão legislativa daquela, obrigando a intervenção do Poder Judiciário, quando provocado, para aproximar os seus valores. Isso decorria da ausência de previsão constitucional.

O certo é que, com a Emenda Constitucional nº 20, de 15.12.1998, que acresceu o § 8º ao art. 40 da Constituição Federal (em verdade o § 8º é o § 4º do mesmo art. 40 com nova redação), a questão ficou superada, pois a omissão ganhou estrutura de direito subjetivo constitucional, já que ali ficou expresso que as pensões devem ser revistas na mesma proporção e na mesma data que a remuneração dos servidores em atividade, inclusive sendo-lhes estendidos quaisquer benefícios ou vantagens que posteriormente sejam concedidos aos servidores em atividade, até mesmo quando decorrentes da transformação ou reclassificação do cargo ou função em que serviu de referência para a sua concessão.[82]

A lei municipal, diante da regra constitucional, deve estender às pensões, na mesma data e na mesma proporção, os índices de

---

[82] O § 8º do art. 40 da CF, com a redação que lhe deu a Emenda Constitucional nº 20, de 15.12.1998, tem esta redação:
"Art. 40. ...
§ 8º. Observado o disposto no art. 37, XI, os proventos de aposentadoria e as pensões serão revistos na mesma proporção e na mesma data, sempre que se modificar a remuneração dos servidores em atividade, sendo também estendidos aos aposentados e aos pensionistas quaisquer benefícios ou vantagens posteriormente concedidos aos servidores em atividade, inclusive quando decorrentes da transformação ou reclassificação do cargo ou função em que se deu a aposentadoria ou que serviu de referência para a concessão da pensão, na forma da lei."

O Município e seus agentes

reajustes concedidos aos servidores da ativa. Consistindo a pensão, e por via de conseqüência em direito subjetivo fundamental, a omissão do legislador municipal não desobriga a sua atualização, podendo ser buscado através do Poder Judiciário.

11.4. Abono-família

O *abono-família*, também conhecido como salário-família, além de constituir adicional especial é também benefício previdenciário do inativo,. Assim, o que foi dito a seu respeito no item 4.8.4 deste livro tem aqui aplicação.

11.5. Auxílio-funeral

O *auxílio-funeral* é benefício previdenciário concedido à família do servidor falecido na atividade ou aposentado equivalente a um mês da remuneração ou provento.

Havendo acumulação legal de cargos, o auxílio será pago somente em razão do cargo de maior remuneração.

O auxílio deverá ser pago no prazo de 48 (quarenta e oito) horas, por meio de procedimento sumaríssimo, à pessoa da família que houver custeado o funeral. Se o funeral for custeado por terceiro, este será indenizado.

11.6. Assistência à saúde

Além dos benefícios previdenciários já enumerados, a lei municipal pode prever como forma de seguridade social a *assistência à saúde* do servidor, ativo ou inativo, e de sua família, compreendendo assistência:

a) médica;
b) hospitalar;
c) odontológica;
d) psicológica;
e) farmacêutica.

A assistência à saúde não se encontra elencado como direito subjetivo do servidor público municipal, o que obrigaria a recepção obrigatória de tal dispositivo pelo Município.

O que se observa, no entanto, é a concessão de assistência à saúde ao servidor municipal e à sua família, numa verdadeira praxe municipalista, até porque a saúde, como bem da vida, é direito de todos e dever do Estado (art. 196 da CF).

Esta assistência, todavia, pode ser prestada em regime contributivo ou gratuito, fixando a lei municipal, naquele caso, o percentual correspondente.

A execução da assistência pode ser através de convênio com o SUS – Sistema Único de Saúde, diretamente pelo Município através de serviço próprio, ou mediante convênio ou contrato a ser estabelecido com terceiros.

Tornando-se necessária perícia, avaliação ou inspeção médica para o bom desempenho da assistência, um típico serviço auxiliar, nada impede que a lei municipal autorize que o administrador celebre convênios com entidades estaduais ou federais afins ou até mesmo a contratação de prestação de serviços por pessoa jurídica ou de profissional da área que tenha habilitação para realizá-la, com licitação ou dispensa, dependendo do caso.

A Constituição Federal ainda fixa, art. 37, inciso V, com a redação que lhe deu a Emenda Constitucional nº 19/98, que, no entanto, a lei deve também prever que um percentual de tais cargos somente seja preenchido por servidores de carreira, especificamente para atribuições de direção, chefia e assessoramento. Isto significa dizer que a lei municipal, embora prevendo o tipo e o número de cargos que podem ser preenchidos sem concurso, também estabelece que, mesmo assim, a administração deve buscar pessoas que já são servidoras, embora em outras atividades públicas. É a legitimação do desvio de função.

No mais, o servidor público comissionado tem os mesmos direitos e deveres dos servidores públicos concursados.

Pode servir de exemplo de cargo em comissão o de secretário municipal.

O Município e seus agentes

12. Responsabilidade penal na administração municipal

12.1. Generalidades

Nos capítulos anteriores, inicialmente, procurei apresentar uma visão atualizada do Município brasileiro desde a sua criação até a sua estrutura atual imposta pelas várias emendas constitucionais e, em especial, pela Lei de Responsabilidade Fiscal. Como tema central, busquei situar e analisar as várias categorias de agentes públicos municipais de forma minudente.

No desenvolvimento desses temas, procurei utilizar uma linguagem direta e muitas vezes coloquial o mais próximo possível de uma interpretação popular da técnica jurídica usual, visando, com isso, aproximar, também, o leitor não-jurista das coisas do direito e atribuir a esta ciência uma verdadeira função social, já que toda sua estrutura está voltada para o regramento e o comportamento da sociedade.

Assim, na análise que se fará da incidência da responsabilidade penal na Administração Municipal, a intenção é a mesma. O figurino clássico, dessa forma, é muitas vezes deixado de lado ou é revestido de uma interpretação bem mais aproximada da grande massa da população.

Já foi dito que as pessoas que integram a Administração Municipal, direta ou indireta, como Prefeito, Vice-Prefeito, Vereadores, servidores e empregados públicos ou aqueles particulares que de alguma forma mantêm vínculos com a Administração respondem tanto civil como administrativamente e também por improbidade administrativa.

Mas essa responsabilidade não pára por aí. Pelo mesmo agir, ou por agir diferente, podem estas pessoas ou mesmo outras sem qualquer vínculo com a Administração Municipal, responder por *crime, que é uma violação a uma proibição legal cuja conseqüência mais grave é a aplicação de pena que retira a liberdade daquele que a infringe.*

As penas que privam alguém de sua liberdade são as de *reclusão* e *detenção*. A execução da primeira começa em regime fechado, ou seja, em presídio de segurança máxima, sujeitando-se ao trabalho diurno e ao isolamento noturno, passando de forma progressiva para o regime semi-aberto e depois aberto. A segunda começa com o regime semi-aberto, cuja execução se dará em colônia agrícola, industrial ou similar, passando para o aberto, em que o condenado trabalha fora do estabelecimento prisional, recolhendo-se à noite.

A pena de *multa* consiste no pagamento de quantia fixada na sentença e calculada em *dia-multa*, não podendo o seu valor ser inferior a um trigésimo do salário mínimo, nem superior a cinco vezes esse salário. Por exemplo: alguém é condenando a uma pena de reclusão e a 20 dias-multas, estas no valor unitário de R$ 20,00. A pena de multa imposta, portanto, é de é de R$ 400,00.

Analisar os crimes previstos no Código Penal que se vinculem diretamente ao Município, como aqueles contra a sua fé pública, os praticados por funcionários públicos ou particulares; os crimes de responsabilidade de Prefeitos e Vereadores com as alterações impostas pela Lei nº 10.028/2000, os praticados contra a ordem tributária municipal, contra a lisura da licitação e dos contratos efetuados pelo Município, os crimes eleitorais, de imputação indevida e ato de improbidade administrativa e sobre o parcelamento do solo urbano, são as metas desta unidade.

12.2. Conceito de Administração Municipal no âmbito da responsabilidade penal

Quando se fala em Administração Municipal, não se pode deixar de entender que esse conceito se refere a tudo aquilo que ocorre dentro da estrutura do Município. A Prefeitura e suas secretarias, a Câmara Municipal e seus demais órgãos fracionários, qualquer autarquia, empresa pública ou sociedade de economia mista municipal integram o conceito de Administração Municipal, por via de conseqüência, o agir desses órgãos ou dessas pessoas jurídicas indiretas, pública ou privadas, é o agir do Município, dessa pessoa jurídica pública interna. Assim, qualquer ato tipificado como crime e praticado contra essa estrutura administrativa é como se fosse praticado contra a pessoa jurídica pública interna. A lei penal, portanto, procura proteger os direitos dessa pessoa, que em verdade são os direitos da própria sociedade, porquanto a administração em geral (leia-se Estado) existe para servi-la.

Por outro prisma, essa unidade poderia muito bem se chamar de Direito Penal no Município. Optou-se por responsabilidade penal na Administração Municipal para não se fugir à tradição.

12.3. Crimes contra a administração municipal no Código Penal

Em parte específica, o Código Penal procurou proteger de duas formas toda Administração Pública, e por lógico, a Administração Municipal.

Na primeira, visou a garantir a presunção de legitimidade de que se reveste a Administração Pública, no sentido de que seu agir é bom e deve ser respeitado já que tem por finalidade o bem-estar geral. E como este agir sempre se reveste de documento escrito, como são exemplos o decreto que desapropria o bem do particular, a portaria que nomeia o servidor público, o promove, o pune ou o demite, ele merece respeito porque este ato foi expedido dentro da lei (princípio da legalidade), deu-se conhecimento a todos (princípio da publicidade), não visou a beneficiar ou a prejudicar alguém (princípio da impessoalidade) e não é imoral (princípio da moralidade). Daí por que tem tal documento o que se chama de *fé pública*. O ato que atente contra isto é punido porque classificado como *crime contra a fé pública.*

A segunda forma de proteger a Administração Pública é quando o Código Penal procura regrar os crimes praticados por seus agentes públicos, os funcionários de forma geral, que, como já se viu em tema próprio, tem deveres, proibições e responsabilidades no exercício da função, do cargo ou do emprego público. O Código Penal também procurou punir os particulares que atentem contra a Administração, quer usurpando uma função que não é sua ou praticando atos que impeçam ou atentem contra o bom desempenho da Administração Pública.

Como a Administração Municipal é um dos conteúdos da Administração Pública em geral, muitos dos crimes previstos para proteger esta não se incluem naquela.

12.3.1. Crimes contra a fé pública municipal – Os crimes contra a fé pública são vários e se encontram em capítulo próprio do Código Penal.

Como o desenvolvimento do tema é parcial e está centrado nos crimes com pertinência à Administração Municipal, a análise a ser feita deve-se cingir àqueles crimes que, de uma forma ou de outra, estão diretamente vinculados com a proposta. Os crimes praticados contra a fé pública municipal podem ser agrupados em:

a) emissão de título ao portador sem permissão legal;
b) falsificação de papéis públicos;
c) apetrechos de falsificação;
d) falsificação de selos ou sinal público;
e) falsificação de documento público;
f) falsidade ideológica;
g) certidão ou atestado falso;
h) uso de documento falso;
i) supressão de documento.

12.3.2. Crime de emissão de título ao portador sem permissão legal – O art. 292, *caput*, do Código Penal estabelece que constitui crime *emitir, sem a devida permissão legal, nota, bilhete, ficha, vale ou título que contenha promessa de pagamento em dinheiro ao portador ou que falte indicação do nome da pessoa a quem deva ser pago*.

Traduzindo-se este enunciado para o âmbito da Administração Municipal, pratica este crime o Prefeito ou seu ordenador de despesas ou mesmo o Presidente da Câmara que na ausência de receita própria ou mesmo que exista previsão orçamentária quanto a ela, emita nota de crédito, vale, bilhete, ficha ou qualquer outro título que contenha uma promessa de pagamento.

A pena para o crime é detenção de um a seis meses ou, a critério judicial, a aplicação de multa.

12.3.3. Crime de falsificação de papéis públicos – O art. 293 do Código Penal define como crime *falsificar, fabricando-os:*

I – selo postal, estampilha, papel selado ou qualquer papel de emissão legal, destinado à arrecadação de impostos ou taxa;
II – papel de crédito público que não seja moeda de curso legal;
III – vale postal; cautela de penhor, caderneta de depósito de caixa econômica ou de outro estabelecimento mantido por entidade de direito público;
IV – talão, recibo, guia, alvará ou qualquer outro documento relativo a arrecadação de rendas públicas ou a depósito ou caução por que o poder público seja responsável;
V – bilhete, passe ou conhecimento de empresa de transporte administrada pela União, por Estado ou Município.

Os elementos fortes do crime residem na *fabricação* ou na *alteração* de papéis públicos. Dessa forma, todo aquele que produzir ou modificar papéis públicos municipais descritos no artigo incide no crime de falsidade de papéis públicos.

O § 1º do art. 293 do CP estende o crime para aquela que usa qualquer dos papéis públicos enumerados. O § 2º incrimina a supressão de sinais indicativos de inutilização destes papéis; o § 3º, o uso destes papéis com esta supressão, e o § 4º incrimina a restituição dos papéis à circulação, mesmo agindo de boa-fé.

A preocupação do legislador com a segurança da coisa pública é de tal forma que a pena imposta para fabricação, alteração ou uso dos papéis é relativamente alta comparada a outros crimes, já que vai de dois a oito anos de reclusão, além da multa. Porém, se o ato implicou tão-somente supressão de sinais indicativos de inutilização destes papéis ou, noutra situação, foram eles usados, a pena é reduzida entre um a quatro anos e multa. A aplicação alternativa da pena somente é possível se alguém restitui a circulação os papéis públicos, pois o juiz poderá aplicar a detenção de seis meses a dois anos ou a pena de multa.

No entanto, se qualquer destes crimes for praticado por funcionário público, nesta condição, a pena será agravada de um sexto.

12.3.4. Crime de petrechos de falsificação – Diz o art. 294 do CP que caracteriza crime o ato de *fabricar, adquirir, fornecer, possuir ou guardar objeto especialmente destinado à falsificação de qualquer dos papéis referidos no artigo anterior.*

Este crime está diretamente vinculado com o de falsificação de papéis públicos acima analisado. A lei pune aquele que fabrica, adquire, fornece, possui ou guarda o objeto que ensejou a falsificação dos papéis enumerados no crime anterior.

A pena é de reclusão de um a três anos e mais multa.

Sendo a pessoa funcionária pública e tendo favorecido a prática criminosa, a pena é aumentada também em um sexto.

12.3.5. Crime de falsificação de selo ou sinal público – O art. 296, *caput*, do CP define como crime o fato de alguém *falsificar, fabricando-os ou alterando-os:*

I – selo público destinado a aumentar atos oficiais da União, de Estado ou de Município;
II – selo ou sinal atribuído por lei a entidade de direito público, ou a autoridade, ou sinal público de tabelião.

Inicialmente, não se deve confundir selo, que é um emblema com dizeres ou sinais destinados a autenticar documentos oficiais, com selo postal ou estampilha. O crime reside na fabricação ou alteração de selo ou sinal público com a clara intenção de falsificar documentos públicos.

O seu uso é também considerado crime.

E mesmo que o selo ou sinal público seja lícito, usá-lo em proveito próprio ou para causar prejuízo a outrem, também é crime.

Para qualquer destes crimes a pena é de dois a seis anos e multa.

Sendo a pessoa funcionário público, esta pena será aumentada de um sexto.

12.3.6. Crime de falsificação de documento público – O art. 297 do CP define o crime de falsificação de documento público quando alguém *falsificar, no todo ou em parte, documento público, ou alterar documento público verdadeiro.*

Documento público é todo aquele documento emitido pelo Poder Público. Como estamos analisando os crimes praticados contra o Município, tem-se que crime ocorre quando houver falsificação ou alteração de documento emitido por qualquer dos órgãos que integram a Administração Municipal.

A pena é de dois a seis anos e multa.

Se o crime é praticado por funcionário público, ela será aumentada em um sexto.

12.3.7. Crime de falsidade ideológica – O art. 299 do CP diz que constitui crime de falsidade ideológica o fato de omitir, em documento público ou particular, declaração que dele devia constar, ou nele inserir ou fazer inserir declaração falsa ou diversa da que devia ser escrita, com o fim de prejudicar direito, criar obrigações ou alterar a verdade sobre fato juridicamente relevante.

O artigo não deixa qualquer dúvida. Assim, se alguém omite, em documento público municipal ou mesmo em documento particular, declaração verdadeira; ou insere declaração falsa, em qualquer destas situações com a clara intenção de prejudicar o direito de alguém ou de criar direito para si ou ainda alterar a verdade sobre fato juridicamente relevante, pratica o crime de falsidade ideológica.

Se o documento é público, a pena é de reclusão de um a cinco anos; se particular, de um a três anos. Em qualquer dos casos, deverá ser acrescida de multa.

Sendo a pessoa que pratica o crime funcionário público, a pena será aumentada de um sexto.

12.3.8. Crime de certidão ou atestado falso – O art. 301 do CP trata do chamado crime de certidão ou atestado falso. Dessa forma, *atestar ou certificar falsamente, em razão de função pública, fato ou circunstância que habilite alguém a obter cargo público, isenção de ônus ou* *de serviço de caráter público, ou qualquer outra vantagem*, caracteriza este crime.

A idéia do legislador é punir a falsidade ideológica praticada por agente público.

A pena é de detenção de dois meses a um ano.

12.3.9. Crime de uso de documento falso – O art. 304 do CP diz que constitui crime fazer uso de qualquer dos papéis falsificados ou alterados, a que se referem os arts. 297 a 302.

Aquele que usar de qualquer dos documentos enumerados nos artigos já analisados do CP pratica crime autônomo.

A pena é a correspondente aos crimes antecedentes.

12.3.10. Crime de supressão de documento – O art. 305 do CP diz que constitui crime *destruir, suprimir ou ocultar, em benefício próprio ou de outrem, ou em prejuízo alheio, documento público ou particular verdadeiro, de que não podia dispor.*

Quando alguém elimina, suprime ou oculta documento emitido pela Administração Pública Municipal, retirando dessa ação qualquer benefício para si ou para outrem, pratica crime de supressão de documento.

Pena: dois a seis anos e multa.

12.4. Crimes contra a administração municipal praticados por funcionários públicos

Quando se falou em *generalidades*, procurou-se estabelecer o conceito de Administração Pública e, em especial, o conceito de Administração Pública Municipal, o que agora se remete.

Como o tópico diz respeito aos crimes praticados por funcionários públicos contra a Administração Municipal, há necessidade de se fixar os exatos limites desses agentes públicos para efeitos penais.

Pois bem. É o próprio Código Penal que trata dessa conceituação no art. 327, estabelecendo que se considera funcionário público, para efeitos penais, quem, embora transitoriamente ou sem remuneração, exerce cargo, emprego ou função pública. Portanto, não há dúvida de que o servidor público, efetivo, em comissão ou com contrato temporário; o empregado público ou aquelas pessoas que por delegação exercem atividades públicas, são funcionários públicos para efeitos penais. O conceito genérico da lei penal atinge a todos os que mantêm, direta ou indiretamente, vinculação com a

Administração Municipal (Ver Pessoas que integram a Administração Municipal).

Os crimes praticados por funcionários públicos são:

a) peculato;
b) peculato por erro de outrem;
c) inserção de dados falsos em sistema de informações;
d) modificação ou alteração não autorizada de sistema de informações;
e) extravio, sonegação ou inutilização de livro ou documento;
f) emprego irregular de verbas ou rendas públicas;
g) concussão;
h) excesso de exação;
i) corrupção passiva;
j) facilitação de contrabando ou descaminho;
l) prevaricação;
m) condescendência criminosa;
n) advocacia administrativa;
o) abandono de função;
p) exercício funcional ilegalmente antecipado ou prolongado;
q) violação de sigilo funcional.

12.4.1. Crime de peculato – O art. '312 do CP define o peculato como *apropriar-se o funcionário público de dinheiro, valor ou qualquer outro bem móvel, público ou particular, de que tem a posse em razão do cargo, ou desviá-lo, em proveito próprio ou alheio.*

O enunciado não deixa qualquer dúvida: aquele que, na condição de funcionário público municipal, se apropria de dinheiro, valor ou qualquer outro bem, público ou privado, em proveito próprio ou alheio, ou mesmo o desvia, pratica o crime de peculato.

A pena para este crime fica ente dois a doze anos de reclusão e multa.

12.4.2. Crime de peculato mediante erro de outrem – O art. 313 do CP diz que é crime de peculato mediante erro de outrem o *apropriar-se de dinheiro ou qualquer utilidade que, no exercício do cargo, recebeu por erro de outrem.*

Pelo enunciado, vê-se que caracteriza peculato a apropriação feita por funcionário público municipal de dinheiro ou de qualquer utilidade que alguém, por erro, lhe entregou. Por exemplo: alguém pensando dever IPTU entrega o valor da dívida ao responsável da arrecadação do Município e este dele se apropria.

A pena é de reclusão de um a quatro anos e multa.

12.4.3. Crime de dados falsos em sistema de informações – O art. 313-A é inserção da Lei nº 9.983, de 14 de julho de 2000, e

O Município e seus agentes

significa uma adequação do legislador aos novos tempos, especialmente no grande salto produzido pela informática. Portanto, inserir ou facilitar, o funcionário autorizado, a inserção de dados falsos, alterar ou excluir indevidamente dados corretos nos sistemas informatizados ou bancos de dados da Administração Pública com o fim de obter vantagem indevida para si ou para outrem ou para causar dano é crime.

A pena é de 2 (dois) a 12 (doze) anos e multa.

12.4.4. Crime de modificação ou alteração não autorizada de sistema de informação – Da mesma forma que o crime anterior, o *crime de modificação ou alteração não autorizada de sistema de informações*, art. 313-B, é acréscimo produzido pela Lei nº 9.983, de 14 de julho de 2000. Sua estrutura jurídica reside na ação do funcionário em modificar ou alterar o sistema de informações ou programa de informática sem autorização ou solicitação de autoridade competente

A pena é de detenção de 3 (três) meses a 2 (dois) anos e mais multa.

12.4.5. Crime de extravio, sonegação ou inutilização de livro ou documento – O art. 314 do CP classifica como crime *extraviar livro oficial ou qualquer documento, de que tem a guarda em razão do cargo, sonegá-lo ou inutilizá-lo, total ou parcialmente.*

O funcionário municipal que extravia livro oficial ou qualquer documento que em razão de seu cargo tenha guarda ou chega a sonegá-lo ou a inutilizá-lo, pratica o *crime de extravio, sonegação ou inutilização de livro ou documento.* Por exemplo, no processo administrativo de concessão de habite-se, o funcionário público extravia a escritura pública do particular.

A pena para este crime é de um a quatro anos.

12.4.6. Crime de emprego irregular de verbas ou rendas públicas – O art. 315 do CP estabelece como crime dar às verbas ou rendas públicas aplicação diversa da estabelecida em lei.

Este crime ficou esquecido durante muito tempo, já que o orçamento público, e em especial o orçamento público municipal, tinha um relativo cumprimento. Agora com a edição da Lei de Responsabilidade Fiscal, em que o orçamento passou a ter cumprimento obrigatório, o chamado *crime de desvio de verbas* deve assumir grande relevo como forma de prevenção das contas públicas, quer sejam elas pertinentes às receitas ou às despesas.

A pena para este crime é alternativa. Dessa forma, o juiz pode fixar a de detenção de um a três meses ou a de multa.

12.4.7. Crime de concussão – O art. 316 do CP diz que é crime *exigir, para si ou para outrem, direta ou indiretamente, ainda que fora da função ou antes de assumi-la, mas em razão dela, vantagem indevida.*

O funcionário municipal que exigir, por exemplo, dinheiro para liberar um alvará ou para expedir uma guia, pratica o crime de concussão.

A pena de reclusão varia de dois a oito anos, além da multa.

12.4.8. Crime de excesso de exação – O art. 316, § 1º, do CP diz que é crime *exigir o funcionário público tributo ou contribuição social que sabe ou deveria saber indevido, ou quando, devido, emprega na cobrança meio vexatório ou gravoso, que a lei não autoriza.*

Este crime não se confunde com o de peculato por erro de outrem. Lá, alguém entrega o dinheiro que o funcionário público se apropria. Aqui, o funcionário público exige. Incide nas mesmas penas o emprego de meio vexatório para a cobrança do tributo ou da contribuição social.

A pena é de reclusão e varia de três a oito anos, além da multa.

12.4.9. Crime de corrupção passiva – O art. 317 do CP caracteriza como crime *solicitar ou receber, para si ou para outrem, direta ou indiretamente, ainda que fora da função ou antes de assumi-la, mas em razão dela, vantagem indevida, ou aceitar promessa de tal vantagem.*

O funcionário municipal que solicite ou receba qualquer vantagem indevida pratica o crime de corrupção passiva. É bom se ter presente que o crime se configura pela tão-só solicitação ou recebimento. Havendo exigência, o crime é de concussão.

A pena para este crime é de reclusão de um a oito anos e multa, portanto bem mais leve do que a de concussão.

12.4.10. Crime de facilitação de contrabando ou descaminho – O art. 318 do CP diz que constitui crime de facilitação de contrabando ou descaminho o *facilitar, com infração de dever funcional, a prática de contrabando ou descaminho.*

O funcionário público municipal que de qualquer forma contribua para que se pratique o crime de contrabando (importação ou exportação de mercadorias que são total ou parcialmente proibidas de entrar ou sair do país) ou descaminho (importação ou exportação de mercadorias sem o pagamento do tributo devido) pratica o crime capitulado no art. 318 do CP.

A pena é de reclusão que vai de três a oito anos, além da multa.

12.4.11. Crime de prevaricação – O art. 319 do CP diz que constitui prevaricação *retardar ou deixar de praticar, indevidamente, ato de ofício, ou praticá-lo contra disposição expressa de lei, para satisfazer interesse ou sentimento pessoal.*

O funcionário público municipal que retarde ou deixe de praticar, indevidamente, ato que estava obrigado a fazer por dever profissional ou que venha a agir contra expressa disposição de lei, com o claro intuito de satisfazer interesse ou sentimento pessoal *pratica crime de prevaricação.* Por exemplo, o servidor público municipal que, obrigado por decisão administrativa a embargar uma obra, não o faça porque a construção é de seu amigo.

A pena é de três meses a um ano de detenção e multa.

12.4.12. Crime de condescendência criminosa – O art. 320 do CP classifica como crime *deixar, por indulgência, de responsabilizar subordinado que cometeu infração no exercício do cargo ou; quando lhe falte competência, não levar o fato a conhecimento da autoridade competente.*

O funcionário municipal que, por tolerância ou benevolência, deixe de responsabilizar seu subordinado quando este cometeu infração no exercício do cargo, pratica o típico crime de condescendência criminosa. Mesmo que não tenha competência para punir, incide no mesmo crime se não comunicar à autoridade competente.

A pena é de 15 dias a um mês ou multa.

12.4.13. Crime de advocacia administrativa – O art. 321 do CP diz que é crime de advocacia administrativa *patrocinar, direta ou indiretamente, interesse privado perante a administração pública, valendo-se da qualidade de funcionário.*

O funcionário público municipal que exercite função típica de advogado perante o Município, buscando patrocinar interesse de particular, pratica o crime de advocacia administrativa. O funcionário público tem deveres e obrigações próprias de seu cargo. Buscar satisfazer interesse de particular é fugir destes deveres e obrigações e, portanto, praticar o crime descrito no art. 321 do CP.

12.4.14. Crime de abandono de função – O art. 323 do CP tipifica como crime *abandonar cargo público, fora dos casos permitidos em lei.*

Aquele funcionário público municipal que se afastar da sua função por tempo razoável, fora das situações previstas em lei, pratica o crime de abandono de função. É de se notar que o crime está disposto como de prática de funcionário público. No entanto, caracterizado o abandono, o agente, em verdade, perdeu essa sua categoria e passou a ser um particular.

A pena é de detenção de quinze dias a um mês, podendo ser substituída por multa, a critério do juiz.

12.4.15. Crime de exercício funcional ilegalmente antecipado ou prolongado – O art. 324 do CP diz que caracteriza crime o fato de alguém *entrar no exercício de função pública antes de satisfeitas as exigências legais, ou continuar a exercê-la, sem autorização, depois de saber oficialmente que foi exonerado, removido, substituído ou suspenso.*

Pretender alguém se investir na função pública antes de tomar posse ou nela continuar quando ocorrer circunstância que o tenha afastado do cargo, caracteriza crime de exercício funcional ilegal.

A pena é de quinze dias a um mês, podendo ser substituída por multa.

12.4.16. Crime de violação de sigilo funcional – O art. 325 do CP dispõe que constitui crime *revelar fato de que tem ciência em razão do cargo e que deva permanecer em segredo, ou facilitar-lhe a revelação.*

Alguém que tenha conhecimento de circunstâncias do agir administrativo municipal e o divulgue, sabendo que esta revelação pode produzir efeitos negativos para a administração ou positivo para outrem, ou, de qualquer modo, facilita que isto venha a ocorrer, pratica o crime de violação de sigilo funcional.

A pena para este crime é de seis meses a dois anos ou multa.

A Lei nº 9.983, de 14 de julho de 2000, na esteira dos acréscimos produzidos no art. 313, acresceu ao art. 325 o seguinte:

§ 1º – Nas penas deste artigo incorre quem:

I – permite ou facilita, mediante atribuição, fornecimento e empréstimo de senha ou qualquer outra forma, o acesso de pessoas não autorizadas a sistemas de informações ou banco de dados da Administração Pública;

II – se utiliza, indevidamente, do acesso restrito.

§ 2º Se da ação ou omissão resulta dano à Administração Pública ou a outrem, pena de reclusão de 2 (dois) a 6 (seis) anos e multa.

12.5. Crimes praticados por particular contra a administração pública municipal

Como o próprio título anuncia, os crimes são praticados por particulares contra a Administração em geral, portanto, também contra a Administração Municipal. Estes crimes são:

a) usurpação de função pública;

b) resistência;
c) desobediência;
d) desacato;
e) exploração de prestígio;
f) corrupção ativa;
g) contrabando ou descaminho;
h) inutilização de edital ou de sinal;
i) subtração ou inutilização de livro ou documento;
j) sonegação de contribuição previdenciária.

12.5.1. Crime de usurpação de função pública – O art. 328 do CP diz que caracteriza crime *usurpar o exercício de função pública*.

Função pública é atividade típica do Estado na qual são investidos servidores, empregados públicos ou terceiros por força de lei. Portanto, investir-se alguém nessa condição é crime de usurpação.

A pena é de três meses a dois anos de detenção, além da multa.

12.5.2. Crime de resistência – O art. 329 do CP caracteriza como crime o fato de *opor-se à execução de ato legal, mediante violência ou ameaça a funcionário competente para executá-la ou a quem lhe esteja prestando auxílio.*

O Estado tem o poder de impor sua vontade ao particular. Naturalmente que esta imposição se opera através do comando prévio de uma lei, que é executada por funcionário público. Logo, resistir alguém a execução deste ato municipal, utilizando-se de violência ou de ameaça, é praticar o crime de resistência no âmbito municipal.

A pena é de detenção de dois meses a dois anos.

12.5.3. Crime de desobediência – O art. 330 do CP diz que caracteriza crime *desobedecer a ordem legal de funcionário público*.

Este crime tem vinculação com o crime de resistência. A desobediência é a resistência em escala menos grave, já quem desobedece, resiste.

A pena, por isso mesmo, é menor; detenção de quinze dias a seis meses e multa.

12.5.4. Crime de desacato – O art. 331 do CP diz que constitui crime *desacatar funcionário público no exercício da função ou em razão dela*.

Desacatar significa ofender, humilhar, agredir ou desprestigiar. O crime só se tipifica quando o funcionário público estiver no exercício da função ou em razão dela.

A pena é de seis meses a dois anos de detenção ou multa.

12.5.5. Crime de tráfico de influência – O art. 332 diz que caracteriza crime, *solicitar, exigir, cobrar ou obter, para si ou para outrem, vantagem ou promessa de vantagem, a pretexto de influir em funcionário público no exercício da função.*

O enunciado é claro: alguém de solicita, exige, cobra ou mesmo obtém qualquer vantagem ou promessa de recebê-la com o pretexto de influenciar funcionário público no agir de seu cargo, pratica o crime de tráfico de influência.

A pena é de reclusão de dois a cinco anos e multa.

12.5.6. Crime de corrupção ativa – O art. 333 do CP tipifica como crime *oferecer ou prometer vantagem indevida a funcionário público, para determiná-lo a praticar, omitir ou retardar ato de ofício.*

Este crime é a ação ativa do capitulado no art. 317 do CP. Lá, o funcionário passivamente recebe a vantagem. Aqui, o particular oferece. Em geral, estes crimes andam juntos.

A pena para o particular é de reclusão de um a oito anos e multa.

12.5.7. Crime de contrabando ou descaminho – O art. 334 do CP diz que caracteriza crime *importar ou exportar mercadoria proibida ou iludir, no todo ou em parte, o pagamento de direito ou imposto devido pela entrada, pela saída ou pelo consumo de mercadoria.*

Este crime tem vinculação com o do art. 318 do CP, a quem se remete. Lá, o funcionário é punido por facilitar o contrabando ou o descaminho. Aqui, a punição é pelo contrabando ou descaminho propriamente praticado pelo particular.

A pena é de reclusão de um a quatro anos.

12.5.8. Crime de inutilização de edital ou sinal – O art. 336 do CP diz ser crime *rasgar ou, de qualquer forma, inutilizar ou conspurcar edital afixado por ordem de funcionário público; violar ou inutilizar selo ou sinal empregado, por determinação legal ou por ordem de funcionário público, para identificar ou cerrar qualquer objeto.*

Pelo enunciado, se observa que a intenção do legislador foi a de proteger os atos da administração. Edital é a manifestação pública destinada a dar conhecimento ao público de um ato público. Portanto, no âmbito municipal, aquele que rasga, ou de qualquer forma inutiliza ou conspurca (suja, mancha) edital público ou viola ou inutiliza o selo para identificar ou cerrar qualquer objeto, pratica o crime do art. 336 do CP.

A pena de detenção é de um mês a um ano ou multa.

O Município e seus agentes

12.5.9. Crime de subtração ou inutilização de livro ou documento – O art. 337 do CP enuncia como crime *subtrair, ou inutilizar, total ou parcialmente, livro oficial, processo ou documento confiado à custódia de funcionário, em razão de ofício, ou de particular em serviço público*.

O crime aqui definido é o de tão-somente subtrair ou inutilizar livro ou documento em guarda com funcionário público porque, se este livro ou documento tem valor de prova ou serve para demonstrar uma relação jurídica, ele assume o contorno de maior gravidade e pode tipificar crimes mais graves.

A pena é de reclusão de dois a cinco anos.

12.5.10. Crime de sonegação de contribuição previdenciária – A Lei nº 9.983, de 14 de julho de 2000, acresceu ao rol dos crimes praticados por particular contra a administração em geral, *o crime de sonegação de contribuição previdenciária*, capitulando-o no art. 337-A, da seguinte forma, tendo sempre como circunstância temática a supressão ou a redução de contribuição social previdenciária e qualquer acessória:

I – omitir de folha de pagamento da empresa ou de documento de informações previsto pela legislação previdenciária segurados empregados, empresário, trabalhador avulso ou trabalhador autônomo ou a este equiparado que lhe prestem serviço;
II – deixar de lançar mensalmente nos títulos próprios da contabilidade da empresa as quantias descontadas dos segurados ou as devidas pelo empregador ou pelo tomador de serviços;
III – omitir, total ou parcialmente, receitas ou lucros auferidos, remuneração pagas ou creditadas e demais fatos geradores de contribuições sociais previdenciárias.

A pena para qualquer destes tipos é a de reclusão de 2 (dois) a 5 (cinco) anos e multa.

Demonstrando a natureza essencialmente econômica da criminalização dos tipos acima descritos, o § 1º do art. 337-A estabeleceu como causa extintiva da punibilidade, declarar e confessar o agente, espontaneamente, as contribuições, importâncias ou valores e prestar as informações devidas à previdência social, na forma definida em lei ou regulamento, antes do início da ação fiscal.

De outro lado, a mesma Lei nº 9.983/2000, no § 2º do art. 337-A, concedeu ao julgador a faculdade de aplicar a pena ou aplicar somente a pena de multa se o agente for primário e de bons antecedentes, desde que o valor das contribuições devidas, inclusive acessórios, seja igual ou inferior àquele estabelecido pela previdência social, administrativamente, como sendo o mínimo para ajuizamento de suas execuções fiscais.

Dispositivos dirigidos especificamente ao empregador pessoa física são os dos §§ 3º e 4º, da citada lei, que faculta ao juiz reduzir a pena de 1/3 (um terço) até metade, ou aplicar apenas a pena de multa, desde que a folha de pagamento não ultrapasse o valor de 10 (dez) salários mínimos.

12.6. Crimes contra as finanças públicas municipais

O Título XI do Código Penal foi acrescido do Capítulo IV – *Dos Crimes contra as Finanças Públicas* -, (art. 359 A até H), através do art. 2º da Lei nº 10.028, de 19 de outubro de 2000, que foi editada em cumprimento ao art. 73 da Lei de Responsabilidade Fiscal. De forma popular, a Lei nº 10.028/2000 é chamada de Lei dos Crimes de Responsabilidade Fiscal, o que não deixa de ter razão

A Lei Complementar nº 101, de 04.05.2000, *Lei de Responsabilidade Fiscal*, segundo sua própria declaração de finalidade inserta no art. 1º, § 1º, veio para *prevenir riscos e corrigir desvios capazes de afetar o equilíbrio das contas públicas, mediante o cumprimento de metas de resultados*, impondo para isso *obediência a limites e condições no que tange a renúncia de receita, geração de despesas com pessoal, seguridade social e outras, dívidas consolidadas e mobiliária, operação de crédito, inclusive antecipação de receita, concessão de garantia e inscrição em Restos a Pagar*. Assim, nada mais lógico que, além das sanções administrativas pelo não-cumprimento de suas determinações, deveriam haver sanções de ordem penal aos administradores, como forma de não deixar dúvida da pretensão por ela determinada.

Os crimes contra as finanças públicas inseridos no CP pela Lei nº 10.028/2000 são:

a) contratação de operação de crédito;
b) inscrição de despesas não empenhadas em restos a pagar;
c) assunção de obrigação no último ano do mandato ou legislatura;
d) ordenação de despesas não autorizadas;
e) prestação de garantia graciosa;
f) não cancelamento de restos a pagar;
g) aumento de despesa total com pessoal no último ano de mandato ou legislatura;
h) oferta pública ou colocação de títulos no mercado.

12.6.1. Crime de contratação de operação de crédito – O art. 359-A do CP diz ser crime *ordenar, autorizar ou realizar operação de crédito, interno ou externo, sem prévia autorização legislativa*. No seu parágrafo único, diz que incide na mesma responsabilidade criminal aquele que *não observar os limites para as operações de crédito fixados pelo Senado Federal e quando o montante da dívida consolidada ultrapassar o limite máximo autorizado*.

O Município e seus agentes

A Lei de Responsabilidade Fiscal impõe sérias restrições à Administração Pública quanto à contratação de operação de crédito. Por via de conseqüência, o Prefeito Municipal que ordenar, autorizar ou realizar operação de crédito sem a prévia autorização legislativa, sem observância dos limites estabelecidos pelo Senado Federal para essa contratação ou que ultrapasse o montante da dívida consolidada fixada em lei, comete o crime de contratação de operação de crédito.

A pena é de reclusão de um a dois anos.

12.6.2. Crime de inscrição de despesas não empenhadas em restos a pagar – O art. 359-B do CP define como crime *ordenar ou autorizar a inscrição em restos a pagar, de despesa que não tenha sido previamente empenhada ou que exceda limite estabelecido em lei.*

Segundo a Lei de Responsabilidade Fiscal, o Administrador Público, e no caso específico o Prefeito Municipal, não pode contrair obrigação de despesa que não possa cumprir integralmente no seu mandato ou que, embora devendo ser pagas no exercício seguinte, não tenha suficiente disponibilidade de caixa. Portanto, se transgride essa proibição, pratica o crime de inscrição de despesas não empenhadas em restos a pagar.

A pena de detenção é de seis meses a dois anos.

12.6.3. Crime de assunção de obrigação no último ano do mandato ou legislatura – O art. 359-C do CP definiu como crime *ordenar ou autorizar a assunção de obrigação, nos dois últimos quadrimestres do último ano do mandato ou legislatura, cuja despesa não possa ser paga no mesmo exercício financeiro ou, caso reste parcela a ser paga no exercício seguinte, que não tenha contrapartida suficiente de disponibilidade de caixa.*

A Lei de Responsabilidade Fiscal proíbe que o Administrador Público, o Prefeito, seu ordenador ou o Presidente da Câmara, ordene ou autorize a assunção de despesa oito meses (dois quadrimestres) antes do término do mandato, para o Prefeito, ou ao final da legislatura, para o Presidente da Câmara, cuja despesa não possa ser paga no mesmo exercício ou tenha previsão de caixa para o exercício seguinte. O descumprimento desta proibição impõe ao administrador municipal responsável sanção criminal.

A pena de reclusão é de um a quatro anos.

12.6.4. Crime de ordenação de despesa não autorizada – O art. 359-D do Código Penal define como crime *ordenar despesa não autorizada por lei.*

A Lei de Responsabilidade Fiscal estabeleceu a necessidade de que toda a Administração Pública ajuste suas contas a longo prazo através de lei específica chamada de Lei de Diretrizes Orçamentárias – LDO. Por ela, o Administrador Público fixará suas metas de resultados de forma concreta e não mais empírica, como ocorria, prevendo suas receitas e fixando suas despesas. A Lei de Orçamento Anual, dessa forma, é um cumprimento parcial da meta já estabelecida. Tem-se, portanto, que qualquer despesa deve estar prevista nestas duas leis. Ordenar o administrador municipal despesas sem previsão legal tipifica o crime do art. 359-D do Código Penal.

A pena é de reclusão de um a quatro anos.

12.6.5. Crime de prestação de garantia graciosa – O art. 359-E do CP conceitua como crime *prestar garantia em operação de crédito sem que tenha sido constituída contragarantia em valor igual ou superior ao valor da garantia prestada, na forma da lei.*

A Lei de Responsabilidade Fiscal estabelece regras para a concessão de garantias em operações de crédito pelos entes públicos, fixando que essa concessão somente será possível com oferecimento de contragarantia em valor igual ou superior ao da garantia concedida. Portanto, descumprindo o Administrador Municipal esta regra, pratica o crime de prestação de garantia graciosa.

A pena é de detenção de três meses a um ano.

12.6.6. Crime de não-cancelamento de restos a pagar – O art. 359-F diz ser crime deixar de *ordenar, de autorizar ou de promover o cancelamento do montante de restos a pagar inscrito em valor superior ao permitido em lei.*

Restos a pagar são despesas passadas para o exercício seguinte, nos limites da lei, consoante determinação imposta pela Lei de Responsabilidade Fiscal. Ultrapassando o montante desse limite, é obrigação do Administrador Municipal ordenar, autorizar ou promover o seu cancelamento. Se não o faz, pratica o crime do art.359-F do CP.

A pena de detenção é de seis meses a dois anos.

12.6.7. Crime de aumento de despesa total com pessoal no último ano de mandato ou legislatura – O art. 359-G do CP diz que caracteriza crime *ordenar, autorizar ou executar ato que acarrete aumento de despesa total com pessoal, nos cento e oitenta dias anteriores ao final do mandato ou da legislatura.*

A Lei de Responsabilidade Fiscal estabelece que o Município não pode gastar mais de 60% de sua receita líquida com pessoal, na

O Município e seus agentes

223

proporção de 54% para o Poder Executivo e 6% para Câmara Municipal. Conceder o Prefeito Municipal ou o Presidente da Câmara aumento para seu pessoal, mesmo dentro destes patamares, 180 dias antes do término de seu mandado ou da legislatura, responde pelo crime enunciado.

A pena é de reclusão de um a quatro anos.

12.6.8. Crime de oferta pública ou colocação de títulos no mercado sem criação legal ou registro – O art. 359-H do CP conceitua como crime *ordenar, autorizar ou promover a oferta pública ou a colocação no mercado financeiro de títulos da dívida pública sem que tenham sido criados por lei ou sem que estejam registrados em sistema centralizado de liquidação e de custódia.*

A Lei de Responsabilidade Fiscal proibiu o Banco Central de emitir títulos da dívida pública depois de 4 de maio de 2002. Antes disso, se houver autorização legal, é possível a emissão de títulos da dívida pública. Portanto, a autoridade administrativa municipal que ordene, autorize ou mesmo promova a oferta de títulos da dívida pública municipal sem a devida autorização legal, incide no crime previsto no art. 359-H do CP.

A pena é de reclusão de um a quatro anos.

12.7. Crimes de responsabilidade de Prefeito com os acréscimos da Lei nº 10.028, de 19.10.2000.

O Prefeito Municipal é, em conceito amplo, um funcionário público municipal. Em sentido estrito, no entanto, o Prefeito Municipal é um agente político. Como funcionário público, ele pode responder por qualquer dos crimes do Código Penal atribuídos a funcionário público contra a Administração Pública Municipal, e que já foi motivo de análise. A diferença é que por sua condição de Prefeito ele goza de foro privilegiado – o Tribunal de Justiça, e não o Juiz de Direito da Comarca.

Na qualidade de agente político, e quando no exercício dessa função, o Prefeito Municipal porém responde por uma categoria própria de crimes – *os crimes de responsabilidade de Prefeito,* previstos no Decreto-Lei nº 201, de 27.02.1967, com os acréscimos do art.4º, da Lei nº 10.028, de 19.10.2000, a chamada *lei dos crimes de responsabilidade fiscal.*

Os crimes de responsabilidade do Prefeito, nos termos do art. 1º do Decreto-Lei nº 201/67, são:

I – apropriar-se de bens ou rendas públicas, ou desviá-las em proveito próprio ou alheio;

Este é o típico crime praticado pelo Prefeito contra o patrimônio municipal.

II – utilizar-se, indevidamente, em proveito próprio ou alheio, de bens, rendas ou serviços públicos;

Este também é um crime patrimonial praticado pelo Prefeito no desempenho de sua atividade. Basta que o agente político se utilize de bens, rendas ou serviços públicos em benefício pessoal ou mesmo de outrem, pratica o crime.

III – desviar, ou aplicar indevidamente, rendas ou verbas públicas;

O Prefeito Municipal que desvia rendas ou verbas públicas de forma contrária à lei pratica este crime.

IV – empregar subvenções, auxílios, empréstimos ou recursos de qualquer natureza, em desacordo com os planos ou programas a que se destinam;

Este crime ganha evidência com a Lei de Responsabilidade Fiscal em que o estrito cumprimento à Lei de Diretrizes Orçamentárias e à Lei Orçamentária Anual é atribuição indeclinável para o Prefeito. Assim, empregar subvenções, auxílios, empréstimos ou recursos de qualquer natureza, contrariamente ao que está estabelecido nos orçamentos, é crime de responsabilidade.

V – ordenar ou efetuar despesas não autorizadas por lei, ou realizá-las em desacordo com as normas financeiras pertinentes;

O dispositivo é claro e também tem forte eco na Lei de Responsabilidade Fiscal. Aliás, o art. 359-D do Código Penal, acréscimo introduzido pela Lei nº 10.028, de 19.10.2000, tem idêntica redação. A diferença é que, no CP, o dispositivo é aplicável a qualquer funcionário público que ordene despesa. Aqui é crime típico de Prefeito Municipal.

VI – deixar de prestar contas anuais da administração financeira do Município à Câmara de Vereadores, ou ao órgão que a Constituição do Estado indicar, nos prazos e condições estabelecidos;

O fato tipificável como crime é a não-prestação de contas à Câmara Municipal nos prazos e condições estipuladas na Lei Orgânica do Município. Sendo atribuição pessoal do Prefeito o de prestar contas ao órgão fiscalizador, a Câmara Municipal, seu descumprimento caracteriza crime de responsabilidade.

VII – deixar de prestar contas, no devido tempo, ao órgão competente, da aplicação de recursos, empréstimo,. subvenções ou auxílios internos ou externos, recebidos a qualquer título;

O Prefeito também tem o dever de prestar contas das importâncias recebidas como transferências ao poder que as transferiu, como por exemplo à União e ao Estado. Se não o faz, pratica crime de responsabilidade.

VIII – contrair empréstimo, emitir apólices, ou obrigar o Município por títulos de crédito, sem autorização da Câmara, ou em desacordo com a lei;

Este crime se apresenta idêntico ao do art. 359-A do CP, por acréscimo da Lei nº 10.028, de 19.10.2000. A diferença é que, no caso em análise, ele é classificado como típico do Prefeito.

IX – conceder empréstimos, auxílios ou subvenções sem autorização da Câmara, ou em desacordo com a lei;

O crime, como outros que digam respeito às contas do Município, ganhou mais evidência com a Lei de Responsabilidade Fiscal. A vinculação das contas públicas a um rígido comportamento orçamentário não deixou ao Prefeito qualquer discrição em conceder empréstimos, auxílios ou subvenções sem autorização prévia da Câmara ou mesmo em desacordo com aquela lei.

X – alienar ou onerar bens imóveis, ou rendas municipais, sem autorização da Câmara, ou em desacordo com a lei;

Não é atribuição própria do Prefeito Municipal dizer sobre a alienação ou oneração de bens imóveis ou das rendas municipais. Para este ato há necessidade de autorização da Câmara Municipal. Se não o faz, pratica crime de responsabilidade.

XI – adquirir bens, ou realizar serviços e obras, sem concorrência ou coleta de preços, nos casos exigidos em lei;

Este crime diz respeito com a lisura dos contratos realizados entre a administração municipal e o particular. Embora a Lei nº 8.666/93 tenha buscado criminalizar fatos por ela abrangidos, não revogou este dispositivo porque a tônica aqui é a responsabilidade funcional. Portanto, o Prefeito que adquire bens ou realiza serviços ou obras sem licitação, pratica crime de responsabilidade.

XII – antecipar ou inverter a ordem de pagamento a credores do Município, sem vantagem para o erário;

Os pagamentos devidos pelo Município deverão ser feitos por ordem de vencimento. Assim, antecipar o Prefeito pagamento que não traga benefício ao erário, é crime de responsabilidade.

XIII – nomear, admitir ou designar servidor, contra expressa disposição de lei;

O princípio primeiro que norteia toda administração é o da legalidade. Assim, para nomear, admitir ou designar servidor, o

Prefeito deve agir conforme disposição legal. A Lei de Responsabilidade Fiscal, por exemplo, estabeleceu limites para os gastos com pessoal, fixando em 60% da despesa líquida para todo o Município. Dentro deste limite foi estabelecido outro limite, o de que o Prefeito só poderia gastar 54% do montante com o seu pessoal. Portanto, nomeando, admitindo ou designando servidor em expressa possibilidade legal ou que supere a este limite, tem-se como praticado o crime de responsabilidade.

XIV – negar execução a lei federal, estadual ou municipal, ou deixar de cumprir ordem judicial, sem dar o motivo da recusa ou da impossibilidade, por escrito, à autoridade competente;

O Prefeito Municipal, como administrador público, tem o dever de cumprir a lei. O art. 37 da Constituição Federal chama a isso de princípio da legalidade. Assim, não é dado a este agente político o poder de negar execução a qualquer lei. De outro lado, não pode descumprir a ordem judicial. No controle da administração, pode o Poder Judiciário declarar a nulidade de atos administrativos. É uma de suas funções. O descumprimento do Prefeito a esta ordem fere o equilíbrio entre os Poderes Públicos. No entanto, ficando caracterizada a impossibilidade de seu cumprimento, deve ele imediatamente justificar esse fato à autoridade judicial, por escrito. Não o fazendo, incide em crime de responsabilidade.

XV – deixar de fornecer certidões de atos ou contratos municipais, dentro do prazo estabelecido em lei;

A Administração é chamada de Pública porque a coisa é todos e por isso todos podem querer saber o que nela ocorre, requerendo para isso certidões de atos ou contratos administrativos. A recusa injustificada no fornecimento de certidões tipifica crime de responsabilidade.

O art. 4º da Lei nº 10.028, de 19.10.2000, acrescentou os seguintes incisos:

XVI – deixar de ordenar a redução do montante da dívida consolidada, nos prazos estabelecidos em lei, quando o montante ultrapassar o valor resultante da aplicação do limite máximo fixado pelo Senado Federal;

Este dispositivo é conseqüência direta da Lei de Responsabilidade Fiscal que tratou de limitar a ação do administrador público na receita e na despesa pública. Reduzir a dívida consolidada (que é o montante total, apurado sem duplicidade, das obrigações financeiras do ente da federal, assumidas em virtude de leis, contratos, convênios ou tratados e da realização de operações de crédito, para amortização em prazo superior a doze meses – art. 29 da Lei de

O Município e seus agentes

Responsabilidade Fiscal) é obrigação do Prefeito. Se não determina esta redução, pratica crime de responsabilidade.

XVII – ordenar ou autorizar a abertura de crédito em desacordo com os limites estabelecidos pelo Senado Federal, sem fundamento na lei orçamentária ou na de crédito adicional ou com inobservância de prescrição legal;

Este é outro dispositivo criado para dar cumprimento à Lei de Responsabilidade Fiscal. O Prefeito que ordena ou autoriza a abertura de crédito em desacordo com essa lei pratica crime de responsabilidade.

XVIII – deixar de promover ou de ordenar, na forma da lei o cancelamento, a amortização ou a constituição de reserva para anular os efeitos de operação de crédito realizada com inobservância de limite, condição ou montante estabelecido em lei;

As operações de crédito possível de realização pelo Município ficaram bem reduzidas por determinação da Lei de Responsabilidade Fiscal. Dessa forma, aquele Prefeito que tiver descumprido os limites para estas operações e que não procure anular estes atos ou, se impossível, encontrar forma de amortizá-las através de constituição de reserva, pratica crime de responsabilidade.

XIX – deixar de promover ou de ordenar a liquidação integral de operação de crédito por antecipação de receita orçamentária, inclusive os respectivos juros e demais encargos, até o encerramento do exercício financeiro;

Contrair dívidas através de operações de crédito consistente em antecipação de receita orçamentária é vedação imposta pela Lei de Responsabilidade Fiscal, salvo nos casos excepcionais por ela previstos. Portanto, se realizadas e não liquidadas pelo seu total no encerramento do exercício financeiro, faz com que o Prefeito incida em crime de responsabilidade.

XX – ordenar ou autorizar, em desacordo com a lei, a realização de operação de crédito com qualquer um dos demais entes da Federação, inclusive suas entidades da administração indireta, ainda que na forma de novação, refinanciamento ou postergação de dívida contraída anteriormente;

Este dispositivo é mais um daqueles tendentes a impor através de ameaça de sanção penal o cumprimento da Lei de Responsabilidade Fiscal. As operações de crédito passíveis de realização pelo Município foram reduzidas e, quando possível, se tornaram difíceis pelo aparato formal que a lei impôs. Dessa forma, ordenar ou autorizar o Prefeito a realização de uma operação de crédito em descumprimento a tal exigência formal, mesmo que seja para renovar, refinanciar ou postergar o seu cumprimento uma dívida, pratica crime de responsabilidade.

XXI – captar recursos a título de antecipação de receita de tributo ou contribuição cujo fato gerador ainda não tenha ocorrido;

A receita municipal deve ser prevista de forma clara e minuciosa na Lei de Diretrizes Orçamentárias e implementada na Lei Orçamentária Anual. Portanto, captar o Prefeito Municipal receitas a título de antecipação de tributo ou contribuição, sem que o fato que torna este imposto ou a contribuição devida tenha ocorrido, é crime de responsabilidade.

XXII – ordenar ou autorizar a destinação de recursos provenientes da emissão de títulos para finalidade diversa da prevista na lei que a autorizou;

Para que o Município possa emitir títulos da dívida pública, há necessidade de prévia autorização da Câmara Municipal e do Governo Federal. Naturalmente que tais autorizações são dadas para que essa emissão atenda determinada finalidade pública. Dessa forma, ordenando ou autorizando o Prefeito Municipal que a receita resultante dessa emissão seja desviada para finalidade diversa daquela contemplada na lei autorizativa, pratica crime de responsabilidade.

XXIII – realizar ou receber transferência voluntária em desacordo com limites ou condição estabelecida em lei.

E por fim constitui crime de responsabilidade do Prefeito realizar ou receber transferência voluntária (que é a entrega de recursos correntes ou de capital a outro ente da Federação, a título de cooperação, auxílio ou assistência financeira, que não decorra de determinação constitucional, legal ou os destinados ao Sistema Único de Saúde) em desacordo com os limites e condições impostos na Lei de Responsabilidade Fiscal.

Pena – Os crimes de responsabilidade de Prefeito do inciso I e II são punidos com a pena de reclusão de dois a doze anos, e os demais, com pena de detenção de três meses a três anos.

12.8. Crimes contra a ordem tributária municipal

Os tributos em geral, inclusive os municipais, são classificados em *impostos, taxas e contribuição de melhoria*. Os *impostos municipais são o IPTU, o ITBI e o ISSQN*. As *taxas* representam uma contraprestação pelo poder de polícia ou pela utilização, efetiva ou potencial, de serviços prestados pelo Município. Já as *contribuições de melhoria* resultam de realização de obras públicas que causem valorização ao patrimônio privado. Portanto, os crimes previstos na Lei nº 8.137, de

O Município e seus agentes

27.12.1990, *os chamados crimes contra a ordem tributária*, são os crimes praticados contra estes tributos no âmbito municipal.

A lei divide estes crimes em dois grupos: *crimes praticados por particulares e crimes praticados por funcionários públicos.*

12.8.1. Crimes contra a ordem tributária municipal praticados por particulares – Os crimes praticados por particulares contra a ordem tributária municipal têm por base *a supressão ou redução de tributos e quaisquer acessórios, consistente na prática das seguintes condutas,* consoante o disposto no art. 1º da Lei 8.137, de 27.12.1990:

I – Omitir informação, ou prestar declaração falsa às autoridades fazendárias;

O crime é de falsidade ideológica, só que com repercussão tributária. Logo, aquele que omite ou presta informação falsa às autoridades fazendárias municipais pratica o crime em questão.

II – fraudar a fiscalização tributária, inserindo elementos inexatos, ou omitindo operação de qualquer natureza, em documento ou livro exigido pela lei fiscal;

Aquele que frauda a fiscalização tributária municipal inserindo elementos inexatos ou mesmo omitindo, em livro ou documento, qualquer operação que tenha natureza tributária, incide neste crime.

III – falsificar ou alterar nota fiscal, fatura, duplicata, nota de venda, ou qualquer outro documento relativo à operação tributável;

Aquele que falsifica ou altera documento necessário para demonstração de operação dos tributos municipais pratica o crime em questão.

IV – elaborar, distribuir, fornecer, emitir ou utilizar documento que saiba ou deva saber falso ou inexato;

O ato de particular consistente em obter supressão ou redução de tributo municipal consistente em elaboração, distribuição, fornecimento, emissão ou utilização de documento, que saiba falso, é crime tributário.

V – negar ou deixar de fornecer, quando obrigatório, nota fiscal ou documento equivalente, relativa a venda de mercadoria ou prestação de serviço, efetivamente realizada, ou fornecê-la em desacordo com a legislação.

Negar o particular ou deixar de fornecer documento que demonstre a prestação de serviço, ou mesmo fornecê-lo em desacordo com a lei, é crime tributário porque em realidade essa ação visa a suprimir ou a reduzir a receita municipal, que é o bem que a lei buscou proteger.

A pena para estes crimes é a de reclusão de dois a cinco anos e multa.

O art. 2º da lei que trata dos crimes contra a ordem tributária também classifica como crime da mesma natureza:

I – fazer declaração falsa ou omitir declaração sobre rendas, bens ou fatos, ou empregar outra fraude, para eximir-se, total ou parcialmente, de pagamento de tributo;

O enunciado não deixa qualquer dúvida: a declaração falsa ou mesmo a omissão de declaração que vise a eximir alguém, total ou parcialmente, do pagamento de tributo municipal, é crime tributário.

II – deixar de recolher, no prazo legal, valor de tributo ou de contribuição social, descontado ou cobrado, na qualidade de sujeito passivo de obrigação e que deveria recolher aos cofres públicos;

No campo específico do tributo municipal, aquele que deixa de recolher o seu valor, no prazo estipulado em lei municipal, pratica crime contra a ordem tributária do Município.

III – exigir, pagar ou receber, para si ou para o contribuinte beneficiário, qualquer percentagem sobre a parcela dedutível ou deduzida de imposto ou de contribuição como incentivo fiscal;

A lei municipal pode estabelecer como os contribuintes podem ser beneficiários de incentivos fiscais. Portanto, alguém exigir, pagar ou receber, para si ou para o contribuinte, qualquer percentagem sobre estes incentivos, é crime tributário.

IV – deixar de aplicar, ou aplicar em desacordo com o estatuído, incentivo fiscal ou parcelas de imposto liberadas por órgãos ou entidade de desenvolvimento;

Como no tópico anterior, a lei municipal pode estabelecer incentivos fiscais para o contribuinte, naturalmente impondo condições para o beneficiário. Não aplicar o particular ou aplicar em desacordo com a lei as parcelas objeto do incentivo, é crime tributário.

V – utilizar ou divulgar programa de processamento de dados que permita ao sujeito passivo da obrigação possuir informação contábil diversa daquele que é, por lei, fornecida à Fazenda Pública.

A existência de programas de processamento de dados com objetivos fiscais é um grande fator de rapidez e comodidade para o contribuinte, inclusive o municipal. Dessa forma, utilizar ou divulgar alguém um programa que contrarie as regras legais aplicáveis a um programa determinado, é praticar crime tributário.

A pena para estes crimes é de detenção de seis meses a dois anos e multa.

12.8.2. Crimes contra a ordem tributária municipal praticados por funcionários públicos – Quando se analisaram os crimes do Código Penal praticados por funcionários públicos, enfrentaram vários deles que, agora, verifica-se que guardam conexão ou têm a mesma estrutura típica daqueles previstos no art. 3º, da Lei nº 8.137, de 27.12.1990 – a lei dos crimes contra a ordem tributária.

No entanto, o bem a proteger nos crimes previstos nesta lei tem natureza tipicamente tributária, e não genérica, como os do Código Penal. Assim, o funcionário público pode não praticar crime tributário especificado na lei que os regra mas incidir no crime definido como de funcionário público contra a administração pública em geral.

Os crimes praticados por funcionários públicos contra a ordem tributária são penalizados mais gravemente do que aqueles previstos no Código Penal.

Os crimes praticados por funcionário público municipal contra a ordem tributária do Município são:

I – extraviar livro oficial, processo fiscal ou qualquer documento, de que tenha a guarda em razão da função; sonegá-lo, ou inutilizá-lo, total ou parcialmente, acarretando pagamento indevido ou inexato de tributo ou contribuição social;

Este crime tem a mesma estrutura conceptual do art. 314 do CP. A diferença, como já foi frisado, reside no bem jurídico a proteger. Aqui, extravio, sonegação ou inutilização de livro ou documento tem que ter finalidade fiscal, mais precisamente, de possibilitar o pagamento indevido ou inexato de tributo municipal.

II – exigir, solicitar ou receber, para si ou para outrem, direta ou indiretamente, ainda que fora da função ou antes de iniciar seu exercício, mas em razão dela, vantagem indevida; ou aceitar promessa de tal vantagem, para deixar de lançar ou cobrar tributo ou contribuição social, ou cobrá-los parcialmente;

No Código Penal, a estrutura deste crime é a do art. 317 e é denominado de corrupção passiva. A modificação aqui é que a ação passiva do funcionário público deverá ocorrer no sentido de deixar de lançar ou cobrar tributo, mesmo que parcialmente.

A pena para qualquer destes dois crimes é a de reclusão de três a oito anos e multa.

III – patrocinar, direta ou indiretamente, interesse privado perante a administração fazendeira, valendo-se da qualidade de funcionário público.

Este crime é extensão daquele previsto no art. 321 do CP, o chamado crime de advocacia administrativa. Sua especificidade está no ato de o funcionário ser dirigido contra a administração fazendeira, como é conhecida a administração pública no tocante aos tributos.

Pena de reclusão de um a quatro anos e multa.

12.9. Crimes contra a lisura da licitação e do contrato administrativo municipal

Pretendendo o ente público municipal estabelecer relações jurídicas contratuais com o particular, está ele vinculado ao regime legal de licitação e contrato da Lei nº 8.666/93. Esta lei estabeleceu regras vinculantes para o comportamento de toda e qualquer administração, inclusive a municipal. Portanto, o cumprimento deste dispositivo legal é obrigatório, importando qualquer desvio na sua aplicação, além de penalidade administrativa, crime.

Os crimes descritos nesta lei, portanto, declaram circunstâncias que, de uma forma ou de outra, importam em descumprimento daquele regime legal de contratação.

Estes crimes e suas respectivas penas são:

a) Dispensar ou inexigir licitação fora das hipóteses previstas em lei, ou deixar de observar as formalidades pertinentes à dispensa ou inexigibilidade;

Este crime é descrito no art. 89 da Lei nº 8.666/93. A intenção do legislador é punir aquele que dispensa ou inexige licitação fora dos casos especificados, respectivamente, nos arts. 24 e 25 da referida lei, ou quando não há cumprimento aos comandos formais pertinentes a estes casos de exceções licitatórias.

A pena de detenção é de três a cinco anos e multa.

b) Frustrar ou fraudar, mediante ajuste, combinação ou qualquer outro expediente, o caráter competitivo do procedimento licitatório, com o intuito de obter, para si ou para outrem, vantagem decorrente da adjudicação do objeto da licitação.

O enunciado deste crime se encontra no art. 90 da Lei nº 8.666/93. A idéia do legislador é a de sancionar criminalmente qualquer ato que vise a frustrar ou a fraudar, mediante ajuste, combinação ou outro expediente do gênero, o processo licitatório, com obtenção de vantagem econômica do objeto da licitação adjudicado. Adjudicar significar legitimar o contratante vencedor da licitação para o contrato a ser firmado com a Administração.

A pena é de detenção de dois a quatro anos e multa.

c) Patrocinar, direta ou indiretamente, interesse privado perante a Administração, dando causa à instauração de licitação ou à celebração de contrato, cuja invalidação vier a ser decretada pelo Poder Judiciário.

Este crime está prescrito no art. 91 da Lei nº 8.666/93 e é a chamada advocacia administrativa na licitação. É uma reprodução do art. 321 do CP com a diferença de que para sua configuração há necessidade de manifestação prévia judicial. Em outras palavras, o crime somente será tipificado se o Poder Judiciário vier a se manifestar, através de decisão que não caiba mais recurso, que a licitação foi instaurada ou o contrato foi celebrado visando a beneficiar interesse privado. Anulada a licitação ou o contrato, aquele que patrocinou, responderá pelo crime em análise.

A pena é de detenção de seis meses a dois anos e multa.

d) Admitir, possibilitar ou dar causa a qualquer modificação ou vantagem, inclusive prorrogação contratual, em favor do adjudicatário, durante a execução dos contratos celebrados com o Poder Público, sem autorização em lei, no ato convocatório da licitação ou nos respectivos instrumentos contratuais, ou, ainda, pagar fatura com preterição da ordem cronológica de sua exigibilidade, obvservado o disposto no art. 121 desta lei.

O crime acima descrito está capitulado no art. 92 da Lei nº 8.666/93. A licitação é um processo altamente formal, contendo prazos, tempos e momentos indisponíveis para a Administração Pública. Contratar, o que contratar, como contratar caracterizam-se ações discricionárias da Administração Pública. No entanto, dispostas estas puras liberdades administrativas no edital licitatório, fica a Administração a elas vinculada, ensejando, inclusive, a contratação nos termos que licitou e a execução contratual nos mesmos moldes.

Dessa forma, admitir, possibilitar ou dar causa o funcionário público municipal responsável pela licitação e contratações a qualquer modificação ou vantagem, inclusive de prorrogação contratual, durante a execução do contrato, sem que tenha previsão legal, tenha sido autorizado na licitação ou no contrato, constitui o crime contra a lisura da contratação administrativa.

Também incide no mesmo crime a autoridade administrativa municipal que efetiva pagamento de fatura em desacordo com a ordem cronológica de sua exigibilidade.

O crime se estende ao particular contratado que, comprovadamente, tenha concorrido para a consumação da ilegalidade com obtenção de vantagem indevida.

A pena é de detenção de dois a quatro anos e multa.

e) impedir, perturbar ou fraudar a realização de qualquer ato de procedimento licitatório.

É o que diz o art. 93 da Lei nº 8.666/93. Sendo um procedimento altamente formal e que tem como princípio a legalidade, a publicidade, a moralidade, a probidade administrativa, a vinculação ao instrumento convocatório e ao julgamento objetivo, a licitação demonstra toda a preocupação do legislador em escolher aquele com quem deverá contratar.

Portanto, procedimentos que impeçam, perturbem ou fraudem a licitação é crime.

A pena é de detenção de seis meses a dois anos e multa.

f) devassar o sigilo de proposta apresentada em procedimento licitatório, ou proporcionar a terceiros o ensejo de devassá-lo;

Este crime está enunciado no art. 94 da Lei nº 8.666/93 e não deixa qualquer dúvida da segurança que o legislador pretendeu impor aos que participam de uma licitação. Ademais, o sigilo da proposta é garantia de lisura na licitação.

A pena de detenção vai de dois a três anos e multa.

g) afastar ou procurar afastar licitante, por meio de violência, grave ameaça, fraude ou oferecimento de vantagem de qualquer tipo;

Este crime está disposto no art. 95 da Lei nº 8.666/93. Mais uma vez fica presente a intenção do legislador de proteger a lisura da licitação sancionando penalmente aquele que busque afastar, ou que consegue, por meio de violência, grave ameaça, fraude ou oferecimento de vantagem de qualquer tipo, os demais licitantes. Se a licitação é a participação coletiva de interessados, os atos a que visem eliminar esta participação devem ser penalizados.

Pratica também o crime aquele que se abstém ou desiste da licitação em razão da vantagem oferecida.

A pena é de detenção de dois a quatro anos, e multa, além da pena correspondente à violência.

h) fraudar, em prejuízo da Fazenda Pública, licitação instaurada para aquisição ou venda de bens ou mercadorias, ou contrato dela decorrente:
I – elevando arbitrariamente os preços;
II – vendendo, como verdadeira ou perfeita, mercadoria falsificada ou deteriorada;
III – entregando uma mercadoria por outra;
IV – alterando substância, qualidade ou quantidade de mercadoria fornecida;
V – tornando, por qualquer modo, injustamente, mais onerosa proposta ou a execução do contrato.

Este é o crime descrito no art. 96 da Lei nº 8.666/93. O enunciado demonstra a punição a determinadas fraudes praticadas contra a Fazenda Pública, especialmente na licitação e conseqüente contrato para aquisição ou venda de bens ou mercadorias.

Dessa forma, aquele que eleva o preço de forma arbitrária das mercadorias contratadas; vende mercadoria falsa como verdadeira; entrega mercadoria por outra; altera a substância, qualidade ou quantidade da mercadoria ou torna mais onerosa a proposta ou a execução do contrato, pratica o crime em análise.

A pena de detenção é de três a seis anos e multa.

i) Admitir à licitação ou celebrar contrato com empresa ou profissional declarado inidôneo;

O Município e seus agentes

Este é o crime do art. 97 da Lei nº 8.666/93. Uma das características do licitante é que seja comprovadamente idôneo, ou seja, que, no contexto da Administração Pública e da licitação preencha as condições exigidas na lei para licitar e contratar.

Portanto, admitir o administrador municipal, na licitação ou no contrato, a presença de pessoa jurídica privada ou, se for o caso, pessoa física, sem qualificação idônea, pratica o crime em análise.

Também incide no mesmo crime o particular que, declarado inidôneo, mesmo assim participa da licitação e formaliza o contrato.

A pena de detenção é de seis meses a dois anos.

j) Obstar, impedir ou dificultar, injustamente, a inscrição de qualquer interessado nos registros cadastrais ou promover indevidamente a alteração, suspensão ou cancelamento de registro do inscrito.

O crime acima descrito está capitulado no art. 98 da Lei nº 8.666/93. Qualquer interessado pode se cadastrar perante a administração Pública, se pretende participar com assiduidade das licitações por ela anunciadas. Seu credenciamento prévio é um procedimento legalmente previsto na lei.

Portanto, aquele funcionário público municipal que obsta, impede ou dificulta, injustamente, a inscrição de qualquer interessado nos registros cadastrais, ou até mesmo altera, suspende ou cancela esse registro, pratica o crime em questão.

A pena de detenção é de seis meses a dois anos e multa.

O conceito de multa previsto nestes crimes contra a lisura da licitação e do contrato administrativo deverá ser fixada em quantia fixa, tendo por base o valor da vantagem efetivamente percebida e entre percentuais de 2% a 5% do valor do contrato, revertendo, no caso, o Município.

12.10. Crimes eleitorais, de imputação indevida de ato de improbidade administrativa e contra o parcelamento do solo urbano

Além dos crimes que já foram objeto de análise, o Código Eleitoral (Lei nº 4.737, de 15.07.1965), a Lei de Improbidade Administrativa (Lei nº 8.429, de 02.06.1992) e a do Parcelamento do Solo Urbano (Lei nº 6.766, de 19.12.1979) também elencam crimes que envolvem a Administração Pública e, por via de conseqüência, a Administração Municipal.

12.10.1. Crimes eleitorais na administração municipal – Este crime é o do art. 300 do Código Eleitoral. A Administração Pública, pelo próprio poder que representa, especialmente em determinadas camadas da população, tem foro de respeitabilidade. No entanto, a Administração Pública não é o partido político. As pessoas que a integram agem em nome do ente público.

Valer-se o servidor público da sua autoridade para coagir alguém a votar ou não votar em determinado candidato ou partido.

Dessa forma, se o servidor público municipal, com o natural respeito que decorre de seu cargo ou função, coage alguém a votar ou mesmo a não votar, neste ou naquele candidato, pratica crime eleitoral.

A pena de detenção é de até seis meses e pagamento de multa.

Omitir, em documento público ou particular, declaração que dele devia constar, ou nele inserir ou fazer inserir declaração falsa ou diversa da que devia ser escrita, para fins eleitorais.

Este crime está previsto no art. 350 do Código Eleitoral. Ele nada mais é do que o crime de *falsidade ideológica* do art. 299 do Código Penal, só que com destinação específica eleitoral.

A pena é de reclusão de até cinco anos no caso de documento público, além de multa; e até três anos se o documento é particular.

Obter, para uso próprio ou de outrem, documento público ou particular, material ou ideologicamente falso para fins eleitorais.

O crime acima é previsto no art. 354 do Código Eleitoral. Alguém que obtém documento público, ou mesmo particular, materialmente falso ou com conteúdo não verdadeiro, utilizando-o para fins eleitorais, pratica o delito em análise.

A pena é a mesma da falsidade ideológica eleitoral.

12.10.2. Crime de imputação indevida de ato de improbidade administrativa municipal – Este é o crime previsto no art. 19 da Lei nº 8.429, de 02.06.1992 – Lei de Improbidade Administrativa. É direito de qualquer pessoal que se julgue interessada, no exercício pleno de cidadania e de proteção da coisa pública, representar à autoridade administrativa competente para que seja instaurada investigação destinada a apurar a prática de ato de improbidade. Esta representação será escrita ou tomada por termo, onde o representante será qualificado e informará sobre o fato e sua autoria, indicando as provas de que tenha conhecimento.

Constitui crime a representação por ato de improbidade contra agente público ou terceiro beneficiário quando o autor da denúncia o sabe inocente.

O Município e seus agentes

Ora, este direito não pode ser usado por puro interesse pessoal. O pressuposto é de que a representação é verdadeira. Se não é, e o representante age com puro espírito emulativo ou de vingança, responde pelo crime do art. 19 da Lei nº 8.429/92.

A pena de detenção é de seis a dez meses e multa.

12.10.3. Crimes contra o parcelamento do solo urbano – A lei nº 6.766, de 19.12.1979, que dispõe sobre o parcelamento do solo urbano, elenca os crimes contra esta típica atividade da Administração Pública, e com grande pertinência, da Administração Municipal da seguinte forma:

Constitui crime contra a Administração Pública:

I – dar início, de qualquer modo, ou efetuar loteamento ou desmembramento do solo para fins urbanos sem autorização do órgão público competente, quem desacordo com as disposições deste lei ou das normas pertinentes do Distrito Federal, Estados e Municípios;

II – dar início, de qualquer modo, ou efetuar loteamento ou desmembramento do solo para fins urbanos sem observância das determinações constantes do ato administrativo de licença;

III – fazer, ou veicular em proposta, contrato, prospecto ou comunicação ao público ou a interessados, afirmação falso sobre a legalidade de loteamento ou desmembramento do solo para fins urbanos, ou ocultar fraudulentamente fato a ele relativo.

A política de desenvolvimento urbano traçada através de diretrizes gerais tem por objeto o pleno desenvolvimento das funções sociais da cidade com o intuito de garantir o bem-estar de seus habitantes. Dessa forma, é o Plano Diretor, aprovado pela Câmara Municipal, de exigência constitucional para cidades com mais de 20.000 mil habitantes, que deve traçar esta política. A Lei nº 6.766/79 busca, desta forma, oferecer diretrizes para a implementação municipal quando se trata de parcelamento do solo urbano.

Por via de conseqüência, loteamentos ou desmembramentos irregulares sem preenchimento dos requisitos legais prévios ou da licença municipal constitui crime previsto no art. 50 da Lei nº 6.766/79.

De outro lado, a propalação através dos meios de comunicação, ou mesmo de forma direta, de um loteamento irregular, também é crime.

Para qualquer dos casos, a pena é de reclusão de um a quatro anos e multa.

Se o imóvel a ser loteado irregularmente não é registrado ou se o ato de venda das parcelas também não sofre o competente registro, o crime tem sua pena aumentada para reclusão de um a cinco anos.

Quem, de qualquer modo, concorra para a prática dos crimes previstos no art. anterior desta Lei incide nas penas a estes cominadas, considerados em especial os atos praticados na qualidade de mandatário de loteador, diretor ou gerente de sociedade.

O art. 51 da Lei nº 6.766/70 estende o crime de loteamento irregular ou de sua divulgação a todo aquele que, de qualquer modo, concorra para a sua prática. É o chamado *concurso de pessoas*. A novidade da lei é que ele especifica que tal concurso atinge o mandatário do loteador, o diretor da empresa loteadora ou mesmo o seu gerente.

Registrar loteamento ou desmembramento não aprovado pelos órgãos competentes, registrar o compromisso de compra e venda, a cessão ou promessa de cessão de direito, ou efetuar registro de contrato de venda de loteamento ou desmembramento não registrado.

O art. 52 da Lei nº 6.766/79 é dirigido especificamente ao oficial de Registro de Imóveis, agente público por delegação estatal, que tem a função de dar legitimidade aos atos que criam direitos e deveres sobre as propriedades imobiliárias ou a atos assim considerados. Portanto, registrar este agente público loteamento irregular ou registrar compromisso de compra e venda, cessão ou promessa de cessão de direito ou efetuar o registro do contrato de compra e venda sem qualquer registro incide no delito em análise.

A pena de detenção é de um a dois anos e multa.

Bibliografia

ACKEL FILHO, Diomar. *Município e Prática Municipal*. São Paulo: RT, 1992.

BARROS. Wellington Pacheco. *O Contrato e os Títulos de Crédito Rural*. Porto Alegre: Livraria do Advogado Editora, 2000.

COSTA, Nelso Nery. *Curso de Direito Municipal Brasileiro*. Forense: Rio de Janeiro, 1999.

CRETELLA JÚNIOR, José. *Curso de Direito Administrativo*, 16ª ed. Rio de Janeiro: Forense, 1999.

HOLANDA. Aurélio Buarque de. *Dicionário Aurélio Básico da Língua Portuguesa*. Nova Fronteira, 1995.

MARTORANO, Dante. *Direito Municipal*. Rio de Janeiro: Forense, 1985.

MEIRELLES, Hely Lopes. *Direito Municipal Brasileiro*, 6ª ed., 3ª tir. São Paulo: RT, 1990.

——. *Curso de Direito Administrativo*, 19ª ed. São Paulo: Malheiros, 1994.

SILVA, José Afonso da. *Curso de Direito Constitucional Positivo*, 9ª ed., 4ª tir. São Paulo: Malheiros, 1994.